삶을 변화시키는
하나님의 불

당신이 하나님을 더 깊이 알아 가고 더 널리 알리는 사람이 되는 것, 이 책에 담긴 예수전도단의 마음입니다. 말씀을 통해 저자가 깨닫고, 원고를 통해 저희가 누릴 수 있었던 그 감동이 책을 통해 당신에게도 전해지기 원합니다. 그리고 당신을 통해 그 기쁨과 은혜가 더 많은 이들에게 계속해서 흘러가기를 기도하겠습니다. 이 책을 통해 당신이 받은 은혜를 다른 분들에게도 나눠 주십시오. 사랑하고 축복합니다.

Copyright © 2005 by Joy Dawson
Originally Published in English under the title:
LIFE CHANGING PURPOSES OF THE FIRE OF GOD
Published by Destiny Image Publishers, Inc.
PO Box 310, Shippensburg, PA 17257-0310, USA

Korean Copyright © 2006, 2013 by YWAM Publishing, Korea

본 저작물의 한국어판 저작권은 도서출판 예수전도단에 있습니다.
저작권법에 의해 보호받는 저작물이므로 무단 전재와 복제를 금합니다.

삶을 변화시키는 하나님의 불

하나님을 알고
그분을 경험하는 삶으로의 초대

조이 도우슨 지음 | 김세라 옮김

예수전도단

 저자의 말

지금까지 여섯 권의 책을 쓰면서, 이번처럼 처음부터 끝까지 무엇을 써야 할지 인식하지 못한 채 글을 썼던 적도 없다. 성령님이 '하나님의 불'이 지닌 여러 가지 면에 관해 책을 쓰도록 지시하셨을 당시, 내게 있던 자료라고는 이 주제로 두 번 강의했던 내용이 전부였다. 그런 만큼 책을 쓰면서 이토록 놀라운 믿음의 모험을 한 것도 처음이었다.

나는 종이와 펜, 성경을 가지고 책상에 앉아서 하나님 앞에 머리를 숙이며 마음을 내려놓았다. 그러고는 내가 무엇을 써야 할지 전혀 모른다는 사실을 인정했다. 하지만 내가 무엇을 써야 할지 하나님은 잘 알고 계시다는 사실에 감사하며, 그분이 나를 인도하실 것을 믿음으로 고백했다. 그럴 때면 문장이 내 마음에 지속적으로 흘러들었고, 나는 그 문장을 순간순간 적어 내려갔다. 또한 내 안에는 진리이신 주님을 추구해 온 수십 년의 세월 속에서 성령님이 기억을 길어 올리실 수 있는 진리의 우물이 있었다.

내용의 핵심을 뒷받침해 주는 익숙한 성구를 찾아볼 때마다 불현듯 성령님이 그 말씀을 둘러싼 진리를 환히 열어 주셔서, 전에 없던 깨달음을 얻을 수 있었다. 그것은 일상적인 저술 과정이 되었고, 나는 늘 경탄하며 하나님을 경배했다.

이 책은 성령님의 전적인 인도하심과 더불어 기도의 짐을 나누었던 사랑하는 중보기도자들의 공로로 출간될 수 있었다. 진심으로 고맙다. 그들에게 마음 깊은 곳에서부터 우러나오는 감사와 사랑을 전한다. 분명히 하나님이 갚아 주실 것이다.

마지막으로, 내 삶의 소중한 동반자이자 가장 좋은 친구인 짐에게 깊이 감사한다. 짐은 손으로 쓴 원고를 컴퓨터에 입력해 주고 내 말을 들어주며 유익한 조언을 해주었다. 그의 따뜻한 격려와 기도에서 얻은 도움은 헤아릴 수도 없다.

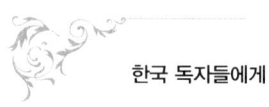 한국 독자들에게

수많은 한국 젊은이가 "너희는 온 천하에 다니며 만민에게 복음을 전파하라"는 하나님의 부르심에 순종하고 있다는 사실이 제게는 큰 기쁨입니다.

많은 청년이 이미 해외에서 선교 훈련을 받았거나 전도여행을 다녀왔고, 현재에도 더 많은 사람이 그 과정 가운데 서 있습니다. 여러분이야말로 열방이 본받아야 할 모본입니다. 하나님이 한국에 복을 주실 것입니다.

모든 그리스도인에게 가장 필요한 것은, 하나님의 성품과 그분이 일하시는 방법에 관해 더 많이 깨닫는 것입니다. 즉, 하나님이 누구시며 어떤 분이신지, 그분이 일하시는 원칙이 무엇인지 '아는 것'입니다. 우리는 직접 하나님을 알고 그분의 방법에 대해서 이해하는 만큼만, 성령의 능력 안에서 사람들에게 하나님을 알릴 수 있습니다.

이 책 《삶을 변화시키는 하나님의 불》은 당신이 하나님의 성품과 그분의 방법을 이해하도록 도와줄 것입니다. 또한 당신에게 가장 필요한 것을 채워 줄 것이며, 당신이 지상명령을 수행하도록 지원해 줄 것입니다.

진리에 대한 갈망으로, 놀라운 구세주이신 우리 주 예수 그리스도를 섬기려는 열정을 품은 한국 독자들을 사랑합니다.

조이 도우슨
Joy Dawson

추천의 말

우리 모두 한반도 전체에 하나님의 불이 내리기를 기도하고 있는 때에 조이 도우슨의 《삶을 변화시키는 하나님의 불》이 있음을 기쁘게 생각합니다.

하나님의 불을 통과하면서도 전혀 상함을 입지 않은 사람이 쓴 이 책은 수많은 그리스도인에게 큰 도움을 줄 것입니다.

한국은 그동안 하나님의 불 시험을 받아 왔습니다. 한국과 한국 교회의 상징은 바로 '고난'과 '시련'입니다. 그러나 신실하신 하나님은 거룩한 성령의 불을 사용하심으로 그분의 백성을 깨끗하게 하고 순전하게 하셨습니다.

오늘날 부흥을 준비하는 우리에게 가장 필요한 것은, 하나님이 이 땅에 오셔서 그분의 교회를 다시 한 번 깨끗하고 순전하게 함으로 교회가 거룩함을 회복하는 것입니다.

바로 이 일은 하나님이 그분의 불을 내리실 때 일어날 것입니다. 전 세계적으로 그리스도인들을 향한 핍박이 더해지게 될 테지만, 그와 동시에 예수 그리스도의 복음이 전파될 새로운 문이 열리게 될 것입니다. 하나님의 불이 이 땅에 그분의 거룩함과 능력을 다시 가져올 것입니다.

조이 도우슨은 자신이 책에 기록한 모든 것을 평생 실천하며 살아온 사람입니다. 조이의 책을 읽는 사람들은 그 안에서 즐거움을 느끼기보다는, 오히려 백성이 불을 통과하도록 준비시키는 거룩하신 하나님의 임재를 실감하게 될 것입니다.

오대원
한국 예수전도단 설립자, 《묵상하는 그리스도인》 저자

차례

CHAPTER 1 시험하시는 불 ─────── 13

내 인생의 상황 온도는 몇 도인가? · 불꽃의 온도를 주관하는 자를 생각하라 · 동기를 시험하신다 · 불 시험을 통과하는 핵심 원리 · 하나님의 때까지 기다리라 · 왜 불 시험을 보내시는가?

CHAPTER 2 능력을 나타내시는 불 ─────── 59

큰 능력의 우레 · 하나님의 메가 파워

CHAPTER 3 정결케 하시는 불 ─────── 79

죄에 대한 찔림, 가장 큰 은혜 · 정결함이 곧 능력 · 마음의 쟁기질 · 가장 강퍅한 죄, 원망과 분개 · '용서'라는 영적 훈련 · 누구를 용서해야 하는가?

CHAPTER 4 주권적으로 일으키시는 부흥의 불 ─────── 119

거룩한 임재가 밀려들다 · 동참할 것인가, 외면할 것인가? · 참된 부흥의 청사진

CHAPTER 5 부흥을 위해 일으키시는 기도의 불 ─────── 151

초자연적 인도와 초자연적 힘으로 기도하라 · 하찮아질 것을 각오하라 · 부흥을 위한 준비 작업, 연합 · 영적 지도자가 준비해야 할 것들 · 부흥을 맞기 위해 더 준비할 일들 · 그리스도의 고난에 동참하기

CHAPTER 6 심판하시는 불 ——— 195

진실인가, 왜곡인가? · 하나님의 심판과 그분의 정의 · 우상숭배의 여러 형태 · 하나님의 심판에 깃든 사랑 · 하나님의 의로운 심판

CHAPTER 7 박해와 고난의 불 ——— 231

하나님의 사랑의 불 · 모든 것을 이기는 하나님의 사랑 · 그 고난에 참여함을 알려고 하여

CHAPTER 8 유혹과 하나님의 불 ——— 263

시험을 받으신 예수님 · 자기 욕심에 끌려 미혹됨이니 · 원수의 속임수 · 거룩한 대로를 통행하는 자유

CHAPTER 9 영광을 나타내시는 불 ——— 287

심판하시는 영광의 불 · 복을 주시는 영광의 불 · 그리스도를 닮지 않은 모든 것을 태우라

CHAPTER 10 불에 타지 않고 통과하기 ——— 301

하나님의 불에 대처하기 · 끝까지 내 일을 지키는 자가 되라

주 ——— 318

CHAPTER 1

The Fire of God in Testing

시험하시는 불

하나님은 뜨거움에 놀라거나 겁내지 않으신다. 뜨거움이라는 성질 자체도 그분이 지으셨기 때문이다. 그분은 열기를 다스리거나 불의 영향권에서 벗어나실 수 있다. 그분은 '불연성'(不燃性)의 존재이시다.

어느 날 하나님의 세 친구가 이글거리는 용광로 속에 던져졌을 때, 불현듯 그분이 나타나신 일이 있다. 그 열기는 세 사람을 불 속에 던져 넣던 병사들마저 타 죽게 할 만큼 어마어마했다. 하나님은 불길에서 그분의 친구들을 완전히, 기적적으로 보존하셨을 뿐만 아니라 그들과 함께 그 용광로 속을 거닐기까지 하셨다. 나는 그분을 '미스터 쿨'(Mr. Cool)이라 부른다. 불 속의 네 사람이 치명적인 열기에도 전혀 아랑곳하지 않고 평안히 거하자, 화형을 명했던 폭군은 결국 온 왕국에 "오직 이

'하나님'만을 인정하고 경배하라"는 명을 내리기에 이른다(단 3:19-29). 확실히 하나님은 전혀 다른 영역, 다른 차원에 속한 존재이시다. 정말이지 그분을 생각할수록 가슴이 마구 뛴다.

내 인생의 상황 온도는 몇 도인가?

G. W. 하드캐슬(가족과 친구들은 그를 G라고 불렀다)이라는 젊은이가 있었다. 그는 신학교에 가서 목회자가 될 준비를 하라는 명확한 부르심을 받았다. 처음에 그는 순종하기로 마음먹었지만, 곧 자기 길을 가기로 마음을 바꿨다. G는 요나처럼 부르심에 불순종했고, 곧 요나처럼 무시무시한 상황을 맞았다.

그는 전기 회사의 직원으로 일하고 있었는데, 중간 가압 기지에서 한 블록 떨어진 전봇대에 새 케이블을 시험 가동하는 일을 하게 되었다. 일은 주로 상급 기사가 했고, G가 할 일은 중간 가압 기지에 가서 사다리를 타고 올라가 새 케이블을 찾는 것이었다. 기사가 전파를 식별할 수 있도록, 배터리 테스터를 사용해 새 케이블이 반짝할 만큼의 전기를 흘려보내면 되는 일이었다.

이윽고 기사가 시작 신호를 보냈을 때, G는 실수로 그만 다른 케이블을 잡고 말았다. 그 순간 4,160볼트의 전류가 흘렀고, 그는 순식간에 불덩어리가 되고 말았다. 그 충격에 뒤로 넘어가 버린 그가 겨우 정신을 차렸을 때는, 오른쪽 다리가 사다리에 걸려 거꾸로 매달린 채였다.

　의사들은 만에 하나 그가 생존한다 해도 일평생 팔이나 다리, 귀, 코, 입이 없이 일그러지고 뒤틀린 살덩이만 남은 모습으로 살게 될 것이라고 말했다. 목사인 G의 아버지는 하나님께 아들이 살아나는 기적을 일으켜 달라고, 그리고 신체의 모든 상한 부분이 온전히 회복되는 치유의 기적을 일으켜 달라고 구했으며, 또 그렇게 되리라 믿었다.

　사고가 일어난 지 사흘째 되었을 때, G의 체온은 위험 수위를 넘어섰다. 이에 의사들은 다시금 죽음을 예견했다. 지독한 고통에 정신을 잃고 몸부림치는 G를 여러 사람이 붙들고 있어야 했다. G는 죽음이 다가오는 것을 느꼈다. 그러나 그의 아버지는 여전히 기도하며 하나님을 신뢰했다. 마침내 그가 아들의 머리에 손을 얹고 기도했을 때, 놀라운 일이 일어났다. G가 순식간에 잠든 것이다! 의료진은 그가 잠에서 깨어난 것을 본 후에야 죽을 고비를 넘긴 것 같다고 말했다.

　그 후에도 G는 수개월 동안 길고도 어두운 고통의 터널을 통과해야 했다. 온몸에 붕대를 휘감은 채 병실에 누워 있던 그는 자신의 남은 생애와 미래를 하나님께 통째로 내드리겠다고 고백했다. 그리고 무슨 일이 있어도 순종하겠다고 다짐했다.

　마침내 오랜 기다림 끝에 붕대를 제거하던 날, 담당 의사가 외쳤다. "오 이럴 수가! 이건 기적입니다!" 그는 입을 다물지 못한 채 계속 같은 말을 반복했다. 의료진은 G가 귀, 코, 입은 물론 얼굴 형상 자체가 없어졌을 것이라고 결론지었을 뿐 아니라, 전신이 심각하게 감염되었을 것으로 예상하고 있었다. 그러나 붕대를 풀고 보니, G의 팔다리가 감쪽같이 회복되어 있었고 몸의 모든 기능도 정상으로 돌아와 있었다. 피부 또한 갓난아기처럼 깨끗했다. 신체의 75% 이상이 3도 화상을 입었음에도 흉터가 없다는 기이한 사실에 의사들은 딱히 설명할 말을 찾지 못했다.

곧이어 G는 목회자가 되는 데 필요한 교육을 받았고, 시간이 흘러 훌륭한 목회자가 되었다. 그의 오른손에 남은 작은 흉터는 하나님이 그에게 주신 소명과 하나님의 기적적인 치유의 권능, 하나님의 끝없는 자비를 상기시키는 기념비였다.

G는 자신이 겪은 용광로의 불타는 고통은 바로 하나님이 그의 주의를 끄시려고, 그가 소명이 아닌 다른 길로 가고 있음을 보여 주시려고 허락하신 일임을 배웠다. 그러나 하나님의 한없는 사랑에서 비롯된 기적적인 은혜와 치유의 능력은 불시험에 비할 수 없이 컸으며, 결국 하나님이 예정하신 운명을 이루어 내는 도구가 되었다.

더욱더 놀라운 이야기가 있다. G를 지키신 놀라운 하나님은 피비린내 나는 베트남 전쟁의 참상 속에서 어느 젊은 그리스도인의 얼굴 반쪽이 날아가는 것을 허용하셨다. 그리고 그 무서운 상흔은 지금까지도 전혀 사라지지 않고 있다. 그러나 젊은 군인의 믿음과 그가 믿는 하나님과의 끈끈한 우정 또한 한 번도 흔들린 적이 없었다. 그의 얼굴은 마치 할리우드에서 공포심을 유발하기 위해 제작한 괴물 가면과 흡사해 보였지만,

그러한 점은 그가 하나님이 주신 소명을 이루어 내는 데 티끌만큼도 장애가 되지 못했다. 오히려 그 반대였다.

데이브 로에버라는 이 사람은 세계 곳곳으로 여행을 다니며, 텔레비전 프로그램에도 자주 출연한다. 그의 열정은 상처 자국에서 더욱 빛을 발한다. 그의 열정은 바로 하나님을 향한 절절한 사랑과 사람들(특히 젊은이들이 그분을 믿고 알게 되기 바라는 불타는 열망)을 향해 있다. 이 용사가 하나님을 위해 입을 열 때, 사람들은 그 소리에 귀 기울인다.

이제 우리는 이성적으로 결론을 내릴 수밖에 없다. 이들이 경험한 하나님, 우리 주 예수 그리스도의 하나님이자 아버지이신 성경의 하나님은 정말 무조건적으로 존경할 만하며, 놀라울 만큼 훌륭하신 분이다. 우리가 불 속에서 기적적으로 건짐을 받든, 불의 영향력에서 기적적으로 치유받든, 또는 불을 통과한 결과로 평생 상처가 남든, 그 측량할 수 없는 사랑은 절대 우리를 떠나지 않는다. 또한 즐거울 때든 어떠한 때든 견디고 이겨 낼 힘을 주시는 능력과 임재가 항상 우리 곁에 있다!

하나님은 놀라우신 분이다! 지난 70년 동안 나는 한 번도 시들해진 마음으로 하나님을 대한 적이 없다. 다섯 살 때 하나님께 "제 삶을 주관해 주시고 제 안에서, 그리고 저를 통해 주님의 역사를 이루어 주세요"라고 요청한 이후로, 그분은 지금까지 그 두 가지를 이루어 가고 계신다. 어디 그뿐이겠는가? 내가 처한 환경의 열기가 얼마나 이글거리든지, 그분은 항상 가장 확실한 '미스터 쿨'이시다.

하나님과 가까워지고 싶다면, 누구도 그 열기를 피할 수 없다. 하나님의 본질이 그렇기 때문이다. "우리 하나님은 소멸하는 불이심이라"(히 12:29). 또 마가복음 9장 49절에는 "사람마다 불로써 소금 치듯 함을 받으리라"고 기록되어 있다. 이 두 가지 진리의 말씀을 이해한 뒤에 그 진실을 그대로 받아들인다면, 인생의 상황 온도가 깜짝 놀랄 만큼 올라가 있을 때에도 훨씬 덜 혼란스러울 것이다.

절대 법칙, 불꽃에 대비하기

제한된 불길에는 마음을 끌어당기는 독특한 매력이 있다. 그것은 따스함과 편안함과 특별한 아름다움을 선사한다. 우리 하나님도 '소멸하는 불'이시기에, 당연히 그 모든 장점과 속성을 소유하고 계셨다. 재해나 사고의 우려가 없는 불꽃은 자석 같은 매력이 있어서 우리를 본능적으로 끌어당긴다. 이와 같이 우리가 진심으로 하나님을 친밀하게 알아 가려고 할 때도 동일한 일이 일어난다.

'하나님의 불'의 여러 면모에 관해 서술한 이 책의 진리들은, 전 우주에서 가장 경이롭고 황홀하며 매혹이고 때로는 신비한 존재, 바로 연인이신 하나님과 열렬한 사랑을 나누고 싶은 갈망에 불을 댕기고, 그러한 하나님을 몸소 경험하도록 인도하기 위한 것이다.

그러나 이 만족스러운 관계가 한 걸음 더 나아가기 위해서는 '소멸하는 불'이신 하나님의 모든 면을 이해하고 받아들여야만 한다. 하나님과 더 가까운 친구가 되고 더 가까이 머물수록, 우리 삶에서 하나님의 불이 지닌 각 측면의 중요성을 깨닫게 된다. 또한 경험에 의해, 그중 하나라도 없어서는 안 된다는 사실을 더 분명히 알게 된다. 성경을 볼 때 그 가운데 어느 한 부분이라도 일부러 건너뛰거나, 어떤 형태로든 하나님이 우리를 불 속으로 이끄실 때 그분께 협조하지 않는다거나, 이 주제 자체를 소홀히 대한다면, 결국 하나님이 우리에게 부여하신 소명을 이루지 못할 것이다.

우리는 하나님이 사랑이고 빛이며 생명이시라는 사실을 잘 알고 있으며, 그러한 (하나님의) 실체 역시 기꺼이 받아들인다. 그런데 그분은 사랑인 동시에 '소멸하는 불'이시다. 가능한 한 하나님 곁에 가까이 나아가기를 진심으로 원하는 사람이라면, 앞서 언급한 것과 똑같은 확신과 무게감으로 이 진리를 받아들여야 한다.

하나님의 자녀라면 모두 현재 각기 다른 온도의 불 시험을 겪고 있거나, 불 시험을 앞에 두고도 모르고 있거나, 이미 통과했지만 다음번에 찾아올 불 시험을 더욱 잘 통과하기 위해 좀 더 이해가 필요한 상태에 있을 것이다. 각자의 삶에서 경험하는 하나님의 불의 온도는 하나님 나라 확장을 위해 각 사람을 다양하게 사용하실 하나님의 계획, 그리고 주 예수 그리스도의 이름에 영광을 돌리기 위한 계획의 크기에 알맞은 뜨거움이라고 믿는다.

이 사실은 아브라함, 요셉, 다윗, 욥, 다니엘, 모르드개, 에스

더, 예레미야, 마리아, 바울, 사도 요한 같은 이들의 삶에서 뚜렷하게 나타난다. 중요한 것은 그들 모두 하나님과 사람 앞에 의로운 삶을 살던 중에 뜨거운 열기를 체험했다는 사실이다. 이로써 우리는 불을 통과하는 사람들을 향한 하나님의 의도를 결코 마음대로 추측할 수 없다는 점을 알 수 있다. 절대로 그것을 멋대로 판단해서는 안 된다.

불꽃의 온도를 주관하는 자를 생각하라

우리를 시험하는 하나님의 불을 만나면 어떻게 반응해야 하는가? 이는 매우 중요하다. 그렇기 때문에 더욱 '불'에 연관된 하나님의 성품을 이해해야 한다.

첫째, 우리가 만나게 될 어떤 시험도 하나님께 당황스러울 만한 것은 없다는 점을 인식하라. 그분은 무슨 일이 진행되고 있는지를 정확히 아시며, 우리가 어떤 상황에 처해 있는지 잊지 않으신다. 실제로 예레미야는 하나님이 그분의 자녀가 시험받는 과정을 주도하신다고 고백한다. "여호와여 주께서 나를 아시고 나를 보시며 내 마음이 주를 향하여 어떠함을 감찰하시오니"(렘 12:3).

둘째, 하나님이 우리의 반응을 시험하기 위해 힘겨운 상황을 계속 허락하실 때에도 그분이 온전히 옳고 의로우며 친절하심을 깨달아야 한다. "의로우신 하나님이 사람의 마음과 양심을 감찰하시나이다"(시 7:9). "여호와께서는 그 모든 행위에 의로우시며 그 모든 일에 은혜로우시도다"(시 145:17).

성경으로 하나님의 공의를 공부하면, 불 시험의 열기 속에서도 평안한 마음으로 대처하는 데 필요한 은혜를 쉽게 받을 수 있다. 특히 성경 말씀은 시험이 장기화될 때, 하나님이 그 시험의 불길 속에 들어가도록 허용하신 사실에 대해 원망하고픈 유혹에 넘어지지 않도록 지켜 준다. 모든 시험이 단기간에 끝나는 것은 아니기 때문이다.

하나님의 완전한 공의와 한없는 사랑을 원망하는 것이 얼마만큼 광기 어린 일인지, 나는 체험을 통해 잘 알고 있다! 우리가 온전한 정신을 갖고 있다면, 주님께 드릴 것은 오직 경배와 신뢰뿐이다. 그분이 '온도의 주관자'이심을 인정하며 그 열기를 받아들이는 만큼, 우리가 시험을 통과했을 때 하나님이 그 공의에 따라 더 큰 복과 상급을 주실 수밖에 없다는 사실을 확신하게 된다. "여호와의 말씀이니라 너희를 향한 나의 생각을 내가 아나니 평안이요 재앙이 아니니라 너희에게 미래와 희망을 주는 것이니라"(렘 29:11). 의롭고 공정하신 하나님께 순복하는 것은 절대 밑지는 장사가 아니다.

모세는 임종 직전, 이스라엘 자손에게 하나님의 성품과 도에 관한 길고도 중요한 노래를 불러 주었다. 백성이 그 노래를 잘 새겨듣고 그 자손들에게도 따르게 하여, 대대로 하나님께 복을 받을 수 있게 한 것이었다. 그 노래에서 모세가 가장 먼저 부각시킨 면이 바로 하나님의 위대함과 공의였다는 점은 눈여

겨볼 만하다. 실제로 신명기에 기록된 말씀은 하나님의 공의에 대한 가장 설득력 있는 구절이라 여겨진다.

그는 반석이시니 그가 하신 일이 완전하고 그의 모든 길이 정의롭고 진실하고 거짓이 없으신 하나님이시니 공의로우시고 바르시도다(신 32:4).

감사하며 불길 속으로 들어가라

우리가 백 퍼센트 온전히 신뢰할 만한 성품을 지닌 하나님의 주권 아래 있다는 사실이 확실해졌는가? 그렇다면 먼저 다음과 같이 네 가지 기도를 드려야 한다. 이 기도들은 내게 말할 수 없이 큰 도움이 되었다.

첫째, 우리가 치르는 대가나 불 시험의 기간에 무관하게, 오직 하나님이 그 놀라운 이름에 합당한 최대치의 영광을 받으시기 원한다고 결정하며 그분 앞에 고백하라. 이 기도는 우리가 정말 하나님의 영광을 위해 살고 있는지, 아니면 자신의 계획과 안락을 위해 살고 있는지를 금세 판가름해 준다. 빌립보서 1장 20절에 기록된 바울의 기도를 당신의 것으로 삼으라. "나의 간절한 기대와 소망을 따라 아무 일에든지 부끄러워하지 아니하고 지금도 전과 같이 온전히 담대하여 살든지 죽든지 내 몸에서 그리스도가 존귀하게 되게 하려 하나니."

둘째, 이 시련을 계기로 자신을 하나님과 더욱 친밀한 관계로 불러 달라고, 주 예수님을 더욱 뜨겁게 사랑할 수 있도록 인도해 달라고 하나님께 요청하라.

셋째, 불 시험의 원인과 목적에 대해 당신에게 무엇을 가르치기 원하시는지 계시해 달라고 구하라.

넷째, 시편 32편 8절 말씀을 신뢰하며, 자신이 앞으로 어떤 행동을 취해야 할지 인도해 주시기를 구하라. "내가 네 갈 길을 가르쳐 보이고 너를 주목하여 훈계하리로다."

이렇게 반응하는 순간, 우리는 하나님의 가장 높은 뜻에 협력하는 자가 된다. 또한 그 기도가 응답될 때, 궁극적으로 우리 인생에 있어 가장 큰 복이 될 것이다. 그러나 이 기도에 대한 응답이 지체될 때는, 우리의 믿음을 시험하기 위해 하나님이 자신을 숨기실 때도 있다는 사실을 기억하라. "구원자 이스라엘의 하나님이여 진실로 주는 스스로 숨어 계시는 하나님이시니이다"(사 45:15). "이제 야곱의 집에 대하여 얼굴을 가리시는 여호와를 나는 기다리며 그를 바라보리라"(사 8:17).

성경 66권 중에서 시험에 대한 하나님의 방법을 이해하는 데 도움을 주는 책으로 '욥기'만 한 게 없다. 욥은 자녀, 가축, 종, 집, 건강, 아내의 지지까지 잃은 것도 모자라, 가장 혹독한 시험을 만났다. 그것은 바로 '혼란의 시험'(perplexity test)이었다. 욥에게는 성경책도, 그를 도와주거나 격려해 줄 영적 지도자, 가족, 친구도 없었다. 또한 하나님이 왜 이런 혼돈과 고통을 허락하셨는지, 왜 침묵하고 계신지에 대한 단서도 없었다. 아마도 바로 그 점이 그에게 닥친 모든 환란 중에 가장 힘든 부분이었을 것이다.

비록 사탄이 "땅에서 가장 의로운 자"를 맹렬한 불덩이 속에 집어넣도록 하나님께 공식적으로 허락을 받았지만, 결국 온도를 주관하는 이는 사탄이 아닌 하나님이라는 사실을 이보다 더 크고 분명하게 외치는 말씀도 없다. 왜냐하면 언제나 하나님이 모든 일을 다스리시기 때문이다. 다른 말이 필요 없다. "너희는 가만히 있어 내가 하나님 됨을 알지어다"(시 46:10).

하나님은 변함없이 성실하시고, 완벽하게 의로우시며, 측량할 수 없을 만큼 인자하시고, 완전하게 공정하신 분이다. 그래서 그분의 목적은 넘치도록 풍성한 선하심으로 욥에게 복 주시는 것이었다. 이후에 욥이 받은 복에 비하면, 시험 받기 전에 그가 살던 모습이 마치 빈민처럼 여겨질 정도다. 하나님은 그런 분이시다!

하나님이 허락하신 시험의 불길 속에서 믿음을 견고히 지킬 수 있는 가장 큰 힘은 하나님의 성품을 깨달아 아는 지식이다. 이 지식을 얻는 길은 오직 하나, 말씀을 통해 각각의 성품을 공부하는 것뿐이다. 여기에 지름길이나 속성 과정은 없다.

시험이 찾아오는 통로들

하나님은 우리의 반응을 보시기 위해 그리스도인이나 비그리스도인, 자연재해나 고통, 타락한 세상에서 겪는 어려움, 그리고 원하시면 악마들, 정사, 사탄까지도 사용하여 우리를 시험하실 것이다. 그때 하나님의 말씀에 나온 방법을 따라 대처하면 시험을 통과할 것이고, 말씀의 가르침에 반대로 대응하면 시험에 불합격하고 말 것이다.

때로는 함께 사는 사람들을 통해 가장 큰 시험이 오기도 한다. 욥의 아내가 "당신이 그래도 자기의 온전함을 굳게 지키느냐 하나님을 욕하고 죽으라"(욥 2:9)며 모진 말을 내뱉게 된 것은 엄청난 상실의 시험에서 실패했기 때문이다. 즉, 욥의 아내에게는 하나님의 성품과 길에 대한 '앎'이 기본적으로 부족했음을 보여 주는 증표다.

고난의 도가니에 들어가 있는 욥을 가장 많이 이해해 주고 굳건한 지지와 격려를 보내 주어야 할 아내가, 오히려 그동안 욥이 하나님을 예배한 것은 단지 복을 넘치도록 받았기 때문이었음을 입증하려는 사탄의 음모에 가담한 것이다. 이처럼 인생의 반려자는 배우자가 불 시험을 통과할 때, 최상의 도움이 되기도 하고 최악의 방해가 되기도 한다.

온도가 올라갔을 때 곤경 속에 처한 친구를 가까이에서 지켜보는 사람은 성경에서 배운 하나님의 성품과 길에 관한 지식을 바탕으로 반응하며 조언하게 된다. 만일 자신에게 지식이 부족하다면, 실제적인 면에서 사랑과 도움을 주어야 한다. 필요한 지식을 갖춘 사람들을 통해 영적인 조언을 보내 달라고 하나님께 요청하고 자신은 침묵하는 것도 현명한 방법이다.

당신의 신체가 머리끝부터 발끝까지 고통스러운 부스럼에 뒤덮여 있는데, 이른바 친구라는 사람들이 일주일 동안 말 한마디 없이 바라만 보는 모습을 상상할 수 있겠는가? 게다가 차례로 입을 열어 "네가 겪는 모든 고통과 상실은 분명 회개하지 않은 죄 때문이다"라며 일장 연설을 한다면? 아마 그것만으로도 욥의 모든 부스럼이 곪아 터지기에 충분했을 것이다!

마침내 하나님이 나타나셨을 때, 그들은 이제 욥의 중보기도 없이는 그들이 주님과의 관계를 회복할 길이 없을 거라는 하나님의 선언으로 납작코가 되고 말았다.

우리는 시험하시는 하나님의 불 속에 들어가 있는 사람을 절대로 판단해서는 안 된다. 불 속에 있는 이들 앞에서 대처할 수 있는 행동에 관해서는 나의 책 《스릴 있고 성취감 넘치는 중보기도》(예수전도단 역간) 3장에 자세히 나와 있다.

Pass vs. Fail(통과할 것인가, 실패할 것인가)

우리가 어려운 상황 가운데서 하나님의 시험에 통과하면, 두 가지 사실이 입증된다. 첫째, 우리가 하나님 나라를 확장하는 일에 더 큰 특권과 책임을 맡을 만한 사람이라는 사실이다. 신차를 선전하는 텔레비전 광고를 보면, 차가 고난도 테스트를 거치고 악천후 속 험한 지형을 달린 후에도 마치 바위로 만든 것처럼 멀쩡한 모습이 자주 나온다. 하나님이 사람을 검증하시는 방법도 이와 비슷하다. 고통 없이는 영광도 없다. 시험이 없이는 결코 높아질 수 없다. 자동차 회사가 자기 회사 제품의 놀라운 성능을 과시하듯, 하나님도 "구름같이 둘러싼 허다한 증인들"(히 12:1) 앞에서 우리를 자랑하고 싶어 하신다.

둘째, 모든 어려운 상황 가운데 하나님의 말씀에 따라 반응하며 그분의 놀라운 은혜를 믿음으로 받아들이면, 하나님이 우리가 끝까지 통과할 수 있도록 그분의 신실한 성품으로 우리를 꼭 붙들고 함께하신다는 사실이다. "네가 물 가운데로 지날 때에 내가 너와 함께할 것이라 강을 건널 때에 물이 너를 침몰하지 못할 것이며 네가 불 가운데로 지날 때에 타지도 아니할 것이요 불꽃이 너를 사르지도 못하리니"(사 43:2).

만일 시험에 통과하지 못하면 어떻게 되는가? 하나님은 우리가 하나님과 그분의 방법에 순종하기를 바라는 마음으로 또 다른 역경을 조성하거나 허락하실 것이다. 그래야만 더 큰 복을 부어 주실 수 있기 때문이다.

> 그러나 내가 가는 길을 그가 아시나니 그가 나를 단련하신 후에는 내가 순금같이 되어 나오리라(욥 23:10).

> 시험을 참는 자는 복이 있나니 이는 시련을 견디어 낸 자가 주께서 자기를 사랑하는 자들에게 약속하신 생명의 면류관을 얻을 것이기 때문이라(약 1:12).

동기를 시험하신다

하나님은 우리의 행위보다 '동기'에 훨씬 더 관심이 많으시다. 심지어 우리가 어떤 행동을 했을 때, 그 결과보다는 그 이유에 따라 심판하겠다고 말씀하셨을 정도다. 그렇다면 우리도 진지하게 숙고해 보아야 한다.

내가 하는 사역에 나와 비슷한 은사나 재능을 가진 사람이 들어왔다고 가정해 보자. 그가 나보다 경험이 더 적음에도 더 많은 사역의 기회가 그에게 돌아가거나 사람들의 관심을 끈다면, 나는 즉시 어떻게 반응할까? 나보다 어리고 경험도 부족한 사람이 리더의 자리에 오르게 된다면? 우리가 진심으로 하나님의 영광을 위해서 살며 사역했다면, 그리고 모든 사람을 향한 하나님의 사랑이 우리 속에 있다면, 우리는 즉시 그들을 격려하고 기도로 도우며, 가능한 한 모든 방면에서 아낌없이 도울 것이다. "아무 일에든지 다툼이나 허영으로 하지 말고 오직 겸손한 마음으로 각각 자기보다 남을 낫게 여기고"(빌 2:3).

진심으로 그 사람과 그의 사역을 축복하고 싶다면, 그의 사역과 재능이 더 발전하도록 도우라. 그것이 진정한 자유이며 즐거움이다. 바울은 이렇게 말했다.

> 사랑에는 거짓이 없나니… 형제를 사랑하여 서로 우애하고 존경하기를 서로 먼저 하며(롬 12:9-10).

후임자를 어떻게 대할 것인가?

지도자가 겪는 시험 중에서 내가 목격한 가장 힘겨운 시험은, 지도력을 발휘해야 할 분야에서 실패를 거듭하는 것이다. 그리고 하나님은 지도자가 수년 동안 직접 훈련시켰을 젊은 리더를 그 지도자에 세우라고 요구하신다. 게다가 그 젊은 후임자를 "격려하라"(encourage)고까지 말씀하신다.

모세와 여호수아의 경우가 이러한 시나리오의 대표적인 예다. 모세가 하나님의 지시를 어떻게 설명하는지 잘 들어 보라. "여호와께서 너희 때문에 내게도 진노하사 이르시되 너도 그리로 들어가지 못하리라 네 앞에 서 있는 눈의 아들 여호수아는 그리로 들어갈 것이니 너는 그를 담대하게(encourage) 하라 그가 이스라엘에게 그 땅을 기업으로 차지하게 하리라"(신 1:37-38).

이때 모세가 하나님의 명령을 완전히 이행하여 '겸손의 시험'을 통과한 사건이야말로 '지면에서 온유함이 승한 자'(민 12:3)라는 칭찬을 듣게 된 결정적 이유가 아니었을까? 신명기 3장 26절을 보라. 모세가 약속의 땅에 들어가서 직접 보게 해 달라고 간청하자, 하나님은 "그만해도 족하니 이 일로 다시 내게 말하지 말라"고 말씀하셨다. 바꿔 말하면 "이 일에 대한 나의 결정은 변하지 않을 것이다"라는 뜻이다.

가장 큰 시험은 그다음에 일어났다. 하나님은 모세에게 여호수아를 격려할 뿐만 아니라 "강하게 하라"고 명하셨다(신 3:28). 이는 모세가 여호수아는 감히 헤아릴 수도 없을 만큼 뜨거운 리더십 테스트를 오랜 세월 무수히 통과했다는 사실과 별개로, 모세더러 여호수아의 가장 큰 후원자이자 전폭적인 지지자가 되어 주라는 의미였다. 모세가 "여호수아를 불러 온 이스라엘의 목전에서 그에게 이르되 너는 강하고 담대하라 너는 이 백성을 거느리고 여호와께서 그들의 조상에게 주리라고 맹세하신 땅에 들어가서 그들에게 그 땅을 차지하게 하라"(신 31:7)고 말했을 때, 그의 겸손은 아침 해처럼 찬란하게 빛났다.

강건케 하는 임무는 다음 절에서도 계속된다. "여호와 그가 네 앞에서 가시며 너와 함께하사 너를 떠나지 아니하시며 버리지 아니하시리니 너는 두려워하지 말라 놀라지 말라"(신 31:8). 절로 칭찬이 나오는 장면이다. "잘하였습니다, 모세여!" 그는 리더십의 시험을 명예롭게 통과한 것이다. 그는 자신의 뒤를 이어 갈 자를 택한 하나님을 원망하며 후임자를 시기하고 비판하는 대신, 그의 가장 든든한 지지자가 되어 그를 기뻐해 주었다. 교만과 질시는 하나님이 우리보다 높이시는 사람들에게서 멀어지게 할 따름이다. 겸손해야만 그들과의 친밀한 교제 안에서 얻는 유익을 누릴 수 있다. "하나님의 도는 완전하고"(시 18:30), 하나님의 도는 언제나 '십자가의 도'다.

다른 하나님을 만난 사람들 앞에서

또 다른 동기에 대한 시험은 나와는 다른 방식으로 하나님을 경험하거나, 하나님께 사용된 이들 중에 나보다 어린 사람, 초신자, 성별이 다른 사람을 만나게 하실 때 치러진다. 그들에게 배울 기회를 주신 하나님께 겸손한 마음으로 감사할 수 있는가? 그들에게 힘을 실어 줄 수 있는가? 만일 교만과 질시를 품고서 겉으로는 그렇지 않은 척 행동한다면, 우리도 그들도 매우 힘들 것이다.

열왕기상 13장에는 유다에서 온 한 젊은이가 하나님의 보내심으로 벧엘 성전에 올라가 예언의 메시지를 전한 후, 놀라운 기적의 능력을 받아 그 메시지를 확증하는 사건이 나온다. 이때 마을의 한 나이 든 선지자가 아들에게서 이 엄청난 영적 사건에 대해 전해 들은 뒤, 하나님의 젊은 종과 만나기로 결심하고 그를 초대했다. 겉으로는 영적인 행위처럼 보였지만, 사실 그의 숨겨진 동기는 육적이었다.

젊은이는 먹지도 마시지도 말고 다른 길로 돌아가라는 하나님의 지시를 명확히 받았기에 그 노선지자의 초청에 응하지 않았다. 그러나 노선지자는 자신도 선지자이며 하나님이 천사를 통해 자신에게 말씀하셨으니, 자기 집에서 떡을 떼고 물을 마셔야만 한다고 거짓말로 설득했다. 결국 젊은이는 그의 말을 따랐다.

그 주제넘은 거짓말의 동기, 하나님께 불순종하도록 젊은이를 꼬여 낸 동기가 무서운 질투심이 아니고 무엇이겠는가. 성경을 읽어 보면 늙은 선지자는 이미 아들에게 이야기를 전해 들어서 알고 있었다. 그날 젊은이가 왕의 접대를 왜 거절했는지를 인지하고 있던 것이다. 더욱이 그는 불순종에는 늘 하나님의 심판이 따른다는 사실도 잘 알았다(신 28:1-5; 레 10:1-3, 26장 참고). 그는 순전함과 겸손의 시험에 걸려 넘어진 것이다.

하나님의 젊은 종 역시 기만에 찬 연장자와 만나게 되면서 하나님의 시험을 받고 있었다. 그렇다면 어떻게 해야 했을까? 먼저 늙은 선지자의 식사 초대에 감사를 표한 후, 그것은 하나님이 직접 주신 명령에 완전히 반대되는 일이라는 점과 하나님은 혼란케 하시는 분이 아니므로 양쪽 다 하나님께 다시 한 번 묻는 것이 필요하다고 설명해야 했다.

만약 그렇게 말했음에도 늙은 선지자가 거부했다면, 그야말로 그 속의 교만이 즉시 드러나는 것이다. 또는 두 사람 모두 하나님께 나아갔다면, 주님은 기꺼이 젊은이의 영이 먼저 들었던 음성이 옳다는 사실을 확인해 주셨을 것이다. 만일 그랬다면 사람을 두려워하는 마음은 떠나가고, 유일한 방패인 여호와를 경외하는 마음이 임했으리라. 이로써 젊은이는 하나님이 친히 지시하셨다고 확신하는 바에 순종해야 한다고 명확히 말했을 것이다. 하지만 그는 불순종의 대가로 목숨을 잃고 말았다. 참으로 무서운 경고가 아닐 수 없다.

사역 경험이 많은 선배나 권위자가 당신의 인생에 대하여, 당신이 직접 하나님께 뜻을 구하여 얻은 응답과 상반되는 인도를 받았다고 이야기할 경우에는 다음과 같이 대응할 것을 권한다.

- 겸손은 가장 좋은 보호막이며, 교만은 모든 속임의 근원이다(옵 1:3).
- 당신의 삶을 걱정해 주는 사람들에게 언제나 감사를 표현하며 그분과 함께 행하라.
- 예수님과 친밀하게 동행하며 성경에 나온 하나님의 성품과 길을 잘 알고 있는, 경건하고 검증된 성품을 지닌 사람을 찾아가 정직하게 마음을 열고 조언을 받으라.
- 그들에게 당신이 믿는 바와 다른 사람이 당신의 삶에 대해 확신하

는 바에 대해 들어줄 수 있는지 물으라.
- 진리가 승리하도록 기도하고, 하나님이 응답하실 것을 믿으라.
- 당신이 느낀 것이 하나님의 생각이 아닐 경우에는 성령님이 당신의 영을 불편하게 하실 것을 믿고, 만약 당신이 느낀 것이 하나님의 뜻이라면 깊은 내적 확신과 평안을 주실 것을 신뢰하라.
- 야고보서 4장 7절, 요한일서 3장 8절, 요한계시록 12장 11절을 따라 어둠의 세력을 묶으라. 그것이 아무런 힘도 발휘하지 못할 것을 명하면서 영적 전쟁을 하라.
- 양이 어떤 문으로 들어가야 할지 필요할 때마다 분명히 알려 주는 것은 목자의 책임이다. 책임져 주시는 하나님을 지속적으로 찬양하고 감사하라(요 10:3-4, 27).
- 여호와를 경외하는 마음을 계속해서 구하고 믿음으로 취하며, 주님이 보여 주셨다고 믿는 바를 따라 순종하라. "여호와를 경외하는 자 누구냐 그가 택할 길을 그에게 가르치시리로다"(시 25:12).

나는 《조이 도우슨의 하나님의 음성을 듣는 삶》(예수전도단 역간)에서 이 주제의 정반대 경우에 대해 자세히 소개했다. 실제로 성경에는 하나님의 백성이 다른 사람을 통해 전해 주신 여호와의 말씀에 주의하지 않아 결국 불순종하게 된 사례도 나온다. 이 책의 6장에서도 같은 주제를 다루었다.

은밀하게 섬기고 있는가?

우리의 동기가 순수하게 '그분의 영광'을 위한 것인지에 대해 하나님이 가장 간단하게 검증하시는 방법은 중보기도의 사역에 대한 성경의 명령에 어떤 식으로 반응하는지를 살피는 것이다. (중보기도란 다른 사람을 위해 성령의 인도와 능력으로 기도하는 것이다.) 예수님은 이 사역이 대부분 은밀하게 이루어진다고 가르치셨다(마 6:6 참고).

우리가 큰일이나 작은 일, 열방이나 세계의 지도자들, 나 아닌 다른 사람을 위해 일시적 혹은 장기적으로 자주 기도하면서도 그 사실을 누구에게도 이야기하고 싶은 마음이 생기지 않는다면, 인정받으려는 욕구에 대한 하나님의 시험을 통과했다고 볼 수 있다.

하나님은 사람의 동기를 시험하기 위해, 보이지 않게 많은 일을 하고도 인정이나 감사, 격려를 거의 받지 못하는 사역을 경험하게 하시는 경우가 많다. 계획하고 계신 우리의 장래 사역과 책임에 대해 우리가 맡을 만한지, 그리고 믿을 만한지 보시는 것이다. 지혜로우신 하나님은, 마음의 동기가 에베소서 말씀과 같이 검증되기 전까지는 우리를 높이지 않으실 것이다. "종들아 두려워하고 떨며 성실한 마음으로 육체의 상전에게 순종하기를 그리스도께 하듯 하라 눈가림만 하여 사람을 기쁘게 하는 자처럼 하지 말고 그리스도의 종들처럼 마음으로 하나님의 뜻을 행하고 기쁜 마음으로 섬기기를 주께 하듯 하고 사람들에게 하듯 하지 말라"(엡 6:5-7).

수년 동안 몇몇 자매와 함께 음식을 만들며 의자와 식탁, 예쁜 식탁보를 준비했던 적이 있다. 신자, 불신자를 막론하고 많은 여성이 생명력 있는 영적 메시지를 들을 수 있도록 좋은 강사를 초빙하여 강의를 진행하는 행사를 준비하기 위함이었다. 남편과 아이들도 전날 저녁부터 식탁과 의자 놓는 일을 도왔다. 나는 매번 모임 후 뒷정리까지 다 마친 후에야 마지막으로 자리를 떠났다.

왜 이 이야기를 나누는지 아는가? 그때 나는 언젠가 내가 많은 교회와 훈련 학교, 국제적 집회에 강사로 초청받으리라고는 꿈도 꾸지 못했다. 말도 안 되는 이야기였다. 지금 생각해 보면, 그 시기는 내가 전혀 눈에 띄지 않는 자리에서 지속적으로 남을 섬기는 일에 온전히 기뻐하며 보람을 느끼는지 하나님께서 지켜보시는 시간이었던 것 같다. 그 시간이 있었기에 나는 어떤 공적 사역이나, 항상 빠질 수 없는 섬김의 손길에 참여하며 보이지 않는 작업을 하면서도 늘 깊은 감사를 드린다.

무명에 만족하기를 배우기까지는 눈에 띄는 책임을 맡을 수 없다. 하나님은 행위보다 동기를 살피신다. '남을 섬기는 것이 주를 섬기는 것'이라고 명하신 위대한 주인께 초점을 맞추면, 사실 주를 섬기는 모든 일은 아무리 사소한 것이라도 의미 있고 기쁜 일이 아닐 수 없다. 우리의 주인이 '세족식'을 행하신 예수님이라면, 더는 설명할 여지가 없지 않은가!

어느 유명한 영적 지도자가 내게 해준 이야기가 생각난다. 젊은 시절, 그는 지도자가 나와서 이제 서로 발을 씻겨 줄 차례라고 말할 때마다 너무 싫어서 내심 머뭇거렸단다. 그러나 이제는 똑같은 그 일이 얼마나 쉽고, 또 기쁜 일이 되었는지 모른다고 했다. 변화는 '겸손'에서 시작된다.

하나님이 우리에게 어떤 일을 맡기시는가의 문제는 그다지 중요하지 않다. 죽은 자가 살아나도록 명하든, 아기 기저귀를 갈든, 아니면 사우디아라비아로 떠나든, 누군가의 발톱을 깎아 주든 간에 말이다. 다만 명령하신 분이 누구인가가 중요하다. 그분에 대한 확고한 믿음이 우리를 사로잡을 때, 진심으로 기쁘고 분명한 고백이 나온다. "여호와여 영광을 우리에게 돌리지 마옵소서 우리에게 돌리지 마옵소서 오직 주는 인자하시고 진실하시므로 주의 이름에만 영광을 돌리소서"(시 115:1).

한마디로, '무엇'이 아닌 '누가' 명하셨는지에 감동하자. 하나님의 성품을 어떻게 보느냐에 따라 결과가 완전히 달라진다. 이는 어떤 상황이든 동일하게 적용되는 원칙이다.

불 시험을 통과하는 핵심 원리

일생에 단 한 번 겪는 하나님의 시험도 있지만, '어려운 일'은 한 번으로 끝나지 않는다. 예수님은 현실적으로 말씀하신다. "세상에서는 너희가 환난을 당하나 담대하라 내가 세상을 이기었노라"(요 16:33).

박해를 받던 초대교회 당시, 바울과 바나바는 성도들을 견고하게 세우기 위해 "우리가 하나님의 나라에 들어가려면 많은 환난을 겪어야 할 것이라"(행 14:22)고 말했다. 다윗 왕도 많은 경험 가운데서 "의인은 고난이 많으나 여호와께서 그의 모든 고난에서 건지시는도다"(시 34:19)라고 고백했다. 베드로 사도는 인생을 현실적으로 바라보며 경고한다. "사랑하는 자들아 너희를 연단하려고 오는 불 시험을 이상한 일 당하는 것 같이 이상히 여기지 말고 오히려 너희가 그리스도의 고난에 참여하는 것으로 즐거워하라 이는 그의 영광을 나타내실 때에 너희로 즐거워하고 기뻐하게 하려 함이라"(벧전 4:12-13).

기본적으로 이 모두 같은 이야기다. 살다 보면 종종 험한 길을 만날 것이다. 그러나 예수님은 이미 그 길을 가 보셨다. 그분은 구덩이부터 지뢰까지 어디에 무엇이 있는지 아시며, 그 길을 어떻게 통과할지도 알려 주신다. 예수님은 우리와 함께 차를 타고 가실 뿐만 아니라, (우리가 허락한다면) 직접 운전까지 해주실 것이다. 이런 기막힌 서비스를 상상할 수 있는가!

불 시험이 그리스도인이라면 누구나 겪어야 하는 중요한 과정이라는 사실을 분명히 이해하는 것만으로도 엄청난 유익을 얻을 것이다. 한편 반대로도 생각해 볼 수 있다. 이 근본적인 사실을 받아들이지 않고 이해하지 못하는 한, 하나님이 곤경의 불을 보내시거나 허락하실 때마다 좌절하고 실망하며 심지어 하나님께 원망의 씨앗을 품게 될 수도 있다는 점이다.

앞서 언급한 세 가지 성경 구절로 돌아가 보자. 사실 이 말씀에는 현실적으로 나쁜 소식과 기쁜 소식이 모두 들어 있다. 우리가 매번, 언제나, 장기적으로 초점을 맞추어야 할 것은 '기쁜 소식'이다.

요한복음 16장 33절에서 예수님은 피할 수 없는 인생의 고난에 대처하는 방법에 대하여, 인자로 오신 예수님이 이 땅의 어느 누구보다도 더 많은 고난을 겪으셨다는 사실을 기억하라고 말씀하신다. 아울러 당신의 죽음과 부활로 모든 악과 문제의 근본을 이기셨다고 선포하신다. "하나님의 아들이 나타나신 것은 마귀의 일을 멸하려 하심이라"(요일 3:8).

"좋아요. 하지만 예수님이 세상을 이기셨다는 사실이 제가 날마다 삶의 어려움에 부딪힐 때 어떤 식으로 도움이 된다는 거죠?"라고 묻고 싶을지 모른다. 그 사실은 모든 면에서 도움이 된다. 인생을 주 예수님께 완전히 내놓으며 매일 그분의 거룩한 영으로 채워 달라고 청한다면, 즉 예수님이 당신의 마음을 통해 생각하고 당신의 눈을 통해 보고 당신의 입을 통해 말하고 당신의 심장을 통해 사랑하고 당신의 손을 통해 만지고 당신의 발을 통해 걷도록 초청하며, 또 그렇게 하실 것을 믿으면 주님은 그대로 하신다.

그러므로 예수님의 말씀은 이런 뜻이다. "어려움이 올 때 당황하거나 긴장하거나 낙심하지 마라. 모두 내가 이미 지났던 자리란다. 나는 큰 하나님이고, 나를 넘어뜨릴 일은 아무것도 없다. 내가 너를 다스린단다. 네 안에 내가 있다. 그러니 마음을 편히 가지고, 내가 너를 통해 매 순간 초자연적인 역사를 계속해서 이루는 삶을 살게 해주렴."

다윗도 그러했다. 그는 선한 사람들에게도 어려운 일이 많이 일어날 수 있지만, 하나님은 결국 하나님의 때에 하나님의 방법으로 구원하신다고 선포한다. 우리는 이 말씀 안에서 하나님의 공평과 성실을 상기하며, 그 소망으로 웃을 수 있다.

그리스도의 고난에 참여하는 기쁨

거친 시기를 헤쳐나갈 때, 하나님께 어떻게 협조할 수 있는지, 그리고 협조하면 어떤 보상이 따르는지 알아보자. 베드로는 그리스도의 고난에 조금이라도 참여하게 된 것을 즐거워하라고 성령의 감동으로 말한다. "도대체 그래야 하는 이유가 뭐죠?"라고 묻고 싶은가? 그렇다면 바울이 하나님께 부르짖었던 절박한 소원, 하나님을 가까이 알기 원한다는 간구의 내용을 보아야 한다.

> 내가 그리스도와 그 부활의 권능과 그 고난에 참여함을 알고자 하여 그의 죽으심을 본받아(빌 3:10).

바울은 물론이고 그 당시 예수님의 도를 따르던 여러 제자는 그리스도의 고난에 참여하기 원한다면 반드시 고통도 함께 겪어야 한다는 사실을 분명히 이해하고 있었다. 맞는 얘기다. 진심으로 하나님을 알려 한다면, 반드시 고난을 겪게 되어 있다. 예수님조차 "받으신 고난으로 순종함을"(히 5:8) 배워야 하셨는데, 그분을 닮아 가려는 우리에게는 더더욱 말할 것도 없다. 그리스도의 고난에 참여함으로 기뻐할 때, 하나님이 친히 그 영광을 보이사 보상하신다고 한 베드로의 말을 기억하라.

이는 매 순간 우리가 받아들일 수 있는 최대한의 분량만큼 하나님이 그분의 성품을 계시해 주신다는 의미다. 숨 막히는 특권이다! 한 걸음 더 나아가 바울은 "현재의 고난은 장차 우리에게 나타날 영광과 비교할 수 없도다"(롬 8:18)라고 말한다.

나 역시 오랜 세월 여러 가지의 경험을 통해, 확언할 수 있다. 고난의 용광로 속에서도 습관처럼 하나님을 예배하고 그 성품을 찬양하면, 마음이 늘 평안할 뿐 아니라 믿음으로 놀라운 은혜를 받을 수 있게 된다. 또한 궁극적 실재(實在)인 하나님 한 분께만 시선이 고정된다. 그런 환경에서는 부정적인 것이 조금도 살아남을 수 없다.

문제를 던지고 그분을 의지하라

어려운 상황에 대처하는 또 하나의 핵심 원리를 소개한다. 놀라운 결과로 이끄는 이 열쇠는 다름이 아니라, 다음의 말씀을 실제로 적용하는 것이다. "네 길을 여호와께 맡기라 그를 의지하면 그가 이루시고"(시 37:5).

하나님이 '이루시는' 역할을 하시기 전에 우리가 선행해야 할 두 가지 일이 있다. '맡기고', '의지하는' 것이다. 첫째는 우리가 처한 상황과 그 일에 관련된 모든 사람을 다 하나님의 손에 맡기는 것이다. '맡기다'의 히브리 원어는 문자적으로 '던지다'라는 뜻이다. 하지만 둘째 요구 사항인 '의지하기'를 어떻게 적용할지 깨달을 때까지는 짐을 온전히 던지기가 참으로 어렵다. 이때야말로 하나님의 성품에 집중해야 하는 시기다.

- 그분은 모든 지식의 하나님이다. 이 문제에 관련된 모든 요소를 다 알고 계신다.
- 그분은 모든 지혜의 하나님이다. 언제, 어떻게 문제를 풀어야 할지 알고 계신다.
- 그분은 절대적인 의와 공평의 하나님이다. 그 문제에 관련된 모든 사람에게 옳고 공정한 일만을 행하실 것이다.
- 그분은 모든 능력의 하나님이다. 우리가 던지는 모든 문제를 잡아내실 수 있다.
- 그분은 측량할 수 없는 사랑의 하나님이다. 우리의 문제를 받아서 해결하기를 간절히 원하신다.

이제 손에 우리의 문제를 상징하는 안전한 물체(예를 들면 쿠션)를 잡고서, 하나님의 성품에 의지하여 문자 그대로 그것을 던져 버리고 문제로부터 등을 돌리자. 하나님이 그 영원하고 살아 있는 말씀대로 행하실 것을 완전히 믿으며, 감사와 찬양으로 임하면 되는 것이다.

나는 시편 37편 5절을 매일의 상황 속에 적용할 때 극적인 결과가 나타나는 것을, 내 삶은 물론 다른 사람의 삶에서도 수없이 경험했다. 하나님은 우리가 어려운 일로 시험에 처할 때를 위해 그 말씀을 주셨다. 하나님의 명령을 무시한 채, 계속 걱정하며 그분을 실망시키고 싶은가? 아니면 말씀을 실천하며, 그분이 우리를 위해 일하시는 것을 지켜보겠는가? 내가 보장하는데, 후자 쪽이 더 신 나는 일인 것은 말할 것도 없다.

여기 구체적인 실례가 있다. 뉴질랜드의 오클랜드에서 열린 한 장로교 여성 집회에서 말씀을 전할 때였다. 집회가 끝날 때쯤 왓킨스라는 한 나이 지긋한 부인이 다가와 내게 상담을 요청했다. 그 부인의 문제는 도리적인 딜레마였다. 부인은 친하게 지내는 아시아 학생 두 명을 1년 동안 하숙생으로 받기로 계약한 상태였다. 그런데 최근에 영국에 있는 손자가 꼭 방문해 달라며 편지를 보내왔다. 손자가 영적인 문제로 힘들어하는 듯한 느낌이 들었다. 부인은 손자를 사랑하는 할머니로서 한걸음에 달려가 도와주고 싶었다.

도대체 어떻게 해야 할까? 부인은 훌륭한 청년들과 계약한 사항을 지켜야 한다는 책임감을 느꼈다. 나는 이 진실한 그리스도인 자매에게 뭐라고 응답해야 할지 깨닫고자 성령님께 잠잠히 귀 기울였다. 성령님은 즉시 응답하셨다. "시편 37편 5절에 나온 대로 행하게 하라." 나는 특별히 그 학생들에게 다른 기독교 가정을 제공하시기를 기도하며 말씀대로 순종했다.

그 상황에 관련된 하나님의 여러 가지 성품을 하나하나 선포하자, 부인의 믿음이 점점 커졌다. 그런 다음 문제를 상징하는 부드러운 물건을 손에 들고서 문자 그대로 멀리 던지며, 우리가 진심으로 하나님을 의뢰하기 때문에 그분이 우리를 위해 일하고 계심을 감사하고 찬양했다. 그리고 나서 부인은 집으로 돌아갔다.

그런데 한 1-2분이 지났을까, 멕켄지라는 젊은 여성이 당혹스런 표정을 한 채 텅 빈 교회 안으로 걸어 들어왔다. "왜요?

무슨 일이 있어요?" 내가 물었다. "저도 잘 모르겠어요. 집에 가려고 차 문을 열고 차 안에 한 발을 들여놓는 순간, 제 마음에 너무도 또렷하게 '교회로 돌아가자'는 마음이 드는 거예요. 그래서 다시 오게 되었어요."

"그렇다면 아마도 여기서 일어나고 있는 일과 관련이 있는 것 같군요."

나는 이렇게 말하고는 방금 있었던 일을 간단히 설명했다. 그런데 알고 보니 멕켄지 부인은 왓킨스 부인과 서로 잘 아는 사이였다. 이윽고 멕켄지 부인이 활짝 웃으며 대답했다. "아무래도 저한테 답이 있는 것 같네요. 제 두 아들이 그 댁의 아시아 학생들을 아주 좋아하거든요. 그러니 왓킨스 부인이 영국에 계시는 동안 두 학생이 우리 집에서 얼마든지 하숙을 할 수 있을 거예요. 저도 사실 그 학생들처럼 믿는 하숙생 두 명을 두었으면 좋겠다고 진심으로 바라고 있었답니다."

이럴 수가! 우리가 하나님께 문제를 던지고 그분을 의지한 그 순간, 하나님이 정확히 일을 행하신 것이다.

그 후 하나님의 인도하심으로 영국에 간 왓킨스 부인은 영적으로 갈급한 손자에게 큰 도움을 줄 수 있었다. 그리하여 부인의 손자는 그리스도께 삶을 드렸고, 튼튼한 교회 공동체에 뿌리내리는 데 중요한 통로가 되었다. 훗날 그 손자는 의료 선교사가 되었고, 왓킨스 부인은 그 나라에서 많은 사람을 섬기는 보람찬 사역을 맡게 되었다.

무엇을 아는가 vs. 누구를 아는가

하나님은 "네 짐을 여호와께 맡기라 (그것에 대해 계속 이야기하지 마라) 그가 너를 붙드시고"(시 55:22)라고 말씀하신다. 나에게 있어 시편 37편 5절을 그대로 실천하는 일은, 내 삶 속에서 뗄 수 없는 일부다. 또한 나는 그에 따른 기적적인 결과도 무척 많이 체험했다. 그중 한 가지 이야기를 더 소개하겠다. 인생 가운데 한 번쯤 일어나기 마련인 어려운 상황 속에서, 당신도 이 사연을 떠올리며 하나님의 말씀을 실천할 힘을 얻기 바란다.

당시 돈 스티븐스는 YWAM(Youth With A Mission, 국제 예수전도단)의 뛰어난 젊은 지도자였다. 그가 나와 함께 이집트에서 일주일 동안 강의할 때의 일이다. 우리는 하나님의 성품과 도를 배워 그분을 알리려는 열정적인 대학생들을 대상으로 가르쳤다. 영적으로 매우 중요하고 가치 있는 시간이었다. 우리는 집회 후에 스위스 로잔에 가서 각자 가족을 만날 예정이었기에, 언제 그곳을 떠나야 하는지 하나님의 구체적인 인도를 구했다. 그 끝에 우리는 말씀을 통해 주일 오후에 떠나라는 응답을 받았다.

집회 장소는 알렉산드리아였는데, 국제공항은 카이로에 있었다. 그런데 공교롭게도 알렉산드리아와 카이로 사이의 전화선이 고장 나는 바람에 항공편을 예약할 수 없었다. 우리는 하나님이 비행기 좌석을 마련해 주실 것을 신뢰하며, 두 시간 반 동안 기차를 타고 카이로로 향했다.

기차에서 늘 하던 대로 그날의 성경을 읽는 중에 하나님이

한 말씀을 보여 주셨다. 시편 9편 10절 말씀이었다. "여호와여 주의 이름을 아는 자는 주를 의지하오리니 이는 주를 찾는 자들을 버리지 아니하심이니이다."

우리는 믿음으로 택시를 타고 공항에 갔다. "오늘 스위스로 가는 비행기는 한 편뿐인데, 도저히 타실 수 없습니다. 이미 예약이 완료됐거든요. 그뿐 아니라 대기자 명단에도 여덟 분이나 더 계신 상태입니다." 우리는 빙그레 웃으며 기다리겠다고 말했다. 나는 우리가 하나님의 인도를 구하고 또 그분을 의지하는 한, 그분이 직접 일하시겠다고 성경 말씀으로 격려하셨던 것을 기억했다.

하나님을 의지하는 가장 쉬운 방법은 시편 37편 5절에 요약된 단계를 따르는 것이다. 당면한 상황을 하나님께 '던지고', 그분이 관련된 모든 사람을 붙들어 문제를 해결해 주실 것임을 그분의 성품에 의지하여 '믿는 것'이다. 우리는 그 단계를 따라 믿음으로 기다렸다.

이윽고 모든 사람이 티켓을 받아 비행기에 탑승했다. 그러던 마지막 순간, 대기자 명단에 먼저 올라와 있던 다른 사람들에 대해서는 아무런 언급 없이 항공사 직원이 우리를 불러 티켓을 건네주었다. 우리가 올라타자 비행기가 곧 출발했고, 남은 자리는 없었다.

첫 비행기는 그리스 아테네까지만 가는 것이었다. 거기서 다시 스위스 취리히까지 가는 비행기로 갈아타야 했는데, 우리가 아테네에 도착했을 때, 취리히로 이어지는 비행기는 이미 모든 승객이 탑승한 채 활주로에 나가 있었고 문도 닫혀 있었다. 공항 직원이 말했다. "저 비행기에는 절대 탈 수 없습니다. 너무 늦었어요."

우리는 시편 37편 5절에 나온 대로 항공사 담당자들을 하나님께 맡기고(혹은 '던지고') 하나님이 이루실 것을 믿음으로 고백하는 침묵 기도를 드렸다. 그리고 나서 직원을 설득했는데, 생각지도 못한 일이 일어났다. 스위스 항공 직원이 갑자기 결정을 수정하여, 우리를 위해 특별히 차를 가동시켰던 것이다. 그리하여 우리는 거의 목이 부러질 듯 거친 속력으로 비행기에 닿아 탑승했다.

취리히에 도착하자 정확히 똑같은 상황이 벌어졌다. 카이로에서 표를 끊어 준 여행사 직원이 비행기를 갈아탈 만한 여유 시간을 전혀 두지 않았던 것이다. 취리히의 직원들이 동일하게 말했다. "제네바로 가는 비행기는 이미 탑승 수속이 끝났습니다. 지금은 탑승이 불가능합니다."

그날 우리는 똑같은 답변을 이미 두 번이나 들은 터였다! 우리는 다시 항공사 직원들을 하나님의 손에 굳게 맡겨 드리며, 하나님이 길을 여실 것을 믿고 감사하는 침묵 기도를 더 많이 드렸다. 그리고 나서 우리는 최대한 정중하고도 단호하게 이번 비행기에 반드시 타야 한다고 설명했다. 그러자 하나님이 일하기 시작하셨다. 갑자기 직원이 우리에게 비행기로 뛰어가라고 말하더니, 게이트에 전화하여 비행기를 붙잡아 둔 것이다. 우리는 공항을 바람처럼 가로질러 달려감으로써 다시 한

번 극적으로 비행기에 올랐다!

　내가 여러 해 동안 믿고 가르쳐 온 바를 하나님이 그대로 이루시는 것을 온종일 목도했던 놀라운 하루였다. 하나님은 믿고 순종하는 자들을 위해 항상 길을 만드신다. 맡기고, 의지하고, 온전히 믿는 자에게 시편 37편 5절에 약속하신 말씀을 그대로 행하신다.

　나는 이러한 상황을 통과할 때마다 영혼이 상쾌해지는 것을 느낀다. 살아 계신 하나님께 구체적으로 인도해 달라고 구하고, 그분이 불가능을 뛰어넘어 말씀대로 이루실 것을 계속해서 믿으라. 자녀들의 상황 가운데 놀랍게 개입하시는 하나님을 목도하는 일은 참 멋진 모험이다.

　중요한 것은 '무엇'을 아는가가 아니라, '누구'를 아는가다. 우리의 하나님은 우주를 지으시고 운행하시는 창조자, 왕이신 분이다. 그런 하나님은 그분의 일을 하다가 곤경에 빠져 있는, 그리고 그저 그분의 말씀이 역사할 것을 온전히 믿는 자녀들을 위해 '길 없는 곳에 길을 여는' 방법을 무한히 알고 계시다.

　바로 지금 이 책을 내려놓고, 당신이 걱정하고 있는 문제나 사람을 하나님께 올려 드리기 바란다. 상징적인 물건을 이용해도 좋다. 앞의 이야기에서 설명한 하나님의 성품을 깊이 새겨 본 후, 하나님께 문제를 던지라. 그리고 주님이 최고의 포수이자 행동가이심을 믿으라. 그대로 했는가? 이제 크게 웃고 나서, 그렇게 역사하실 하나님을 찬양하라.

　앞의 두 가지 예화처럼 즉각적인 결과가 나타나지 않을 수도 있다. 나도 여러 번 응답을 기다려야 했다. 그러나 분명한 사실이 있다. 그 응답을 통해 하나님께 가장 큰 영광을 돌리는 것이 당신의 가장 깊은 소원이라면, 주님은 그분의 때에 그분의 방법으로 일하신다는 것이다.

하나님의 때까지 기다리라

이 시험 역시 피할 수 없으며, 다양한 형태로 찾아올 수 있다. (함께 몇 가지 경우를 살펴보며 깨달음과 용기를 얻기 바란다.) 이 책을 집필하던 어느 날, 나는 성경을 읽다가 예수님이 제자들에게 '타이밍의 시험'을 주신 대목(요 6:15-21)에 사로잡혔다. 그 이야기는 남자만 5천 명에 여자와 아이들까지 더한 '군중'을 먹이신 사건 직후인 14절에서 시작된다. 제자들은 이제 모세가 신명기 18장 15절에서 예언한 바로 그 인물이 예수님임을 확신했다. 이에 그들은 주제넘게도 예수님을 땅 위의 하나님 나라를 다스릴 왕으로 세울 준비를 하고 있었다.

발 빠르게 앞서 간 제자들의 영리한 생각 속에는 한 가지 문제가 있었다. 그것은 십자가와 세세에 미칠 구속의 열매가 빠져 있었다는 점이다. 멋진 계획 같았지만, 실은 예수님의 가장 큰 반대자인 사탄에게 완전히 협조하는 일인 셈이었다. 이처럼 빗나간 제안을 무시하고자 예수님은 은신처인 산 위로 재빨리 물러나셨다. 그리고 나서 최고의 동반자이신 아버지와 시간을 보내셨다. 제자들은 그들의 삶을 향한 하나님의 시간과 뜻에 대해 매우 무지했다. 그들만큼이나 이해가 부족한 우리도 혼란과 불신, 당혹감 속에서 헤매는 경우가 많다.

제자들이 놓친 타이밍 시험의 두 번째 단계는 요한복음 6장 17절에 나온다. 배에 올라탄 제자들은 가버나움을 향해 노를 젓고 있었는데, "이미 어두웠고 예수는 아직 그들에게 오시지" 않은 상황이었다. 종적을 감춘 이 지도자는, 제자들이 그분을 따르는 핵심 목적(그들의 기준)을 이루고 그분(또한 자신들)을 높이기 위한 제안을 거절한 것도 부족해서, 심지어 사라지기까지 하셨다. 그들에게는 주님이 필요했고, 날은 어두웠다. 어딘지 모르게 이 상황이 당신에게 친숙하지 않은가?

그렇다. 살다 보면 도대체 일이 어떻게 되어 가는 것인지 모르겠고, 일이 전처럼 잘 풀리지 않아서 혼란스러울 때가 있다. 상황은 갈수록 어려워지고, 미래의 삶에 대한 하나님의 약속들도 공허해 보인다. 그저 어둠 속에 서 있는 것 같고, 예전처럼 주님을 느끼거나 그분의 음성을 들을 수가 없다. 정말이지 그분이 우리 인생의 전면에서 완전히 사라지신 것 같다. 당신과 동일한 감정을 느꼈던 다윗이 그랬듯이, 어쩌면 당신도 지금 이렇게 부르짖고 있을지 모르겠다. "여호와여, 나를 버리지 마소서! 나의 하나님이여, 나를 멀리하지 마소서! 속히 나를 도우소서! 주 나의 구원이시여!"(시 38:21-22)

다시 제자들을 보자. 요한복음 6장 18절의 상황은 모든 면에서 훨씬 더 악화되었다. 바다 물결은 더 높고 사납게 일렁였으며, 모진 바람이 휘몰아쳤다. 예수님은 여전히 안 계셨다. 칠흑과 같은 어둠에 잠겨 있었기에 그들은 두려웠다. 그뿐만 아니라 거의 사륙 킬로미터를 노 저어 오느라 지칠 대로 지쳐 있던 그들은 과연 육지까지 갈 수 있을지 걱정스러웠을 것이다.

가슴속에서 타는 듯 이글거리는 질문이 하나 있다. 우리가 이토록 절박하게 오직 주님만이 주실 수 있는 도움을 바라고 있을 때, 대체 그분은 어디 계신가 하는 것이다. '혹시 우리 주소를 잊으신 것인가? 잠시 눈을 붙이고 계시거나, 밀린 일들을 처리하고 계신가? 무슨 일이 일어나는지 도통 모르시는 건가? 주님이 아신다면, 왜 나타나지 않으시는 걸까? 내게 닥친 문제에는 별다른 관심이 없으신 건가?' 이렇게 생각하고 싶은 유혹이 생겨난다.

다음과 같은 성경 구절들은 마치 우리를 조롱하는 것 같다. "환난 날에 나를 부르라 내가 너를 건지리니"(시 50:15). 이미 충분히 부르짖어 보았다. 그럼에도 다시 힘닿는 대로 하소연하거나 외쳐 본다. "예수님 제발 도우소서. 부디 저를 긍휼히 여기소서!" 소경 바디매오가 외쳤던 말씀을 기억하면서 말이다.

마침내 극적인 진전이 일어났다! 제자들은 물 위를 걸어 그들의 배를 향해 다가오시는 예수님을 보았다(요 6:19). 그들은 두려웠다. 그들이 신체적, 정신적, 감정적으로 가장 어두웠던 시간에 '세상의 빛'이 나타났다. 그 빛은 고요한 중에 그분의 임재를 알리고, 안심하라는 말씀으로 어둠을 관통했다. 그때 생존에 대한 두려움이 주를 경외하는 두려움으로 변했다. 게다가 제자들은 노 한 번 젓지 않고도 목적지까지 초자연적으로 한순간에 이동하는 신기한 기적을 체험했다.

이 모든 사건을 통해 예수님이 우리에게 말씀하시는 것은 무엇인가?

- 언제나 하나님이 다스리신다.
- 하나님은 절대로 늦지 않으신다.
- 주님은 우리가 타이밍의 시험을 통과하도록 일부러 우리가 기대하거나 원하는 시간보다 훨씬 늦게 나타나신다.
- 주님은 항상 문제의 해답을 가지고 계시며, 언제 또 어떻게 모든 문제를 풀어야 할지 정확히 아신다.
- 주님은 우리가 시간을 들여 말씀 속에서 그분의 성품을 면면히 공부하여, 어렵고 어두운 시기에도 믿음의 안식을 경험하는 수준에 도달하기를 원하신다.

이러한 계시는 반드시 평안을 가져온다.

새로 지명된 지도자 사울이 이 중요한 시험에서 탈락한 것을 눈여겨보라. 사무엘은 사울에게 이레 안에 돌아와 제사를 드릴 것이라고 했다(삼상 13장). 제사는 사울이 아닌 사무엘의 사역이었다. 그러나 적이 다가오는 것을 본 사울은 이레가 되도록 사무엘이 오지 않자, 스스로 제사를 드리고 말았다.

이 주제넘은 불순종의 행위는 다음과 같은 사울의 내면을 드러냈다.

- 여호와를 경외하는 마음의 결여
- 약속을 지키는 사무엘의 성품에 대한 확신 부족
- 자신의 판단대로 리더십의 규정을 굽힐 수 있다는 교만
- 위급한 순간에 반드시 역사하실 하나님의 성품에 대한 신뢰 부족

적시에 도착한 사무엘은 위의 모든 사실을 언급했다. 그 뒤에 하나님의 감동으로 이제 이스라엘의 리더십이 사울을 떠나 어린 다윗에게 주어졌음을 공포했다. 타이밍의 시험에 실패하여 치르게 된, 실로 엄청난 대가였다!

상황이 아무리 암담하더라도, 또는 절망의 유혹이 아무리 극심하다 해도 상관없다. 예수님은 절대 우리를 떠나지도 버리지도 않으실 것이라고 명확하게 말씀하셨다. 다시 말해서 우리가 부르고 신뢰하고 순종하기만 한다면, 주님은 언제나 그분의 때에 그분의 방법으로 찾아오셔서 역사하신다.

결코 늦지 않으신다

1971년 7월부터 지금까지 짐과 나는 YWAM에 소속되어 급여를 받지 않는 선교사로 일하고 있다. 급여가 없는 단체이므로 우리는 전적으로 '믿음'에 의지해 생활해 왔다. 즉, 수많은 재정적 시험을 허락하심으로 하나님이 그분의 신실함과 완벽한 타이밍을 증명하실 기회가 많았다는 말이다. 그중에 한 가지만 언급하겠다.

짐과 나는 평생 열방을 섬기는 사역으로 부르심 받았기에,

하나님의 인도에 순종하여 해외에서도 사역해 왔다. 선교사로서 우리는 재정을 위해 기도하는 데 시간을 들인 적이 거의 없다. 만일 마태복음 6장 33절의 권고대로 먼저 하나님 나라를 구하고(하나님의 관심과 우선순위를 우리의 우선순위로 삼고) 그분의 의를 구한다면(우리 삶에 회개하지 않고 쌓아 둔 죄가 없도록 한다면), 순종하기 위한 돈을 우리에게 주시는 것은 그분의 책임이라고 믿는다. 다만 우리는 그 조건들을 아무런 타협 없이 이루어 가고 있는지 늘 점검해야 한다.

한번은 이런 일이 있었다. 우리는 두 나라로 여행하는 항공편을 예약하고 표를 구입했다. 출국 날짜가 가까워져 올 즈음, 짐이 여행 경비와 은행 계좌에 남아 있는 돈을 계산해 보았는데 정확히 2,200달러가 부족했다.

우리는 하나님이 가난하거나 인색하지 않으신 분임을 알기에, 그분의 시간과 방법으로 이 상황을 타개하실 것을 믿고 감사드렸다. 한편으로는 우리의 삶을 곰곰이 점검해 보기도 했지만, 하나님의 역사를 방해할 만한 문제나 죄가 떠오르지 않았다. 그리고 주님이 어떤 방법으로 역사하실지 예상되는 바도 전혀 없었다.

로스앤젤레스 공항으로 떠나는 날 아침, 짐이 집을 나서며 말했다. "출발 전까지 아직 여유가 있으니 잠시 우체국에 들러 우편함을 확인해 봐야겠어." 그리고 얼마 후 짐은 입이 귀에 걸린 채 집으로 돌아왔다. 노스캐롤라이나에 사는 한 자매에게서 온 편지에 아무런 설명도 없이 2,200달러짜리 수표가 들어 있던 것이다. 우리에게 필요한 금액이 정확한 타이밍, 하나님의 완전한 때에 들어온 것이다. 그때 우리에게 얼마가 부족한지를 아는 이는 하나님뿐이었다. 더구나 우리는 우선 신용카드로 비용을 지불했기 때문에, 사실 더 일찍 받을 필요도 없었다.

나는 그 필요가 채워질 것인가를 놓고 단 한 순간도 걱정하지 않았다고 감히 단언할 수 있다. 사실 우리는 더할 나위 없이 평안했다. 그 이유는 간단하다. 우리 집 부엌 테이블 위에는 흰 글씨로 "주님은 결코 실망시키지 않으신다"라고 새긴 나무 접시가 있다.

나는 그 사실을 믿는다. 그뿐 아니라 하나님은 아예 실수하는 법을, 누군가를 실망시키는 법 자체를 모르신다고 확신한다. 신실함은 하나님의 성품에서 결코 빼놓을 수 없는 요소다. 그러므로 만일 하나님이 우리를 실망시키고 약속을 지키지 않으시려면 '제정신을 잃으셔야만' 할 것이다.

우리는 미쁨이 없을지라도 주는 항상 미쁘시니 자기를 부인하실 수 없으시리라(딤후 2:13).

믿음은 하나님의 말씀을 듣는 데서 오며, 특히 그 말씀을 쓰신 분의 성품을 믿는 데서 온다. 극심한 박해와 고문과 세뇌를 당하면, 제아무리 신자라 해도 외웠던 성구를 충분히 망각할 수 있다. 실제로 그런 사례도 있었다. 그러나 인간이든 사탄이든 그 어떤 장치든 하나님의 성품을 아는 지식을 지울 수는 없다. 바로 그것이 우리가 그분을 공부하는 것을 삶의 방식으로 삼아야 하는 이유다.

왜 불 시험을 보내시는가?

중요한 것은 왜 하나님의 불 시험이 임하는지 이해하는 것이다. 그 중요성을 인식하도록, 하나님의 관점을 달라고 구하라. 응답하실 것을 믿고 감사하면서, 그 목적에 대해 깊이 묵상해야 한다. 일반적으로 하나님의 불 시험에 담겨 있는 주요 목적은 다음과 같다.

- 우리 주 하나님을 마음과 뜻과 정성과 힘을 다해 사랑하는지, 아니면 다른 우상이 우리 삶에 존재하는지 알아보기 위해서다.
- 우리가 성경에서 말씀하신 바대로 행동하고 반응함으로 시험에 통과하는지, 아니면 하나님의 명령에 불순종하여 시험에 실패하는지 지켜보기 위해서다.
- 예수님이 이 땅에 계실 때 아버지를 의지했듯이, 주 예수님께 의지하는 삶을 살기로 선택하는지 아닌지 살펴보기 위해서다.
- 시험이 더 어려워질수록 우리가 말씀에 순종하여 그 시험을 통과할 때, 하나님의 보상과 상급이 더욱 크다는 점을 증명하신다.
- 주님과 더 친밀한 관계를 갖기 위해 그리스도의 고난에 기꺼이 참여하려 하는지 아닌지 보기 위해서다.

- 예수님을 더욱 닮아 가게 하기 위해서다. 로마서 8장 29절과 같이 하나님은 "미리 아신 자들을 또한 그 아들의 형상을 본받게 하기 위하여 미리 정하셨"다.
- 예수님께 영광을 돌리게 하기 위해서다. "이는 범사에 예수 그리스도로 말미암아 하나님이 영광을 받으시게 하려 함이니"(벧전 4:11).
- 하나님의 말씀을 온전히 믿고 순종하는 우리를 통해 그분의 신실하심을 확증하시기 위해서다. "그런즉 너는 알라 오직 네 하나님 여호와는 하나님이시요 신실하신 하나님이시라 그를 사랑하고 그의 계명을 지키는 자에게는 천 대까지 그의 언약을 이행하시며 인애를 베푸시되"(신 7:9). "너희가 내 안에 거하고 내 말이 너희 안에 거하면 무엇이든지 원하는 대로 구하라 그리하면 이루리라"(요 15:7).
- 주 예수님과 더 친밀한 관계로 들어가고, 그분을 더욱 깊이 사랑하는 마음을 품게 하기 위해서다. "나의 계명을 지키는 자라야 나를 사랑하는 자니 나를 사랑하는 자는 내 아버지께 사랑을 받을 것이요 나도 그를 사랑하여 그에게 나를 나타내리라"(요 14:21).
- 하나님의 방법을 더 많이 이해할 수 있게 하기 위해서다. "공의로 판단하시며 사람의 마음을 감찰하시는 만군의 여호와여 나의 원통함을 주께 아뢰었사오니 그들에게 대한 주의 보복을 내가 보리이다"(렘 11:20).
- 환경을 바라보지 않고 하나님의 말씀을 믿고 순종할 때에 주어지는 복을 받게 하기 위해서다.
- 하나님께 순종하는 문제에 있어 우리의 마음이 얼마나 낮은지, 겸손의 수준이 어느 정도인지 드러나게 하기 위해서다. "네 하나님 여

호와께서 이 사십 년 동안에 네게 광야 길을 걷게 하신 것을 기억하라 이는 너를 낮추시며 너를 시험하사 네 마음이 어떠한지 그 명령을 지키는지 지키지 않는지 알려 하심이라"(신 8:2).

- 우리가 하나님을 경외하는지 사람을 두려워하는지, 아니면 죄로 유혹하는 사탄의 세력을 두려워하는지 드러나게 하기 위해서다. "사자가 이르시되 그 아이에게 네 손을 대지 말라 그에게 아무 일도 하지 말라 네가 네 아들 네 독자까지도 내게 아끼지 아니하였으니 내가 이제야 네가 하나님을 경외하는 줄을 아노라"(창 22:12). "모세가 백성에게 이르되 두려워하지 말라 하나님이 임하심은 너희를 시험하고 너희로 경외하여 범죄하지 않게 하려 하심이니라"(출 20:20).

- 대가와 관계없이 순종함으로 하나님을 얼마나 깊이 사랑하는지 검증하시기 위해서다. "이는 너희의 하나님 여호와께서 너희가 마음을 다하고 뜻을 다하여 너희 하나님 여호와를 사랑하는 여부를 알려 하사 너희를 시험하심이니라"(신 13:3). "너희가 나를 사랑하면 나의 계명을 지키리라"(요 14:15).

- 우리의 말과 삶이 사람을 기쁘게 하기 위함인지, 아니면 하나님을 기쁘시게 해 드리기 위함인지, 우리 마음의 동기가 하나님과 자신에게 드러나게 하기 위해서다. "우리가 이와 같이 말함은 사람을 기쁘게 하려 함이 아니요 오직 우리 마음을 감찰하시는 하나님을 기쁘시게 하려 함이라"(살전 2:4).

- 이 땅에서뿐만 아니라 영원한 나라에서, 하나님 나라 확장에 관련하여 더 큰 특권이나 책임을 맡길 수 있는지를 보기 위해서다. "이기는 자와 끝까지 내 일을 지키는 그에게 만국을 다스리는 권세를

주리니"(계 2:26).
- 가장 큰 시험인 혼란의 시험 속에서 하나님의 주권을 받아들이는지를 보기 위해서다. 하나님이 고통 속에 있는 우리에게 불 시험이 주시는 목적을 전혀 이해하지 못하도록 가리시고 그에 관해 계속 아무런 말씀도 하지 않으실 때, 과연 우리는 로마서 11장 33절에 기록된 대로 "그의 길은 찾지 못할 것이로다"라는 진리를 받아들일 수 있겠는가? 마치 2 더하기 2가 늘 5가 되는 것 같은 시기에도, "하나님의 도는 완전하고"(시 18:30)라는 마음과 생각의 평안과 믿음 가운데 안식할 수 있겠는가?
- 하나님의 방법을 이해할 수 없을 때에라도, 이미 말씀을 통해 그 성품을 면면히 연구한 기초가 있기에 흔들림 없이 그분의 성품을 신뢰하는지 보기 위해서다.
- 우리의 가장 깊은 질문에 대한 대답을 하늘나라에 가기까지 들을 수 없다 해도 괜찮은지, 예수님이 요한복음 13장 7절에서 "내가 하는 것을 네가 지금은 알지 못하나 이후에는 알리라"고 말씀하신 사실에 의지하여 안식할 수 있는지를 확인하시기 위해서다.

흠 없는 성품을 지니신 하나님은, 우리가 그분을 알리기 위해 얼마나 진심으로 그분을 알아 가려 하는지 보시려고 시험을 허락하신다.

CHAPTER 2

The Fire of God in Power

능력을 나타내시는 불

욥기 26장을 펴면 우주의 창조자이자 주권자이신 하나님의 능력이 생생하게 펼쳐진다. "그는 북쪽을 허공에 펴시며 땅을 아무것도 없는 곳에 매다시며…그가 꾸짖으신즉 하늘 기둥이 흔들리며 놀라느니라(소스라치게 놀라다, NIV)…그는 능력으로 바다를 잔잔하게 하시며 지혜로 라합을 깨뜨리시며…그의 입김으로 하늘을 맑게 하시고"(7-13절).

이어지는 14절에서는 욥이 "보라 이런 것들은 그의 행사의 단편일 뿐이요 우리가 그에게서 들은 것도 속삭이는 소리일 뿐이니 그의 큰 능력의 우렛소리를 누가 능히 헤아리랴"라고 고백한다. 여기서 '우렛소리'라는 단어는 원래 '크게 울려 퍼지게 하다'라는 뜻이다. 욥기 37장 1절에서는 엘리후가 이러한 종류의 우렁찬 뇌성을 들을 때의 반응을 이렇게 묘사한다. "이로 말미암아 내 마음이 떨며 그 자리에서 흔들렸도다." 그것은 포효하며 천둥 치는 듯한 웅대한 음성이었다.

큰 능력의 우레

하나님의 권능의 불에 대해 성경에 나타난 가장 강렬한 사건은 바로 출애굽기 19장에 나온다. 하나님은 모세를 통해 이스라엘 백성을 이틀 동안 정결케 하시고, 사흘째 되는 날에 시내산 기슭에서 있을 하나님과의 만남을 준비하도록 명하셨다. 또한 그 누구도 산에 오르거나 산자락을 건드리지 말라고 엄히 경고하셨다. 이 명령을 어기는 자는 하나님의 손에 죽게 될 것이었다(출 19:12).

소집 신호는 큰 나팔소리였다. 출애굽기 20장에 나오는 '십계명'을 내려 주시기 이전에 이러한 준비 작업이 있었던 것이다. 이는 백성이 하나님을 엄숙하고 진지하게 대하도록 하시려는 하나님의 방법이었다고 생각된다. 이윽고 사흘째 되는 아침, 정확한 시간에 엄청난 사건이 시작되었다. 온 우주의 창조주가 그 권능을 잠시 드러내시자 진중의 모든 백성이 다 떨었다(출 19:16). 어찌 떨지 않았으랴!

그들은 시내산 전체가 온통 연기로 뒤덮인 맹렬한 불지옥으로 바뀌며 "우레와 번개"가 치는 광경을 실제로 목격했다. 그와 동시에 산 전체가 심하게 진동했고, 나팔소리는 점점 더 커져 갔다. 그뿐 아니라 그들은 "침침함과 흑암과 폭풍"(히 12:18) 가운데서 울려 퍼지는 하나님의 소리를 직접 들었다.

'스스로 있는 자'와의 대면을 통해 이미 불 가운데에서 하나님을 만난 경험이 있던 모세도 이번에는 입이 바싹 마를 정도로 두려웠다. 그것이 히브리서 12장 21절 "그 보이는 바가 이렇듯 무섭기로 모세도 이르되 내가 심히 두렵고 떨린다 하였느니라"는 구절에 대한 나의 해석이다.

하나님은 모세에게 불붙은 산꼭대기로 올라오라고 하셨지만, 그렇다고 뜨거운 온도를 조절해 주겠다고 하지는 않으셨다. 이 사건이야말로 역사상 인간이 자신의 익숙한 구역, 즉 안전지대를 벗어난 가장 극단적인 사례가 아닐까? 이 모세라는 남자의 영적 포부를 결코 과소평가해서는 안 된다. 그는 하나님을 알기 원했고, 설사 그 과정에서 한 줌의 재로 타 버린다 할지라도 그것을 위해 순종할 각오가 되어 있었다.

억측이라고 생각하는가? 그렇다면 실제로 모세가 산에 오르기 전에, 하나님이 바로 그 '불에 타 버릴 위험' 때문에 제사장들과 백성이 가까이 오지 못하도록 경고하라고 명하신 부분을 자세히 읽어 보라(출 19:21, 24 참고). 이스라엘 자손들은 그렇게 두려운 상황 속에서 '직접' 말씀하시는 하나님의 큰 음성을 견딜 수 없었다. 대신 그들은 사람의 목소리를 듣는 쪽을 택했다. 반면 모세는 그 짙은 어둠 속에서 하나님께 나아갔다고 기록되어 있다.

하나님과 진정으로 친밀한 관계를 이루는 것을 얼마만큼

절실히 바라는가? 나는 안전해 보이는 익숙한 곳에서 군중과 함께 있는 것보다, 인생의 가장 어두운 상황일지라도 하나님과 더 가까이 있는 것을 택하겠다. 언제나 가장 안전한 곳은 그 온도와 관계없이 하나님의 날개 그늘 아래다. 예수님이야말로 "세상의 빛"이시며 "그에게는 어두움이 조금도 없으시기에" 그분께 더 가까워질수록 우리는 그보다 더 큰 빛을 경험하게 된다. 하나님은 또한 주의 말씀이 "내 발에 등이요 내 길에 빛"(시 119:105)이 되리라고 약속하신다.

모세가 그날 '불을 지으신 이'와 약속한 것을 지키기 위해 그 지옥 불을 뚫고 나아갈 때 경험했을 '하나님의 기적적인 보호'에 대해 생각해 본 적이 있는가? 나는 다니엘의 세 친구와 모세가 천국에서 만나, 자신들의 경험을 서로 비교하는 장면을 종종 그려 본다. 하나님의 불의 '보호 능력'에 대해 이 전사들의 삶만큼 생생히 보여 주는 일화가 또 있을까!

불이 물을 삼키다

하나님은 한 나라 앞에서 그분의 주권을 증명하시는 일에, 하늘로부터 불을 내려 물에 젖은 나뭇단을 사르는 방법을 택하셨다(왕상 18:20-38 참고). 그분의 무한한 능력과 대적의 무능함을 보이기 위하여 하나님이 택하신 대사이자 대변자는, 오직 그 대결을 계획하신 하나님의 힘과 위엄을 두려워하는 사람 엘리야였다. 갈멜 산 대결의 승자는 "불로 응답하는 신이 참 하나님"이라는 기준으로 판가름 날 것이었다.

우리 하나님이 "소멸하는 불"(신 4:24; 히 12:29)이시라는 말은, 불이 하나님 인격의 본질에 속한 것이라는 의미다. 그러므로 그날 갈멜 산에서 하나님이 하실 일은, 그 장소에 나타나서 그분의 본모습을 잠시 보여 주는 것뿐이었다. 사실상 그것은 '대결'이 아니었다. 대결이 시작되기 전에 이미 결과는 정해져 있었다.

하나님의 불의 권능에 도전하려던 인류의 시도 중에서도 아주 애처로운 기록이 바로 이 아침부터 낮까지 "바알이여 우리에게 응답하소서"(왕상 18:26) 하고 부르짖었던 바알 선지자들의 이야기다. 바알이 불을 내리지 않자, 바알 선지자들은 "피가 흐르기까지 칼과 창으로 그들의 몸을 상하게" 했고(왕상 18:28), 그 일이 분명히 이루어질 것이라고 '예언'하는 데에 오후 시간을 다 보냈다. 자신이 헛된 꿈을 꾸었음을 완전히 깨달았을 때 나타나는, 절박한 결의의 몸짓이었다. 하나님은 바로 그런 순간에 무대 전면에 나서기를 좋아하신다. 용감무쌍한 그분의 선지자가 올린 두 마디 간결한 기도에 응답하신 하나님은 불을 내려 번제물과 나무와 돌과 흙을 태우고 또 도랑의 물까지 핥으셨다(왕상 18:38).

물로 불을 끈다는 것은 모두 아는 사실이다. 그러나 하나님의 불의 능력이 풀어지자, 그 반대의 일이 일어나 불이 물을 삼켜 버렸다. 그것이 하나님의 권능이다! 하늘의 사령부에서 직송된 이 기이한 현상을 보게 된 온 백성이 "여호와 그는 하나님이시로다 여호와 그는 하나님이시로다"(왕상 18:39) 하고 외칠 수밖에 없었다. 원수에게는 매우 당황스러운 패배였다. 불패의 전사, 전능하신 하나님의 멋진 승리였다.

그리고 나서 엘리야는 바알 선지자 450명과 아세라 선지자 400명을 처형함으로써 대결을 끝낸다. 한 사람이 총 850명을 죽였다. 믿을 수 없는 초자연적 힘이 발휘된 것이다. 그러나 내가 더욱 감탄하는 것은 바로 "굽어보기만 하셔도 땅은 떨고, 주님이 산에 닿기만 하셔도 산이 연기를 뿜는"(시 104:32, 표준새번역) 바로 그분의 메가 파워다.

하나님의 메가 파워

하나님이 권능을 보이실 때 어떻게 되는지에 대해 선지자 미가가 묘사한 내용을 보라. "여호와께서 그의 처소에서 나오시고 강림하사 땅의 높은 곳을 밟으실 것이라 그 아래에서 산들이 녹고 골짜기들이 갈라지기를 불 앞의 밀초 같고 비탈로 쏟아지는 물 같을 것이니"(미 1:3-4).

여기에 언급된 힘을 잘 생각해 보기 바란다. 주 예수의 제자라고 고백하는 이들 가운데 불신이 매우 만연한 이유는, 아마도 하나님의 놀라운 능력을 다양하게 묘사한 성경 말씀을 공부할 시간을 내지 않아서일 것이다.

나훔 선지자는 하나님이 니느웨를 예정된 심판에서 면하게 하시고 자비를 베푸신 지 100년이 지난 후, 니느웨 사람들을 향해 선포했다. "여호와는 노하기를 더디하시며 권능이 크시며 벌 받을 자를 결코 내버려 두지 아니하시느니라"(나 1:3).

앗시리아 사람들은 이전의 부흥과 진실한 영적 각성을 잊어버린 채, 다시 폭력과 우상숭배의 죄를 일삼았다. 나훔은 그 도시의 몰락을 선포하며, 하나님의 권능이 어떻게 나타나게 될지에 대해 이와 같이 묘사했다. "그로 말미암아 산들이 진동하며 작은 산들이 녹고 그 앞에서는 땅 곧 세계와 그 가운데에 있는 모든 것들이 솟아오르는도다 누가 능히 그의 분노 앞에 서며 누가 능히 그의 진노를 감당하랴 그의 진노가 불처럼 쏟아지니 그로 말미암아 바위들이 깨지는도다"(나 1:5-6).

하나님의 임재 앞에 떨다

이는 하나님의 임재 앞에서 지구 전체가 충격에 휩싸여 산들이 움직이고 흔들리며 녹는 모습을 묘사한 구절이다. 다른 어떤 행동을 취하지 않으셔도, 단지 나타나시는 것만으로 경이로운 하나님의 불의 능력이 역사하기 시작한다는 뜻이다. 성경은 우리가 인간으로서 절대로 할 수 없는 일들을 제때에 행하시는 그 창조의 능력을 깊이 생각하며, 하나님 앞에서 떠는 것이 마땅하다고 말한다. "땅이여 너는 주 앞 곧 야곱의 하나님 앞에서 떨지어다 그가 반석을 쳐서 못물이 되게 하시며 차돌로 샘물이 되게 하셨도다"(시 114:7-8).

비록 인간에게는 불가능한 일이라 해도, 하나님은 전혀 위축되지도 당황스러워하지도 그리고 도전을 받지도 않으신다.

인류의 삶 속에서 역사하시는 하나님의 불의 능력과 목적은 절대로 중단되지 않는다. 동시에 하나님은 우리에게 말씀하신다. 창조하신 피조 세계를 완전하게 주관하시는 그분의 놀라운 통치를 묵상할 때, 우리가 그 임재 앞에서 여호와를 경외함으로 떠는 것이 마땅하다고 말이다. "나를 경외하지 않겠느냐? 영원한 명으로 바다 끝자락에 모래를 두어 영원히 그 경계를 넘지 못하게 한 나의 존전에서 떨지 않겠느냐?"(렘 5:22 참고)

나는 하나님의 말씀을 믿으며, 또 그 말씀과 하나님을 진심으로 받아들인다. 최근에 열렸던 교회 연합 수련회에서 나는 토요일 밤에 '하나님의 공의'에 대한 메시지를 전한 다음, 청중이 공개적으로 메시지에 반응할 시간을 주었다. 성령님은 다양한 방법으로 역사하시며, 각 사람의 깊은 갈망을 채우고 계셨다. 그때 하나님이 내게 두 개의 성경 구절을 나누도록 인도하셨는데, "여호와께서 다스리시니 만민이 떨 것이요"라는 시편 99편 1절 말씀과 "이에 이스라엘의 하나님의 말씀으로 말미암아 떠는 자가…다 내게로 모여 오더라"는 에스라 9장 4절 말씀이었다.

이 말씀을 주신 후에 성령님은 내게 한 가지 지시를 내리셨다. 실제로 이 땅의 임금이 이곳에 들어올 때와 같이 모두 온 마음을 집중한 채 서 있으라는 것이었다. 우리는 한참 동안 눈을 감고 서서 완전히 잠잠한 가운데 오직 주의 장엄한 위엄과 흠 없는 순결함과 빛나는 영광만을 예배했다.

그렇게 기다리는 사람들에게 하나님의 놀라운 임재가 다양한 방식으로 나타나기 시작했다. 수련회의 책임자를 비롯한 여러 사람이 환상을 보았다. 그 환상은 긴 옷을 입은 예수님이 의자 사이로 다니실 때, 그 옷자락이 각 사람을 스치는 광경이었다. 예수님의 옷자락을 만지기 위해 많은 무리를 뚫고 나아가야 했던 성경 말씀 속 여인의 모습과는 대조되는 상황이었다. 주님은 얼마나 은혜롭고 자비로우신가! 그곳에 있던 많은 사람이 참으로 삶이 변화되는 놀랍고 뜻깊은 체험을 했다고 고백했다. 그 장소에 서서 고요히 예배하는 동안 성령님이 내 몸에 임하셨다. 강한 떨림이 내 머리와 어깨에서부터 팔과 손까지 15분 넘게 지속되었다.

그날이 오면 수많은 성도가 아무런 거리낌 없이 마음껏 찬양하는 것은 물론이고, 천국의 모든 극적인 장면과 웅장한 이미지 가운데 한 가지 기이한 일이 일어날 것이다. 요한계시록 8장 1절에 보면 "하늘이 반 시간쯤 고요"할 것이라고 말한다. 이는 땅에서 단 한 번도 잠잠한 경배에 들어가지 않았던 이들에게는 충격일 뿐 아니라, 무기력해질 만큼 두려운 경험이 될 수 있을 것이다. 사람들은 함께 모일 때마다 소음과 행위가 계속되는 데 몹시 익숙해져 있다. 그렇기에 대부분 하나님 앞에서 잠잠히 기다리는 것을 불편해한다.

복음의 폭발적인 능력

하나님의 권능의 불은 다양한 방식으로 나타나지만, 성경에 나타난 '복음'의 폭발적인 능력보다 더 효과적인 경우는 없었다. 즉, 복음이 하나님께 온전히 굴복한, 정결한 그릇을 통해 성령의 능력으로 필요한 영혼에게 제시된 경우다. 사도 바울은 "이 복음은 모든 믿는 자에게 구원을 주시는 하나님의 능력(다이너마이트)이 됨이라"고 말했다(롬 1:16).

'성령의 역사'에 대한 남미의 보고서에서, 이슬람권에 하나님 불의 능력이 전에 없이 크게 역사하여 복음이 전파되었다는 내용을 본 적이 있다. 국제 C.C.C.에서 제작한 영화〈예수〉는 수천만 명을 예수 그리스도께로 돌이키고 교회를 개척하는 데 오랫동안 강력히 쓰임 받고 있다. 기적 같은 결실을 계속 맺고 있는 이 영화는 800개 이상의 언어로 번역되었다. 이 영화를 본 뒤 그리스도께 삶을 맡기기로 결단한 사람들의 서명 기록은 최소 1억 9,519만 8,152장이 넘는다. 물론 계수되지 않은 수는 더 많다. 다음은〈예수〉영화 프로젝트의 책임자였던 폴 에슐만이 보고한 내용이다.

> 1995년, 북아프리카의 한 가난한 나라에서 있었던 일입니다. 끔찍한 내전으로 수백만 명이 죽거나 부상을 입어 팔다리를 잃고 장애인이 되었습니다. 수많은 난민이 목숨을 구하려고 수도로 몰려들었고, 마치 가축처럼 트럭에 가득 실려서 북쪽의 대규모 난민 수용소로 끌려갔지요. 그들이 사막 한가운데 던져져 듣게 된 말은 "여기서 무슬림이 되거나 죽으라"는 말이었습니다. 난민들은 수용소 캠프의 이름을 "저들이 우리를 버렸다"라고 지었지요.

몇몇 단체에서 구제 물품을 전달할 때, 〈예수〉 영화 팀도 이 난민들의 가장 깊은 영적 필요를 채우려고 움직이기 시작했습니다. 그들은 지프를 타고 길도 없는 광막한 사막을 가로지르는 험난한 여행을 한 끝에 오후 4시 30분에 도착했습니다. 그들은 곧장 장비를 설치했고, 뭔가 대단한 일이 있을 것이라는 소식을 전하여 사람들을 영사기 주변으로 모았지요.

〈예수〉의 첫 상영이 끝날 무렵에는 화면 양쪽에 3천 명의 난민들이 모여들었고, 곧 두 번째 상영이 시작되었습니다. 사람들이 계속 줄지어 와서, 나중에는 6천 명의 인파가 그들의 언어로 상영되는 〈예수〉 영화를 보았습니다.

그들은 무엇과도 비교할 수 없는 예수님의 사랑에 감동했습니다. 그분이 말씀하실 때 그 말씀, 곧 하나님의 말씀이 그들의 영혼 깊은 곳을 만졌습니다. 기적이 일어날 때마다 그들은 환호성을 질렀습니다. 그들은 평생 이런 것을 경험한 적이 없었지요. 그들은 예수님이 채찍에 맞고 십자가에 달리실 때 울었고, 그분이 죽음에서 되살아나셨을 때 함께 일어나 외치며 서로 어깨를 두드렸습니다. 기쁨의 표시였지요. 영화가 끝나고 난 뒤, 팀의 지도자가 마이크를 잡고 다시 한 번 복음을 제시한 다음 이렇게 물었습니다. "자, 예수님을 구세주와 주님으로 영접하기 원하시는 분이 있습니까?"

그 자리에 있던 사람의 절반인 약 3천 명이 그날 밤 예수님을 영접했습니다. 하나님의 성령이 강력하게 역사하신 것이죠. 곧이어 새신자에게 필요한 성경 구절이 선포되고, 예수님이 곧 하나님이심을 가르치는 순서가 이어졌습니다. 그 후 얼마 지나지 않아 난민들은 수용소의 이름을 바꾸었습니다. "저들이 우리를 받아들였다."

그 후 그들은 배운 성구들을 암송하고, 다른 사람에게 믿음을 전하는 방법을 배웠습니다. 그리고 다시 한 번 수용소의 이름이 바뀌었습니다. "저들이 우리를 보낸다." 이제 그들이 다른 수용소를 찾아다니며 그리스도를 전하고, 영화 〈예수〉의 상영을 돕기 시작했기 때문입니다. 이는 하나님의 역사입니다!

6년 전 이 나라에서 처음으로 〈예수〉가 상영됐을 당시, 사역자 수는 스태프 1명과 자원봉사자 2명, 이렇게 총 3명이었습니다. 지금은 150명의 스태프가 전임으로 일하고 있습니다. 이 나라에서만 1천만 명이 영화 〈예수〉를 보았고, 수천 명이 삶의 결단을 표했습니다. 매년 3천 명의 새로운 신자가 100시간의 긴 훈련과 제자화 과정에 참석합니다. 매달 10개의 교회가 세워지고 있으며, 목회자 대부분 훈련 과정을 수료한 사람들입니다! 이 모두 경축하고 찬양할 일이 아닙니까? 저는 진심으로 이 고백에 동의합니다. "곧 우리 구주 홀로 하나이신 하나님께 우리 주 예수 그리스도로 말미암아 영광과 위엄과 권력과 권세가 영원 전부터 이제와 영원토록 있을지어다 아멘"(유 25절).

삶을 변화시키는 능력

우주가 존재하기 이전부터 존재하신 '영원하신 하나님'께 굴복할 때, 그분이 우리의 삶에 일으키시는 폭발적인 변화의 능력은 정말 감탄스럽다. 전능하신 하나님, 놀라운 구세주, 나의 주인이자 스승이며, 가장 가까운 동반자, 내 영혼의 연인, 나를 온전히 만족케 하는 유일한 분, 아름답고 귀한 예수님! 성경은 "그 전체가 사랑스럽구나 예루살렘 딸들아 이는 내 사랑하는 자요 나의 친구로다"(아 5:16)라고 표현한다. 이보다 더한 표현도 있다. "나는 내 사랑하는 자에게 속하였도다 그가 나를 사모하는구나"(아 7:10).

당신도 있는 그대로 그분께 나아간다면, 이 말씀과 똑같은 사랑스러운 증거를 소유할 수 있다. 종교적으로 접근하려고 하지 마라. 그냥 진실하게 나아가라. 당신 스스로 삶을 경영하기에 지쳤다고 주 예수님께 고백하라. 예수 그리스도가 하나님의 아들로 이 땅에 오셔서, 당신의 죄를 대속하기 위해 십자가에서 죽으심으로 당신이 받아야 했을 벌을 대신 받으신 사실을 믿는다고 고백하라. 그 조건 없는 사랑의 행동에 감사를 표현하라. 그분을 주인으로, 스승으로, 지휘관으로 삼고 완전히 다스려 달라고 요청하라.

우리의 과거와 현재와 미래를 포함해 우리 자신의 전부를 주님께 내어 드릴 때, 주님은 그분 자신을 우리에게 온전히 내주신다. 얼마나 환상적인 교환인가! 우리가 어린아이와 같은 믿음으로 나아가기만 하면, 이 우주를 만들고 다스리는 분이 우리의 삶 전체를 책임져 주신다. 이처럼 마음 놓이는 일도 없을 것이다.

다섯 살 때 주 예수님께 나의 삶을 드린 후로 지금까지 수십 년이 흐르는 동안 나는, 나 자신의 힘으로는 무엇이 최선인지 깨닫지 못함을 거듭 확인했다. 내가 생각할 수 있는 가장 무서운 일이란, 인생을 내가 책임지고 경영하는 것이리라! 내 삶이 동일한 권위를 가졌으나 각기 다른 역할을 지니신 삼위일체 하나님, 즉 나를 창조하신 아버지 하나님과 나의 구주이자 구속자이신 주 예수님, 그리고 나의 안내자이자 위로자이며 능력 주시는 성령님의 손에 있다는 확신이야말로 내게 가장 큰 위로가 되지 않을 수 없다.

예수님은 바로 그분이 "길이요 진리요 생명"이며 그분을 통하지 않고는 아무도 하나님 아버지께로 갈 수 없다고 말씀하셨다(요 14:6). 그러므로 하나님을 창조주로서만이 아니라 우리의 '아버지'로서 만나려면, 앞서 설명한 것처럼 먼저 주 예수님과 인격적인 만남을 가져야 한다. 이러한 만남에 대해 유대의 랍비와 이야기하시던 예수님은 '다시 한 번 태어나는 것'과 마찬가지라고 설명하셨다. 단, 다시 태어날 때에는 '영적으로' 태어나는 것이다. 하나님의 아들인 주 예수 그리스도를 개인적인 구세주와 주인으로 삼으면 '하나님의 자녀'가 된다. 이는 이후에 영생을 누릴 때 천국에 들어갈 수 있는 여권이기도 하다. "아들이 있는 자에게는 생명이 있고 하나님의 아들이 없는 자에게는 생명이 없느니라"(요일 5:12).

자기중심적인 우리를 하나님과 타인 중심의 사람으로 바꾸시는 놀라운 변화의 능력은, 오직 살아 계신 주 예수님을 삶 한 가운데 모실 때에만 찾아온다. 그리고 그것만이 생명력 있는 삶이다. 그 밖의 모든 삶은 단지 존재하는 것에 불과하다.

어둠의 권세를 이기는 능력

이제 어둠의 권세를 이기는 하나님의 불의 능력에 대해 살펴보자. 하나님의 말씀은 "너희 안에 계신 이가 세상에 있는 자보다 크심이라"(요일 4:4)고 말한다. 그러므로 사탄을 크게 이긴 승리의 간증을 들을 때 놀랄 필요가 없다. 우리의 총사령관은 결코 패배한 적이 없다는 사실을 기억하라. 그분은 엘 샤다이(El Shadai), 즉 전능하신 하나님이다. 지금도 통치하고 다스리시는 우주의 군주, 왕이신 하나님이다!

데이비드 파이퍼라는 젊은이는 훌륭한 믿음의 유산을 물려받았으나, 자신의 삶을 향한 하나님의 사랑과 놀라운 사랑에 반항하기로 작정했다. 그렇게 자기 마음대로 살아간 결과, 그는 심각한 알코올 중독과 마약 중독에 빠졌다. 결국 그는 범죄자가 되어 감옥까지 가게 되었다. 그는 지옥 같은 마약의 굴레에서 벗어나고 싶은 절박한 심정이었다. 이에 그는 예수님께 한 걸음 나아가기 위해 영적 지도자들에게 도움을 청했다. 그리하여 잠시 중독에서 벗어나는 듯했으나, 사탄의 첫 번째 유혹에 굴복하여 곧바로 다시 마약에 의존하고 말았다.

훗날 자신의 삶에 관해 이야기할 때 그는 주 예수님께 나아감으로써 자유를 얻고는 싶었지만, 예수님 자체를 구하지는 않았다고 설명했다. '주님이 자신을 위해 해줄 수 있는 일'은 원했으나, 그 주님의 통치에 굴복할 준비는 되어 있지 않았던 것이다. 더구나 사람들 앞에서 창피함을 무릅쓰고 자기가 실패했다는 사실을 인정할 준비는 더더욱 되어 있지 않았다. 그는 자신을 중독에서 구해 달라며 한 달 동안이나 홀로 하나님께 부르짖었지만, 그분의 임재를 전혀 느낄 수 없었다. 그는 하나님이 자신을 버렸다고 생각했다. 그러나 하나님의 계획은 따로 있었다.

어느 날, 믿음이 독실한 그의 할머니가 연로한 친지 몇 명과 함께 418킬로미터나 떨어진 곳에서 열리는 베니 힌 목사의 집회에 가겠다며 데려다 달라고 했다. 그는 별로 내키지 않았지만 마지못해 승낙했다. 이번이 정직하게 회개하는 마지막 기회가 될지 모른다는 느낌이 들었기 때문이다.

집회는 플로리다의 올랜도에서 열렸다. 집회 첫날 찬양 시간에 데이비드는 전심으로 하나님과 그분의 임재를 구했다. 집회 둘째 날 찬양 시간, 데이비드는 자신의 삶을 향한 하나님의 계획에 반항했던 것에 깊은 가책을 느꼈다. 그는 진심으로 회개하며 소리 내어 울었다. 그리고 주님의 충만한 임재 속에서 처음으로 자신의 삶을 온전히 맡겼다.

찬양이 끝나고 베니 목사가 설교를 하는 동안에도 데이비드는 여전히 하나님 앞에서 울며 회개했다. 전신이 떨렸다. 손끝에서부터 팔꿈치까지 저렸고, 무감각증이 찾아오는 느낌이 들었다. 그리스도의 임재가 그 어느 때보다 분명하게 느껴졌다. '전인격적'으로 하나님의 불의 능력을 체험하고, 하나님의 불의 영광을 느낀 것이다. 예배가 끝날 무렵, 베니 목사는 하나님께 전임 사역자로 부름 받은 사람들에게 기도를 해주겠다며 앞으로 나오라고 초청했다. 데이비드는 성령의 강한 감동에 이끌려 앞으로 나갔다.

그런데 베니 목사가 그를 똑바로 바라보며 말했다. "거기 갈색 셔츠 입은 청년, 이 앞으로 나오십시오." 이윽고 그가 단위에 올라서자, 베니는 그를 지목하며 말했다. "아버지여, 기름 부으소서." 데이비드는 그 기도 후에 일어난 일을 다음과 같이 기술했다.

그 순간 하나님의 불이 뜨겁게 불타는 액체처럼 내 안으로 흘러드는 것을 느꼈다. 목구멍과 식도를 타고 위장까지 흘러내리더니 내 속에서 마치 다이너마이트처럼 폭발했다. 그 이전에도 그 이후에도, 내 삶에 그만 한 사건은 없었다. 그 순간 나는 중독에서 해방되었다. 마약과 술과 담배에 대한 모든 기억이 내 오감에서 사라져 버렸다.

그날 예배를 마친 후로는 맥주가 어떤 맛인지 기억할 수 없었다. 마치 한 번도 경험해 본 적이 없는 사람처럼, 담배 맛이나 마약에 대한 어떤 느낌도 기억해 낼 수 없었다. 하나님의 기름 부음이 묶여 있던 멍에를 깨뜨리신 것이다. 주님이 내게 자유를 허락하신 것은, 내가 마침내 하나님, 오직 그분만을 구하며 회개와 깨어진 마음으로 나아갔기 때문이다.

그때를 계기로 내 삶은 바뀌었다. 전에 어울리던 무리와 함께 있는 것 자체를 참을 수 없었다. 늘 보던 텔레비전 쇼도 볼 수 없었다. 하나님은 그러한 일들에 대한 소원을 모두 불태워 버리시고, 하나님과 그분의 길에 대한 열망을 내 속에 새겨 두셨다. 아무리 기도해도, 아무리 예배해도 충분하지 않았다. 주님이 나를 속박에서 풀어 주셨을 뿐 아니라, 전에 알지 못하던 하나님을 향한 갈급함으로 채워 주신 것이다.

이로써 데이비드 파이퍼는 전임 전도 사역자가 되었다. 그는 수년째 여러 나라를 돌며, 사람들이 예수 그리스도의 주권에 자신의 삶을 온전히 맡기도록 인도하는 일에 크게 쓰임 받고 있다.

권능의 불을 나타내시는 방법

나는 하나님이 자신에 대해 설명하신 말씀이 참 마음에 든다. 그분은 그 두루 살피는 눈으로 온 세상을 보시며, 지구 위에서 어느 누가 그분의 성품에 충성되게 임하는지, 그리고 도움이 절실히 필요한 자는 없는지 찾으신다. 바로 그들에게 하나님의 권능의 불을 보여 주실 수 있기 때문이다! 사실 하나님은 그렇게 하기를 정말 즐기신다. 이는 하나님의 취미라고 해도 과언이 아니다. 그분이 얼마나 멋진 하나님인지 확인해 보라(대하 16:9).

하나님은 가장 끔찍하고 절망적인 상황 속에서도 무궁무진한 아이디어를 보여 주실 수 있다. 그분에게는 천재적인 '창조력'이 있기 때문이다. 그분이 권능의 불을 나타내시는 방법은 정말 다양하다. 우리가 미처 듣거나 생각해 보지 못한 것만 해도 대략 수백만 개가 넘는다. 그러니 우리의 사정을 아뢰어, 하나님이 스스로 드러내 보이실 기회를 드려야 하지 않겠는가!

멕시코 메즈퀴탈 벨리에 있는 산 니콜라스 마을의 오토미족 신자들이 바로 그러했다. 그들은 오토미족의 전통 종교를 버리고 그리스도인이 되었다. 이에 그들은 핍박을 받았고, 결국 마을에서 쫓겨나기에 이르렀다. 그들은 오토미족 사람들이 살고 싶어 하지 않는 익스미퀼판 반대편의 민둥산에 정착했다.

어느 날 이들은 밤중에 그들을 모두 죽여 없애자고 음모를 꾸미는 소리를 듣게 되었다. 그곳에서 가장 오래 거주했던 한 여성은 움막마다 찾아다니며 사람들을 독려했다. 함께 모여 하나님께 도움을 청하고, 하나님이 도우실 것을 믿자고 격려했던 것이다. 그 여성은 "두려워 마세요. 하나님은 죽지 않으셨습니다!"라고 말했다. 그들은 산꼭대기에 모여 기도하기로 했다. 일부 사람들은 눈에 띄는 산꼭대기에 서면 곧바로 적의 총알이 날아오지 않을까 두려워했다. 그러나 두려워 떨던 신자들이 하나둘 모여들었다. 그들은 단순한 믿음으로 하나님의 보호하심을 구하며, 어떻게든 주께서 영광을 나타내시도록 기도했다. 그리고 믿음으로 움막에 돌아가 잠자리에 들었다.

다음날 익스미퀼판 거리에는 여기저기 사람들이 모여 서 있었다. 그들은 그리스도인들을 바라보며 웅성거렸다. 밝혀진 이야기의 전모는 이러했다. 전날 밤, 기독교 신자를 전멸시키기로 작정한 남자 수백 명이 다이너마이트와 무기로 무장한 채 산기슭에 모여 있다가, 정해진 신호를 따라 정착촌으로 올라가고 있었다. 그 순간 하나님이 갑자기 권능의 불을 밝히셨다. 산 정상 전체가 눈부시게 밝은 빛으로 덮인 것을 보고 놀란 그들의 눈에 작은 교회 건물이 또렷이 나타났던 것이다. 그들이 보니 산꼭대기에 군인들이 경비를 서고 있었는데, 모두 총을 들고 발사할 준비를 하고 있었다. 돌연 트럼펫 소리가 크게 울리기 시작했다.

결국 좌절한 폭도 무리는 '경비병'들을 뚫을 수 없어서 산을 오르지 못했다고 보고했다. 신자들은 단 한 명도 죽지 않았다. 그들은 기적을 행하시는 하나님이 권능의 불로 영광을 드러내시려 했다는 사실을 알았다. 곤경에 처하여 그분을 절실히 찾는 누군가를 찾던 중에 그들을 발견하셨다는 사실을 깨달은 것이다. 그들은 시편 34편 7절의 힘 있는 약속을 직접 경험하여 확인했다. "여호와의 천사가 주를 경외하는 자를 둘러 진치고 그들을 건지시는도다."

한때 오토미의 그리스도인들은 정말 하룻밤에 날아가 버릴 만큼 미약한 소수였으나, 지금은 쉰네 개 마을에 5천 명이 흩어져 살고 있다. 게다가 위클리프 성경 번역가들을 통해 그들의 언어로 번역된 신약성경도 가지고 있다.

예수님은 "내 교회를 세우리니 음부의 권세가 이기지 못하리라"(마 16:18)고 말씀하셨다. 우리는 항상 이 말씀을 하신 그분께만 탄복(憚服)해야 한다. 거기에 도전하는 자는 그저 하찮아질 뿐이다.

CHAPTER 3

The Fire of God to Purify

정결케 하시는 불

우리를 정결케 하시는 하나님의 '불'과 우리를 향한 그분의 '사랑'이 어떻게 연결될 수 있을까? 분명 이 점에 의문을 품는 사람들이 있을 것이다. 불에 너무 가까이 다가가게 되면 극심한 고통이 따르는 걸 알기에, 더구나 이미 고통 속에 처한 사람이 매우 많이 있기 때문에, 이번 장을 읽고 싶지 않은 사람도 있을 것이다.

몇 번인가 내가 성경을 가르쳤을 때, 누군가 나를 찾아와 다시는 내 강의를 듣지 않기로 결심했다고 말했다. 나의 메시지가 지나치게 가책을 준다는 것이다. 그럴 때면 나는 늘 미소 띤 얼굴로 "당연히 그렇게 생각할 수 있다"고 말했다. 그리고 그 마음을 정직하게 나눠 준 것에 감사를 표했다. 그러나 그보다 더 감사한 사실은, 그들이 나와 이야기를 나누고 난 뒤에는 다시 강의를 들어 보기로 마음을 바꾼다는 점이다.

   그리스도인이라면 누구나 깨닫게 되기를 간절히 원하는 사실이 있다. 하늘에 계신 신랑과 함께 얼굴과 얼굴을 마주하게 될 때, 우리가 보게 될 그 눈동자는 단지 두려울 만큼의 거룩함과 흠 없는 순결로만 빛나는 것이 아니라, 우리를 향한 측량할 수 없는 사랑으로 불탄다는 사실 말이다. 위대하신 우리의 주인은 우리를 향해 최대치의 영적 포부를 품고 계시다. 그것은 바로 그분 자신을 닮는 것, 실제로 그분의 형상과 같아지는 것이다. 아, 그게 정말로 가능하기나 한 것인가? 그렇다. 로마서 8장 29절에서 그분이 말씀하신 바대로 분명 그렇다.

   앞에서 이미 강조한 사실이지만, 이 땅에 사는 동안 우리는 삶 가운데 '하나님의 목적'이 차지하는 우선순위를 끊임없이 상기해야 한다. 결국 삶이란, 어린양의 혼인 잔치에 참석할 그리스도의 신부가 될 준비를 하는 것이다(엡 5:25-27 참고). 이는 '영원'이라는 길고도 긴 시간을 위한 준비다.

죄에 대한 찔림, 가장 큰 은혜

   이제 하나님 자신과 그분의 부드럽고도 열정적인 사랑이, 우리를 정결케 하는 작업을 통해 어떤 식으로 드러나는지 함께 살펴보자.

   어떠한 형태를 막론하고 모든 죄는 우리의 생각과 육체, 영과 혼의 건강을 가장 크게 파괴하는 힘이다. "죄의 삯은 사망"(롬 6:23), 곧 궁극적인 파멸이다. 이는 질병과도 같다. 예를 들어, 암을 생각해 보자. 암은 제거되지 않으면 급기야 몸을 해치고 만다. 사람들은 검사를 받으러 가서 정식으로 진단받고 난 후에야 암이 있다는 사실을 깨닫는다. 이는 생명이 걸린 문제가 되기도 한다. 암에 걸렸다는 사실을 알게 되면, 그때부터 암이 사라지기를 절실히 바라게 된다.

만약 병을 정확히 진단한 의사들의 능력을 인정하지 않거나 그렇게 진단한 것을 원망한다면, 이는 정말로 어리석은 일이다. 더 부정적인 경우도 있다. 이미 하나님이 허락하신 수많은 방법이 존재함에도, 암을 제거하기 위해 아무런 노력도 하지 않는 것이다. 기적적인 치유 또는 천연 치유를 위해 기도할 수도, 의료 기술의 힘을 빌릴 수도, 복합적인 방법을 동원하여 치료할 수 있는 길이 있음에도 말이다.

암의 비유로 생각해 봤을 때, '죄'라는 파괴적인 힘이 삶에 존재한다는 점을 우리에게 알려 주시는(가책을 주시는) 것이야말로 가장 큰 은혜라는 결론에 도달하게 된다. 하나님이 죄에 대한 찔림을 주시는 것은 '사랑'과 '거룩'이라는 두 가지 속성에서 비롯된 일임을 깨달을 때, 우리는 그것이 얼마나 큰 복인지를 비로소 이해하게 된다. 죄는 우리를 파괴할 뿐만 아니라, 우리의 전 인격에 큰 만족을 가져오실 단 한 분에게서 우리를 떼어 놓는다. "오직 하나님은 우리의 유익을 위하여 그의 거룩하심에 참여하게 하시느니라"(히 12:10). "내가 너를 권하노니 내게서 불로 연단한 금을 사서 부요하게 하고 흰옷을 사서 입어 벌거벗은 수치를 보이지 않게 하고 안약을 사서 눈에 발라 보게 하라 무릇 내가 사랑하는 자를 책망하여 징계하노니 그러므로 네가 열심을 내라 회개하라"(계 3:18-19).

진실로 각각의 죄를 놓고 마음과 생각과 삶의 변화를 담은 회개를 하고 하나님께 협력하면, 우주를 창조하고 주관하시는 창조자와 친밀해진다. 그뿐 아니라 실제로 그분을 더욱 닮아 가는 경이로운 경험을 하게 된다. 사실 회개는 놀라운 기회다!

"사랑하는 성령님, 제 삶에 죄를 지적하실 필요가 있다면, 언제 어디서든 필요한 대로 그렇게 해주세요. 저는 그 놀라운 복이, 그 즐거운 시간이 필요합니다!" 나는 습관적으로 이렇게 기도한다. 그리고 이는 성경에 약속된 사실이기도 하다.

> 즐거운 소리를 아는 백성은 유복한 자라 여호와여 저희가 주의 얼굴빛에 다니며(시 89:15, 개역한글).

거룩함이 없이는 주를 보지 못하리라

1950년대 초반, 하나님께 '성령에 대한 진리'를 계시해 달라고 열렬히 구하던 시기가 있었다. 나는 여러 영적 지도자를 찾아가 부탁했다. 세례 요한이 예수님에 대해 언급한 마태복음 3장 11절, "그는 성령과 불로 너희에게 세례를 베푸실 것이요"에 나온 '불'의 의미를 설명해 달라고 한 것이다.

그러나 만족할 만한 답변을 얻지 못했던 나는 하나님께 계속 물었고, 신실하신 하나님은 다음 구절에 그에 대한 설명이 나와 있음을 보여 주셨다. "손에 키를 들고 자기의 타작 마당을 정하게 하사 알곡은 모아 곳간에 들이고 쭉정이는 꺼지지 않는 불에 태우시리라"(마 3:12).

나는 성령님의 불이 내 삶 속에서 '그리스도와 닮지 않은 부분'들을 태우신다는 사실을 깨달았다. 그 사실을 깨닫고 나니, "오직 성령으로 충만함을 받으라"(엡 5:18)는 말씀대로 처음 성령 충만을 받은 직후 얼마 동안 계속해서 나를 낮추셨던 이유가 이해되었다.

처음 '성령 충만'을 받았을 때, 내 삶 속에 성령을 근심하게 해 드리는 부분을 직접 징계하시거나 타인에게서 지적을 받는 현상이 한동안 반복되었다. 그것은 매우 고통스러운 일이었지만, 나의 영적 성장에 꼭 필요한 과정이었다. 당시에는 다 이해할 수 없었으나, 분명히 그것은 내게 복 주시는 하나님 사랑의 행위였던 것이다.

그 일을 계기로 나는 성령의 거룩하심이 무엇인지 이해하는 분량만큼 삼위 하나님을 예배할 수 있다는 사실을 깨닫기 시작했다.

거룩함을 따르라 이것이 없이는 아무도 주를 보지 못하리라 (히 12:14).

바울은 "그런즉 사랑하는 자들아 이 약속을 가진 우리는 하나님을 두려워하는 가운데서 거룩함을 온전히 이루어 육과 영의 온갖 더러운 것에서 자신을 깨끗하게 하자"(고후 7:1)라고 권고한다. 이 말씀에 순종하기 위한 좋은 방법은 내 마음을 하나님이 보시는 그대로 보여 달라고 기도하는 것이다.

성경은 "주만 홀로 사람의 마음을 아심이니이다"(대하 6:30)라고 한다. 모든 죄의 뿌리가 되는 두 가지 근원적인 죄는 바로 '불신'과 '교만'이다. 에덴동산에서 사탄은 이 두 가지 죄를 가지고 하와를 유혹했다(창 3장).

"하나님이 참으로 말씀하셨느냐?" - 불신
"너희가 하나님과 같이 되리라" - 교만

언젠가 하루는 우리 집에서 정기적으로 진행되는 기도 모임을 갖던 중에 남편과 나와 세 명의 전도자가 그 도시의 잃어버린 영혼을 위해 함께 기도하게 되었다. 그날 나는 처음으로 "하나님이 보시는 그대로 제 마음을 보여 주세요"라고 기도했다. 전도를 위해 더 폭넓게 기도하기에 앞서, 나의 동기가 순전하기를 소원했다. 이에 성령님은 곧바로 남에게 권고하는 문제에 대해 내 마음에 숨겨진 태도를 조명해 주셨다. 이에 나는 그 방에 있던 사람 중 몇 명의 사소한 잘못은 지적하면서도, 나 자신의 삶에 똑같은 문제가 있다는 점은 보지 못했다는 사실을 깨닫게 되었다. 나는 공개적으로 내 마음의 교만을 인정한 뒤, 15분이 넘도록 하나님 앞에 깊이 회개하며 흐느껴 울었다. 그 경험을 하면서 내 삶은 뼛속 깊이 변화되었다.

"하나님을 두려워하는 가운데서 거룩함을 온전히"(고후 7:1) 이루기 위해 하나님이 나를 가르치신 방법 중에서 내게 가장 많은 변화를 가져온 것은, 다름 아닌 여호와를 경외하는 마음이란 무엇인지 '성경 말씀'을 통해 자세히 공부하고 그것을 내 삶 구석구석에 적용하는 것이었다. 잠언 8장 13절에 따르면, "여호와를 경외하는 것은 악을 미워하는 것"이다. 쉽게 말해, 말과 생각과 행동에서 거룩함을 향한 열정을 품으며, 말과 생각과 행동 가운데 죄를 미워하라는 뜻이다. 오직 '하나님의 말씀'만이 온전한 기준이다. 이 주제는 나의 첫 책 《하나님을 경외하는 마음》(예수전도단 역간)의 기초가 되었다.

하나님의 영광을 가로채다

처음으로 일곱 개 나라를 향해 성경 강의를 떠나기 전, 성령님은 일주일 동안 세 번이나 나의 '교만의 죄'를 지적하셨다. 나는 이 죄를 진정으로 회개하기 위해서는 마음속 교만의 뿌리를 보아야 한다는 것을 깨달았다. 이는 오직 하나님만이 알려 주실 수 있는 일이었다. 이에 나는 혼자 방에 들어가 "주님만이 제 마음을 아시니, 제발 보여 주십시오" 하고 간절한 열망과 믿음으로 기도했다. 그다음 나는 응답하실 것을 백 퍼센트 믿고 기다렸다. 그러나 아무것도 떠오르지 않았다. 나는 야곱이 변화되기 전에 하나님과 어떻게 씨름했는지를 기억했다. 그래서 다시 한 번 "하나님이 보시는 대로 제 마음을 볼 수 있게 해주십시오." 하고 구한 다음, 내 안에 있는 교만의 뿌리를 보기 전까지는 주님을 절대로 놓지 않을 것이라고 세 번이나 거듭 말씀드렸다. 그러나 역시 아무런 일도 일어나지 않았다.

이번에는 모세가 이스라엘 자손을 위해 중보할 때를 기억했다. 그가 '하나님의 성품'에 호소했던 것이 떠올랐던 것이다. 나는 믿음으로 절실하게 기도했다. "주님은 신실하신 분입니다. 이 죄를 처음 지적하신 분이 주님이시니, 이제 오셔서 친히 시작하신 일을 끝내 주십시오"라고 말씀드렸다. 그리고 "너희 안에서 착한 일을 시작하신 이가…이루실 줄을…확신하노라"(빌 1:6)는 구절과 "여호와께서 내게 관계된 것을 완전케 하실지라"(시 138:8, 개역한글)는 구절을 인용했다. 나는 야곱처럼 하나님과 씨름하며 기도했다. "주님을 놓지 않겠습니다. 절대 놓지 않겠습니다. 결단코 주님을 놓지 않을 것입니다."

그러자 역사가 일어났다! 내 마음속에 뒤섞인 동기를 보게 된 것이다. 당시에 남편 짐과 나는 십대를 위한 사역과 우리 교회 안팎의 개인 및 대중 전도 사역에 깊이 관여하고 있었다. 때때로 나는 담임 목사님께 교회와 관련 없는 사역에서 일어난 회심의 결과들을 보고했었다. 비록 내게는 잃어버린 영혼을 향한 순수한 부담감이 있었고, 또 하나님께 영광을 돌리기도 했지만, 한편으로는 목사님이 내 열심에 감탄하기를 바라며 스스로 영광을 취하고 있었다는 사실이 성령님의 환한 감찰의 불꽃 아래 드러났다. 끔찍한 발견이었다.

교만은 매우 역겨운 죄다. 나는 하나님이 가장 싫어하시는 죄를 깊이 회개하며, 나의 행위를 눈물로 쏟아 냈다. 교만은 하나님이 질색하시는 일곱 가지 죄의 목록 중에서도 첫째에 꼽힌다(잠 6:17-19).

이제는 목사님을 찾아가 하나님이 내게 한없는 자비로 보여 주신 사실을 그대로 말씀드려야 한다는 생각이 들었다. 나는 목사님과 개인 면담을 가지려고 사흘을 기다린 끝에 하나님께 순종했으며, 이해심 깊은 담임 목사님은 나를 은혜롭게 용납해 주셨다. 이 경험은 내 삶에 뚜렷이 각인되었다. 또한 이 경험은 그 이후 3개월 동안 여러 나라에 다니며 주의 말씀을 가르치는 하나님의 사역을 위해 꼭 필요한 준비였다. "나는 내 영광을 다른 자에게…주지 아니하리라"(사 42:8)는 진리가 나의 영혼에 화인처럼 새겨지는 시간이었다.

정결함이 곧 능력

하나님과 사람 앞에 진심으로 크게 뉘우치는 마음이야말로 성령님의 능력이 역사하시는 강력한 통로가 된다. "무릇 마음이 가난하고 심령에 통회하며 내 말을 듣고 떠는 자 그 사람은 내가 돌보려니와"(사 66:2).

내 사역에 대한 성령님의 기름부으심은, 내가 얼마만큼 정결한 삶을 사는지에 비례했다. 그 사실을 깨닫게 된 후, 나는 더욱 회개할 힘을 얻었다. '정결함'과 '능력'은 동의어였던 것이다. "이는 여호와의 말씀이라 이르시기를 나는 나를 가까이 하는 자 중에서 내 거룩함을 나타내겠고 온 백성 앞에서 내 영광을 나타내리라"(레 10:3).

죄를 깊이 깨닫게 하심으로 그 인자한 사랑을 나타내시는 하나님이 얼마나 놀랍고 친절하신지! 이러한 경험을 통해 나는 더욱 하나님께 가까이 갈 수 있었고, 주님을 더 깊이 사랑하며 이해하게 되었다. "무릇 내가 사랑하는 자를 책망하여 징계하노니"(계 3:19). "무릇 징계가 당시에는 즐거워 보이지 않고 슬퍼 보이나 후에 그로 말미암아 연단 받은 자들은 의와 평강의 열매를 맺느니라"(히 12:11).

1984년에 로스앤젤레스 올림픽을 위한 대규모 국제 전도 여행을 앞두고 준비하던 무렵, 내 마음의 동기를 놓고 다시 한 번 하나님께 물은 일이 있었다. 로스앤젤레스를 위해 간절하고 끈기 있게 중보기도를 하던 나는, 혹시 성령님이 그곳에 임하시는 데 걸림돌이 될 만한 부분이 내 안에 있는지 보여 달라고 간구했다. 그 일로 나는 낮아지는 체험을 또 한 번 하게 되었다. 그와 동시에 하나님은 다니엘 말씀을 통해 격려와 새로운 깨달음을 주셨다. "백성 중에 지혜로운 자들이 많은 사람을 가르칠 것이나…또 그들 중 지혜로운 자 몇 사람이 몰락하여 무리 중에서 연단을 받아 정결하게 되며 희게 되어"(단 11:33-35).

하나님은 인격적이고 부드러운 그분의 사랑으로, 내게 한 가지 사실을 분명히 보여 주셨다. 나 자신을 바르게 분별할 능력을 주시는 주님의 은혜로써, 그분이 나를 많은 사람에게 말쏨을 가르칠 수 있는 주의 지혜의 그릇으로 빚으셨다는 사실이다. 내가 커다란 특권과 책임에 걸맞게 주님을 더욱 닮아 가며 제대로 쓰임 받도록 회개를 통해 더욱 정제되고 깨끗하게 빚어져야 했던 것이다. 이번에는 훨씬 덜 아팠으며, 오히려 감사가 넘쳤다. 잠시 낮아지는 고통에 비할 수 없도록 이미 큰 은혜를 경험하고 있었기 때문이다.

> 마음이 청결한 자는 복이 있나니 그들이 하나님을 볼 것임이요 (마 5:8).

죄를 드러내시는 성령님의 불에 절대 저항하지 마라. 그 불은 우리와 예수님의 관계를 더 깊이 있게 해줄 뿐만 아니라, 하나님 나라를 위해 더 크게 쓰임 받도록 우리를 준비시킨다. 감사한 마음으로 받아들이며 진실한 회개로 하나님께 협력하라.

얼마 전 개종한 이란 출신 성도에게서 흥미로운 이야기를 전해 들었다. 이란인은 '불'이야말로 가장 깨끗하게 하는 능력이 있다고 믿기 때문에, 불의 신을 섬긴다고 한다. 즉, 그들에게 있어 불은 가장 큰 '정결의 상징'이고, 그래서 그들이 불의 '능력'을 예배한다는 것이다. 재미있고도 의미심장한 사실이다. 나는 우리가 주님의 경이로운 거룩함을 얼마나 이해하는가에 따라 하나님을 예배하는 깊이가 달라진다고 믿는다.

이제 나는 죄를 고백하고 회개할 때에 그 '낮아지는' 아픔을 거의 느낄 수 없다. 그 대신 소중한 나의 주님을 아프게 한

슬픔과 더불어, 이제 더 큰 성령의 능력과 평강으로 다른 이들과 함께 예수님의 생명을 나눌 수 있다는 기쁨이 있을 뿐이다.

그래서 내가 선호하는 '강사'의 조건은 이러하다. 언제 어떤 영역이든 필요한 대로 자기 삶의 죄를 볼 수 있도록 크나큰 '축복의 통로'가 되는 사람이다. 하나님과의 관계에서 나보다 더 깊은 곳까지 들어가 그분의 성품과 길에 관해 더 많이 깨달은 사람을 볼 때마다 나는 진심으로 감사하다. 주여, 나에게 그러한 이들을 보내 주소서!

하나님의 거룩함을 아는 것

한번은 이사야 35장 8절에 나온 "거룩한 길"을 토대로 내가 강의한 내용을 들은 한 YWAM 학생이 편지를 보내왔다. 그 편지를 통해 나는 '하나님의 거룩함'이 무엇인지 좀 더 알게 되었다. 그 강의는 말과 생각과 행위에 있어 성경적 거룩의 기준을 따라 사는 것이 무엇인지 상세히 다루었다. 그러한 삶은 오직 말씀에 순종하며 날마다 성령님의 능력에 의지할 때만 가능하다는 내용이었다. 다음은 학생의 편지 내용이다.

저는 스물여덟 살의 프랑스 자매입니다. 제 이름은 마리 리고티라고 해요. 예수님을 믿은 지는 2년 반이 되었고, 두 개의 YWAM 제자 훈련 학교 과정을 밟으며 칠레와 이스라엘로 전도여행을 다녀왔습니다. 지난 12월, 칠레로 떠나기 전에 "거룩한 길"에 대한 강의를 비디오로 다시 보았어요. 그때 선생님께서 주님을 묘사하는 요한계시록 1장 12-16절을 읽는 대목을 보는데, 문자 그대로 주 예수님의 그림, 즉 환상을 보았습니다. 말로 다 표현할 수 없는 모습이었죠.

그 후로 저는 주님을 더욱 간절히 알고 싶어졌고, '거룩함'에 대한 소원과 열정이 생겼습니다. 저는 정말 하나님과 같이 거룩해지기 원합니다!

1월에 칠레에 가서도 정말로 하나님의 거룩하심을 더 알고 싶었습니다. 그 소원은 계속 커져만 가서, 그에 대해서는 말도 할 수 없을 정도가 됐지요. 전도여행이 끝나갈 무렵, 하루는 예배를 드리는 중에 하나님께 속삭였습니다. "주의 거룩하심을 보고 싶어요." 조이 선생님, 그때 엄청난 일이 일어났어요. 하나님이 그분의 거룩함을 제게 계시해 주셨답니다!

저는 말 그대로 강렬하게 타오르는 불을 보았습니다. 어마어마하게 희고 빛으로 가득하여 어떠한 그림자도 없었습니다. 거기서 비치는 빛은 몹시 강하고 깨끗해서…마치 (제가 할 수 있는 최대한으로 표현하자면) 수천수만 개의 해를 합친 것 같았습니다. 그렇게 하나님의 거룩하고 정결한 불 앞에 서 있는 동안, 저는 하나님이 완전히 순결하며 완전히 거룩하신 존재라는 사실을 깨달았습니다. 바로 그것이 하나님의 거룩함이었지요. 완전한 순결함! 그리고 아직은 제가 하나님처럼 거룩하지 않다는 사실도 깨달았습니다. 하지만 주님이 가능하다고 하셨기에 그렇게 될 수 있음을 압니다. "너희는 거룩하라 이는 나 여호와 너희 하나님이 거룩함이니라"(레 19:2).

그 거룩함 가운데 계신 하나님 앞에 서 있던 순간은 단 1초도 안 되는 짧은 시간(제게는 훨씬 길게 느껴졌지만요)이었지만, 정말 매우 아름다워서 저는 그 앞을 떠나고 싶지 않았습니다. 그때 주님이 제게 말씀하셨습니다. "너무 오래 있으면 안 된다. 더 오래 있으면 다 타 버리고 말 것이다." 그러고 난 후 환상이 사라졌습니다.

조이 선생님, 몹시 경이로운 경험이었어요! 하나님을 찾는 자, 그분을 알기 원하는 자들에게 하나님은 자신을 드러내시죠. 그분은 공평하고 의로우며 진실하시기 때문입니다. 또한 절대 거짓말하지 않으시며, 언제나 약속을 지키시기 때문입니다. 민수기 23장 19절은 진리입니다! 하나님 자신이 진리요 길이요 생명이시기 때문에 하나님이 그분 자신에 대해 말씀하시는 것은 언제나 진리입니다. 아멘!

그리스도를 영접한 지 2년 반밖에 안 된 사람에게서 이런 이야기를 전해 들은 후, 나는 크게 도전을 받지 않을 수 없었다. 그 자매가 간절히 소원했기 때문에 하나님은 새하얗게 작열하는 거룩함의 환상으로 화답해 주신 것이다.

나는 마리가 편지 뒷부분에 언급했던 내용처럼, 공의로우신 하나님은 그분의 능력과 그분이 주시는 힘으로도 도달할 수 없는 기준을 세우시는 분이 절대 아니라고 가르쳤다. 하나님은 이 젊은 자매가 부지런히 그분을 찾은 노력에 보답하셨다. 당신은 정말 얼마만큼 하나님을 알기 원하는가?

마음의 쟁기질

그러면 이제 하나님 사랑의 불에 잘 반응하여 심판의 불을 피하며, 그리스도를 더욱 닮아 가라고 초청하시는 말씀을 살펴보자. "여호와께서…이르노라 너희 묵은 땅을 갈고 가시덤불에 파종하지 말라…너희는 스스로 할례를 행하여 너희 마음 가죽을 베고 나 여호와께 속하라 그리하지 아니하면 너희 악행으로 말미암아 나의 분노가 불같이 일어나 사르리니 그것을 끌 자가 없으리라"(렘 4:3-4).

'리빙 레터스'(Living Letters) 번역본은 이 말씀을 이렇게 표현한다. "네 마음의 굳은 것을 쟁기질하라. 그렇지 않으면 좋은 씨앗이 가시덤불 속에서 낭비될 것이다. 너희 몸뿐 아니라 생각과 마음을 깨끗이 하지 않으면 너희의 모든 죄로 말미암아 나의 분노가 너희를 태울 것이며, 그 불은 아무도 끌 수 없다."

'쟁기질'은 현재의 상태를 깨뜨리며 다소 번거로운 변화를 일으킨다. 우리는 "진리를 알지니 진리가 너희를 자유롭게 하리라"(요 8:32)는 예수님의 격려의 말씀을 알고 있지만, 그 진리가 자유를 주기에 앞서, 우리에게 아픔을 줄 수도 있다는 사실을 알고 있다.

농사를 지을 때 쟁기질을 하는 이유를 먼저 살펴본 후에 그 말씀을 영적인 삶에 적용한다면, 예레미야서에서 명령하신 말씀에 순종할 수 있을 것이다.

굳은 땅을 갈아엎으라!

쟁기질의 첫 번째 목적은 굳은 땅을 갈아엎기 위함이다. 우리는 하나님과 그분의 사람들, 또는 불신자들에 대해 마음이 냉랭해지기가 쉽다. 따라서 부지런히 우리 마음의 상태를 살펴보아야 한다.

영적인 심장이식, 즉 마음이 송두리째 뒤바뀌게 되기를 정말 간절히 원한다면, 우리 마음에서 하나님의 심장을 무너뜨리는 영역을 성령님의 능력으로 깨뜨려 달라고 믿음으로 부르짖게 될 것이다. 하나님만이 우리의 마음 상태를 아시는 분이므로, 영구적인 변화가 일어나기까지는 초자연적인 계시가 필요할 수도 있다.

하나님은 우리에게 이렇게 말씀하셨다.

만물보다 거짓되고 심히 부패한 것은 마음이라 누가 능히 이를 알리요(렘 17:9).

오직 하나님만이 우리 마음을 아신다. 이 진리를 잘 보여 주는 나의 경험을 소개하겠다.

강의 사역으로 해외에 머무는 동안, 나에게 영적인 갱신이 필요함을 절감했던 적이 있다. 그러나 정확히 어떤 영역에 변화가 필요한지는 알 수 없었다. 그리하여 내 마음을 보게 해 달라고 부르짖으며, 간절한 믿음으로 하나님의 얼굴을 구했다. 나는 마치 야곱처럼 하나님과 씨름했다. 끈질기고 필사적인 기도였다. 이번에는 다른 영적 지도자가 그런 나의 모든 과정을 지켜보도록 허락된 상황이었기에 나는 더욱 겸손해져 있었다.

기도하는 가운데 알게 된 사실은 매우 충격적이었다. 나는 내가 진심으로 남편을 사랑하는 아내이며, 자녀인 존과 질에게 사랑이 넘치는 엄마인 것을 하나님도 아신다고 생각했다. 그러나 내가 몰랐던 사실이 있었다. 내 마음에는 가족들에 대해 아주 조금 차가워진 부분이 있었는데, 그것이 각 사람에게 각기 다른 방식으로 표출되었다는 점이다.

나는 깊이 통회하며 눈물로 하나님 앞에서 죄를 인정하고, 집에 돌아가서 한 사람, 한 사람에게 고백했다. 모두 그 부분에서 내게 회개할 것이 있다는 점을 전혀 생각지 못했다며, 사랑으로 나의 말을 받아 주었다. 이로써 나는 시편 90편 8절, "주께서 우리의 죄악을 주의 앞에 놓으시며 우리의 은밀한 죄(우리 자신도 알지 못하는)를 주의 얼굴빛 가운데 두셨사오니"에서 시편 기자가 기도한 내용이 무엇인지를 이해하게 되었다.

또한 바울이 사랑하는 데살로니가의 친구들을 위해 기도한 내용도 더 깊이 이해할 수 있었다.

또 주께서 우리가 너희를 사랑함과 같이 너희도 피차간과 모든 사람에 대한 사랑이 더욱 많아 넘치게 하사 너희 마음을 굳건하게 하시고 우리 주 예수께서 그의 모든 성도와 함께 강림하실 때에 하나님 우리 아버지 앞에서 거룩함에 흠이 없게 하시기를 원하노라(살전 3:12-13).

그때에도 나는 여전히 여행하는 중이었으나, 주 앞에서 마음이 깨어진 후로는 때때로 나도 모르게 눈물이 흘러내렸다. 그때마다 나는 슬퍼서 우는 것이 아니라는 사실을 팀원들에게 설명해야 했다. 마음의 아주 미세한 각질마저 떨어져 내리는 것 같았다. 내 마음은 마치 부드럽게 출렁이는 사랑, 하나님의 사랑 그 자체로 느껴졌다. 이 경험 또한 결코 이전으로 다시 돌아가지 않을 '전환점'이 되었으며, 앞으로도 그럴 일이 없을 것이라 믿는다.

바울이 에베소 성도들에게 "너희가 사랑 가운데서 뿌리가 박히고 터가 굳어져서…그 너비와 길이와 높이와 깊이가 어떠함을 깨달아 하나님의 모든 충만하신 것으로 너희에게 충만하게 하시기를 구하노라"(엡 3:17-19)고 기도할 때 의도한 내용이 바로 이것이라고 생각한다. 우리는 먼저 하나님을 향해, 그리고 그리스도 몸의 지체들을 향해, 다음은 불신자들을 향해, 하나님의 사랑으로 충만한 만큼 성령 충만할 수 있다. 하나님이 이와 같은 마음의 상태에 어떠한 우선권을 두시는지 보라.

무엇보다도 뜨겁게 서로 사랑할지니(벧전 4:8).

돌과 잡초를 제거하라

쟁기질의 두 번째 목적은 돌과 잡초를 제거하기 위함이다. 돌은 잘못된 우선순위와 같은 영적 진보의 장애물을 상징하며, 그러한 돌을 골라낼 수 있으려면, 다음 내용을 기억하며 삶을 지속적으로 점검하여 필요할 때마다 조정해야 한다.

1. 하나님의 말씀에 어떻게 반응하는가에 따라 내 삶의 목표가 결정된다.
2. 나는 내 삶의 목표에 따라 선택하게 된다.
3. 나의 선택이 나의 성품을 결정한다.
4. 나의 성품이 내 삶의 우선순위를 결정한다.
5. 내 삶의 우선순위가 내 운명을 결정한다.

그렇기 때문에 성경에 나온 '우선순위'가 무엇인지를 알아야 한다. 진정한 기독교는 주 예수와 사랑하는 관계에서 흘러나오는 것이다. 주님께 기도하여 매일 성령 충만을 입음으로써(엡 5:18) 다음과 같이 가장 중요한 네 가지 영역에서 하나님의 뜻을 행할 수 있게 된다.

1. 경배(Worship)와 찬양으로 하나님의 얼굴과 임재를 구하기
  (시 34:1, 27:8, 105:4)
2. 말씀(Word)을 묵상함으로 하나님과 하나님의 길을 알아가기
  (렘 9:23-24; 시 25:4)
3. 하나님을 기다리기(Waiting)
- 해결되지 않은 죄가 없는지 확인하기 위해(시 66:18)
- 인간적인 추측을 방지하고 그분의 인도하심을 구하기 위해
  (시 19:13)

• 타인을 위해 중보기도할 때(사 62:6-7 참고)
4. 우리 삶에 계신 그리스도의 실제를 다른 사람에게 늘 증거
(Witnessing)하기(마 4:19; 행 1:8 참고)
  * 괄호 안의 '4W'를 기억하면 매일 우선순위를 점검하기 쉬울 것이다.

우리 삶에서 이 네 가지 영역 중 어느 한 가지라도 무너지면, 이는 쟁기질이 시급하다는 신호다. 그럴 때 우리는 소명의 성취를 막는 조약돌과 암석을 발견하여 제거해야 한다. 모든 일을 잠시 멈추고 당신의 상태를 점검하기에 가장 좋은 시간은 '바로 지금'이다. 하나님께 우선순위를 두기 위한 시간을 확보하기 위해, 당신 삶에서 제거해야 할 일들은 무엇인가? 이는 운명이 달린 문제다. 그 어떤 일도 이보다 중요할 수는 없다.

'좋은' 것은 항상 '최선'의 적이다. 자신의 주된 사역과 그 사역의 기능이 무엇인지를 알고 그 일에 집중함으로써, 다른 사람들의 요청과 기대와 요구의 압력에 못 이겨 옆길로 새지 않는 것 또한 중요하다.

잡초는 게으름의 결과로 자라난다. 우리는 '태만의 죄'를 회개해야 한다. "그러므로 사람이 선을 행할 줄 알고도 행하지 아니하면 죄니라"(약 4:17).

지연된 순종, 부분적인 순종, 그리고 불평으로 하는 순종은 모두 성경의 기준으로 볼 때 '불순종'임을 기억하라. 불순종은 뽑아야 할 잡초에서 자라나는 큰 장애물이다.

언젠가 미국의 영적 리더십 콘퍼런스에 세 강사 중 한 명으

로 참석했을 때였다. 수요일 오후 강의 시간에 호텔 강의실로 들어가던 중에, 그전까지 매번 앞줄에 앉아 열심히 듣던 한 남자 분이 그날만은 강의실 바깥쪽 끝에 어색한 자세로 앉아 있는 것을 보았다.

뭔가 도움이 필요하냐고 묻자, 그는 오른쪽 허벅지부터 다리 전체가 너무 아프다고 했다. 그는 내게 기도를 부탁했고, 우리는 방 뒤쪽으로 옮겨 앉아서 함께 기도했다. 나는 이 상황에서 무엇을 해야 하는지 하나님께 묻고 나서 조용히 답을 기다렸다. 아무런 추측도 하지 않았다. 잠시 후 "그에게 내가 무엇을 가르치려고 하는지 내게 물으라고 말하라"는 음성이 들려왔다. 나는 그에게 이 내용을 전했고, 그는 감사하며 순종했다. 나는 그의 영에 말씀하시는 하나님의 음성을 그가 잘 듣게 해 달라고 조용히 중보기도했다.

10분쯤 지났을까? 깊은 신음 소리가 세미하게 여러 번 들려왔다. 나중에 그는 성령님이 자신의 삶 전체에 있는 '불순종의 죄'를 깊이 책망하셨다고 털어놓았다. 그는 남편으로, 아버지로, 한 교회의 집사로, 그리고 직장의 고용인으로서 하나님께 불순종했다. 그는 다른 사람을 방해하지 않으려고 아주 작은 목소리로 비통하게 말했다. "그래서 저는 지금 사방에 구멍이 뚫렸습니다."

나는 진실한 기도에 응답하신 하나님께 감사를 드렸다. 그리고 그에게 먼저 하나님 앞에서 깊이 회개한 뒤, 그분이 말씀하시는 모든 영역에 즉시 순종하기로 결단하라고 말했다. 그는 그렇게 하겠다고 대답했고, 얼마 후 나는 다시 하나님께 지혜를 구하며 잠잠히 기다렸다. 그리고 성령님의 감동에 순종하여, 그의 아픈 다리에 손을 얹고서 "주 예수 그리스도 이름의 권세로 모든 고통에서 풀어 달라"고 기도했다. 나는 하나님이 초자연적으로 그를 만지실 것을 전폭적으로 믿었다.

7분 정도가 지나자, 그는 기쁜 얼굴로 "허벅지의 통증이 줄더니 서서히 다리까지 내려갔어요. 이제는 통증이 사라졌어요!"라고 말했다. 우리는 하나님의 긍휼하심에 감사를 드렸다. 그리고 이 일을 계기로 그는 다윗이 했던 "여호와여 내가 알거니와 주의 심판은 의로우시고 주께서 나를 괴롭게 하심은 성실하심 때문이니이다"(시 119:75)라는 고백을 새로이 이해하게 되었다. 하나님의 명령에 순종할 때, 하나님이 머리 위에 쌓아 올려 주실 수 있는 복은 참으로 크다.

신명기 28장 1-14절을 보라. 하나님은 우리가 순종하기만 하면, 삶의 모든 영역에 복을 풍성히 쏟아부어 주겠다고 약속하신다. 그 의미를 새기며 하나님께 진지하게 반응하는 것이야말로 자기 자신에게 해줄 수 있는 '가장 좋은 일'이다. 그 밖에 다른 일을 하는 것 자체가 바보 같은 일이라고 생각하지 않는가? 지혜에 눈을 크게 뜨라. 다른 대안은 모두 암울할 뿐이다! 28장의 나머지 54개 구절은 대강만 읽어도 정신이 번쩍 난다.

씨앗을 심으라

쟁기질의 세 번째 목적은 '씨앗'을 심을 수 있게 하는 것이다. 예수님은 누가복음 8장 11절의 씨 뿌리는 비유를 통해, 씨앗은 '하나님의 말씀'을 뜻한다고 분명히 가르치셨다. 매일 말씀을 읽을 때마다 우리가 실천할 수 있는 진리를 새롭게 계시해 주실 것을 기대하며 구해야 한다.

성경은 하나님이 싫어하시는 모든 것을 회개하고 진리의 빛 가운데 행할 때, 우리가 더 많은 진리를 보게 된다고 격려한다. "진실로 생명의 원천이 (진리의 샘이) 주께 있사오니 주의 빛 안에서 우리가 빛을 보리이다"(시 36:9). 간접적으로 진리의 계시를 받는 것만으로 절대 만족하지 마라. 예수님은 성령님이 우리에게 '모든 것'을 가르치실 것이라고 약속하셨다. 그분을 믿으라.

나는 성경을 묵상하기 전에 항상 드리는 기도가 있다. 이 기도에 당신도 매일 동참하라.

사랑하는 하나님! 성령 하나님께 믿음으로 저를 내어 드립니다. 주의 성품과 주의 길을 계시하시고, 말씀에서 놀라운 것들을 발견할 수 있도록 제 눈을 열어 주소서. 주께서 그렇게 하실 것을 믿고 감사드립니다.

여기서 한 가지 기억해야 할 사실이 있다. 진리의 계시를 가로막는 가장 큰 장애물이 바로 '불순종'이라는 것이다. 우리가 이미 계시된 진리에도 순종하지 않는데, 하나님이 무엇 때문에 또 새롭게 계시하시겠는가?

속사람을 변화시키라

쟁기질의 네 번째 목적은 비가 더 깊은 곳까지 스며들게 하는 것이다. 속사람을 일깨워 참된 부흥과 영적 각성을 우선순위로 삼고 기도해야 한다. 그래야 성령의 비가 우리의 삶과 교회와 도시와 국가를 흠뻑 적시게 된다. "봄비가 올 때에 여호와 곧 구름을 일게 하시는 여호와께 비를 구하라 무리에게 소낙비를 내려서 밭의 채소를 각 사람에게 주시리라"(슥 10:1).

진정한 부흥이 오면 단 몇 분 만에도 금방 (평소에 몇 주, 아니 몇 년 동안 하나님의 일을 했을 때보다 더 신속하게) 주님의 나라가 확장된다. 진리가 우리의 마음을 사로잡으면, 외부의 요청이나 재촉이 없어도 부흥을 위해 간절히 기도하게 될 것이다. 그것이 습관화될 뿐 아니라 다른 사람 또한 그렇게 기도하도록 호소하게 된다.

교회의 부흥과 잃어버린 영혼에 대한 '영적 각성'만이 이 절박한 시대에 대한 유일한 해답이다. 하나님은 겸손하고 순결한 사랑의 마음으로 올린 간절하고 끈질긴 기도에 대해 이와 같은 결과를 약속하셨다.

> 서쪽에서 여호와의 이름을 두려워하겠고 해 돋는 쪽에서 그의 영광을 두려워할 것은 여호와께서 그 기운에 몰려 급히 흐르는 강물같이 오실 것임이로다(사 59:19).

여호와께서 열방의 목전에서 그의 거룩한 팔을 나타내셨으므로 땅 끝까지도 모두 우리 하나님의 구원을 보았도다(사 52:10).

익은 곡식을 거두라

쟁기질을 하는 마지막 목적은 더욱 풍성하게 추수하기 위해서다. 우리에게 지금보다 더 큰 영적 열망을 주셔서 이 마지막 때의 추수에 사용되게 해 달라고 부르짖으라. 그리하면 하나님이 반드시 응답하실 것이다.

- 똑똑한 사람이 아니라 '순결한 사람'을 찾으신다.
- 재능이 있는 사람이 아니라 '쓸 수 있는 사람'을 찾으신다.
- 사람을 기쁘게 하는 자가 아니라 오직 '하나님을 경외하는 사람'을 찾으신다.
- 자기 확신에 찬 사람이 아니라 '하나님만 의지하는 사람', 하나님과 그분의 영광을 위한 열정이 있는 자를 찾으신다.

하나님은 전도에 대한 논문을 쓸 수 있는 사람을 찾지 않으신다. 잃어버린 영혼에 대한 마음의 부담을 가지고 그들이 있는 곳을 찾아가 사랑하고 기도하고 울어 주고 증거하고 그들과 삶을 함께하며, 필요하다면 그 잃어버린 영혼을 위해 목숨까지 내줄 수 있는 사람들을 찾으신다. "너희는 낫을 쓰라 곡식이 익었도다…사람이 많음이여, 심판의 골짜기에 사람이 많음이여…여호와의 날이 가까움이로다"(욜 3:13-14).

전 세계적으로 지금은 '추수의 때'다. 세상 모든 나라의 잃은 영혼을 위해 나라마다 이름을 불러 가며 수십 년 동안 기도해 온 자들의 소리를 하나님이 들으셨다는 뜻이다. 우리는 전 세계에 있는 믿지 않는 자들의 마음을 예비하사, 그들이 복음을 들을 때 즉시 응답하게 해 달라고 기도해 왔다. 한 번도 복음을 들어보지 못한 잃어버린 영혼들에게 주님이 꿈과 환상으로 나타나 주시기를 간구해 왔다. 구원의 이야기를 설명해 주고 성경을 가져다줄 많은 그리스도인 앞으로 그들을 인도해 달라고 기도해 왔다. 그런데 이 모든 일이 모든 나라에서 지금 일어나고 있다. 실로 지금은 추수의 때다.

마태복음 4장 19절을 보라. 우리는 오직 두 부류로 나뉠 수 있다. 사람들에게 늘 예수님을 증거하여 주께로 돌이키는 일을 생활화하는 제자, 아니면 주님의 말씀에 불순종하여 제자의 자격을 잃은 자, 이렇게 둘 중 하나다. 예수님은 분명히 "나를 따라오라 내가 너희를 사람을 낚는 어부가 되게 하리라"고 말씀하셨다.

가장 강퍅한 죄, 원망과 분개

나에게 잘못한 사람들을 향한 원망과 분개의 죄만큼 마음을 더 강퍅케 하는 것도 없다. 인간은 정말 연약한 존재다. 이 세상에는 우리의 그 '인간다움'이나 잦은 오해들 때문에 서로 상처를 입히는 독특한 능력이 있는 것 같다. 이 땅에서 살아가는 동안 우리는 현실적으로 크고 작은 상처를 받게 될 것이다. 상처가 깊을수록 고통도 깊다. 고통이 깊을수록 그 고통을 가져온 사람을 원망하는 마음에 굴복하고 싶은 유혹도 크다. 그것이 인간적인 반응이다.

그보다 더 강력한 용서의 치유 능력이 없다면, 우리는 용서하지 못하는 이 철저한 속박, 종살이, 파괴적 세력에 굴복할 수밖에 없다. "평온한 마음은 육신의 생명이나 시기는 뼈를 썩게 하느니라"(잠 14:30).

우리를 사랑하시는 하나님이 우리 삶에 허락하시는 불의 목적은 자연적인 불의 목적과 매우 비슷하다. 불은 단단한 물질을 녹인다. 우리의 상처와 고통의 깊이를 모두 잘 아시는 분은 오직 은폐된 모든 것을 보시는 하나님뿐이다. 그리고 하나님은 당신이 그 사실을 믿기를 간절히 바라신다. 무엇보다 예수님이 십자가에서 우리를 대신해 죄 짐을 지고 고통의 대가를 철저히 치르셨기 때문에, 우리는 이 말씀을 믿을 수 있다. "우리 주는…그의 지혜가 무궁하시도다"(시 147:5)라는 말씀의 의미를 잘 생각해 보라. 그렇지 않다면 "상심한 자들을 고치시며 그들의 상처를 싸매시는도다"(시 147:3)라는 약속을 하실 수가 없다. 그러므로 하나님은 모든 것을 아시고, 모든 것을 이해하시며, 모든 것을 고치실 수 있다. 이렇게 일방적으로 유익한 거래가 또 있을까.

그 점을 마음에 새기고, 상한 심령 그대로 하나님 앞으로 나아가라. 그리고 다윗처럼 이렇게 부르짖으라. "여호와여 멀리하지 마옵소서 나의 힘이시여 속히 나를 도우소서"(시 22:19). 우리의 경우 이 기도는 "속히 우리를 도우사, 우리에게 상처 입힌 모든 사람을 용서할 수 있는 힘을 주소서"라고 바꿀 수 있을 것이다.

'자아'라는 괴물을 십자가에 못 박으라

한 책에 유명한 크리스천 의사의 말이 인용된 것을 보았다. 그는 인간의 몸을 파괴하는 요소 중에서 마음의 쓴뿌리보다 더 지독한 것을 본 적이 없다고 말했다. 그는 10만 명 이상의 환자를 진료한 끝에 이러한 결과를 얻었다고 했다.

부지중에 우리는 하나님께 원망을 품을 수도 있다. 하지만 성경에 "그는 반석이시니 그가 하신 일이 완전하고 그의 모든 길이 정의롭고 진실하고 거짓이 없으신 하나님이시니 공의로우시고 바르시도다"(신 32:4)라고 기록되어 있기에, 무언가를 하나님의 잘못으로 규정하기란 처음부터 불가능하다. 따라서 주님은 우리가 용서할 수 있는 대상이 아니다. 우리는 오직 우리에게 잘못한 사람들만 용서할 수 있다. 그러나 상처를 받았다고 해서 반드시 그 상처와 연관된 사람이 잘못을 한 것은 아닐 수도 있으므로, 이 점 역시 섣불리 넘겨짚어서는 안 된다.

상처를 받았다고 느끼게 되는 몇몇 원인을 짚어 가면서, 우리가 사람들을 잘못 판단할 가능성이 있는 경우들을 살펴보자.

1. 우리의 의견을 묻지 않고 결정을 내린 경우: 본래 내 책임 소

관이 아닌 일일 수도 있다.
2. 내가 알아야 할 정보가 전달되지 않은 경우: 중간에 이야기를 전달할 책임을 맡은 사람이 전달을 잘못해서, 의사소통이 단절되었을 수도 있다.
3. 누군가에게 내가 요구하는 만큼, 또는 내 마음에 흡족할 만큼의 관심을 받지 못한 경우: 그 당시 상대방에게는 내게 관심을 기울이는 것이 여러 가지 이유로 중요한 우선순위가 아니었을 수도 있고, 다른 사람에게 관심을 둘 만한 여력이 없었을 수도 있다.
4. 자신의 수고에 대해 생각만큼 인정받지 못한 경우: 하나님은 때로 우리 마음의 동기를 시험하시려고 사람의 인정을 막기도 하신다. 예수님은 아버지께 모든 영광을 그대로 돌렸기 때문에 "나는 사람에게서 영광을 취하지 않노라"고 말씀하실 수 있었다.
5. 누군가 우리를 부당하게 판단하고 지적한 경우: 그들의 말에 아주 조금이라도 진실이 들어 있지는 않은지 보여 달라는 나의 모습에 겸손한 요청보다는 방어적인 태도가 가득했을 수도 있다.
6. 사람들 앞에서 무시당했다고 느끼는 경우: 상대방은 나를 못 보았거나 내 말을 듣지 못했을 가능성이 높고, 내게 응답하지 못하거나 말을 걸 수 없는 여러 가지 상황에 놓였을 수도 있다. 몸 상태가 좋지 않았거나 그에게 놓인 일의 압박이 심했을 수도 있고, 스트레스 등 수많은 이유가 있을 수 있다.

7. 소속되어야 함이 마땅한 그룹에 포함되지 않은 경우: 실수로 누락되었을 수도 있고, 우리가 소속되지 않는 것이 우리 자신이나 모든 사람에게 더 유익하고 현명한 일이라고 판단했을 수 있다.

먼저 성령 앞에 정직하게 나아가라. 나는 상처 받았다고 생각했지만, 실제로는 나 자신의 자아와 교만 때문에 고통을 겪은 것은 아닌지 보여 달라고 요청하라. 자아라는 괴물에 대해 진심으로 죽고 그 자아를 십자가에 못 박기 원할 때, 비로소 진정한 자유에 들어설 수 있다. 죽은 사람은 이제 상처 받지 않기 때문이다!

하나 됨을 위한 용서

누군가가 우리에 대해 잘못된 이야기를 하거나, 지속적인 거짓말로 우리의 성품을 완전히 왜곡시키는 경우가 있다. 이것은 앞서 언급한 예와 다른 경우이며, 하나님도 그런 일에서 비롯된 고통을 이해하신다. 만일 우리가 이와 같은 잘못을 범한 사람을 용서하면, 하나님이 우리를 고쳐 주신다. 그뿐 아니라 그분의 때에 그분의 방법으로 우리를 변호해 주실 것이다(사 54:17 참고).

우리는 다른 사람과 의사소통할 때 특별히 더 신중해야 한다. 여기에 제시한 점검 목록을 살펴보라.

- 꼭 필요한 의사소통인가?
- 이 의사 전달은 우리의 책임인가, 아니면 다른 사람의 책임인가?
- 적합한 시기인가?
- 의사소통 방법이 올바른가?
- 마음에 바른 태도를 지니고 있는가? 마음의 동기를 점검했는가?
- 겸손과 온유와 사랑으로 은혜 가운데 백퍼센트 진실만을 말할 준비가 되어 있는가?

예수님은 "무릇 많이 받은 자에게는 많이 요구할 것이요 많이 맡은 자에게는 많이 달라 할 것이니라"(눅 12:48)고 말씀하셨다.

특히 영적 지도자들과 의사소통할 때는 모든 면에서 신중해야 한다. 이들은 주목받는 자리에 있다는 이유로 불필요한 스트레스에 많이 시달린다. 우리도 부지중에 그들에게 그러한 스트레스의 원인을 제공하게 될 수도 있다. 그러므로 늘 주의하기 바란다.

누군가를 잘못 판단한 일이 있으면 하나님께 죄를 회개해야 한다. 성경은 "비판을 받지 아니하려거든 비판하지 말라 너희가 비판하는 그 비판으로 너희가 비판을 받을 것이요"(마 7:1-2)라고 말한다. 임박한 하나님의 심판에서 우리를 풀어 줄 수 있는 것은 회개뿐이다. 만약 당신의 잘못된 판단과 생각을 누군가에게 나누었다면, 그 사람을 찾아가서 사실을 바로잡아야 한다.

우리가 하나님의 말씀대로 살기만 한다면, 그리스도 몸의 분열이 얼마나 많이 사라지겠는가.

예수님은 "네 형제에게 원망들을 만한 일이 있는 것이 생각나거든…먼저 가서 형제와 화목하"(마 5:23-24)라고 말씀하셨다. 또한 누군가 우리에게 죄를 지었을 때에는 혼자 그 사람을 찾아가 먼저 용서를 표현한 다음, 화목케 되도록 모든 노력을 다해야 한다(마 18:15 참고).

내가 아는 영적 지도자 두 사람은 친밀한 교제를 나누며 지내다가 서로 멀어졌는데, 수십 년이 지난 후에야 큰 오해였음이 밝혀졌다. 수십 년이 지나도록 두 사람 중 그 누구도 마태복음 18장의 말씀대로 행하지 않았다. 얼마나 서글픈 일인가.

정말 감사하게도 나의 소중한 친구들은 관계가 이전 같지 않다고 느낄 때면 나를 직접 찾아와 혹시 어떤 문제가 있었는지, 자신이 뭔가 잘못한 점이 있는지 물었다. 나는 아무것도 변하지 않았다는 점에 대해 부드러우면서도 정확하게 말하여 오해의 소지와 의문을 녹였고, 그때마다 우리는 더욱 연합하게 되었다.

'믿는 자의 연합'은 비신자들에게 강력한 영향을 끼친다. 그것은 예수님이 하나님의 아들이시며, 하나님이 아들을 사랑하신 것처럼 아들의 제자들도 사랑하신다는 사실을 비신자들이 확증하게 해준다. 연합의 파급 효과는 그처럼 엄청난 것이다. 다시 말해 '용서'는 곧 세계 복음화의 핵심이다(요 17:23).

'용서'라는 영적 훈련

성경에는 "너희는 하나님의 은혜에 이르지 못하는 자가 없도록 하고 또 쓴뿌리가 나서 괴롭게 하여 많은 사람이 이로 말미암아 더럽게 되지 않게 하며"(히 12:15)라고 기록되어 있다. 이 말씀으로 보건대, 분명 하나님은 모든 이에게 '마음을 상하게 만든 일에 대해 용서를 베푸는 능력'을 모두 주고도 남을 만한 은혜를 준비해 놓으셨다.

아래의 원칙은 누구든 온전한 용서의 자유를 누리게 해주는 성경적 원칙이다. 단, 그대로 실천해야 한다. 많은 사람이 이 원리를 따름으로써 온전한 자유를 누리게 되었다.

1. 용서는 '의지적 행위'임을 인식하라. 용서하는 마음을 가져야 하는데, 그것을 원하지 않는 사람들도 있다. 용서하느니 차라리 원망 속에 머물러 계속 묶여 사는 편이 낫다고 생각하는 것이다.
2. 원망이 정신과 육체와 혼과 영을 모두 파괴한다는 사실을 상기하라. "평온한 마음은 육신의 생명이나 시기는 뼈를 썩게 하느니라"(잠 14:30).
3. 우리에게 상처 준 사람을 용서하지 않는 한 우리가 하나님께 용서받을 수 없다는 사실을 기억하라. "서서 기도할 때에 아무에게나 혐의가 있거든 용서하라 그리하여야 하늘에 계신 너희 아버지께서도 너희 허물을 사하여 주시리라"(막 11:25).

하나님의 지속적인 용서가 필요하지 않은 사람이 어디 있겠는가? 용서하지 않으면 엄청난 대가가 따른다!

4. 하나님이 용서해 주신 모든 일을 기억하라. "서로 친절하게 하며 불쌍히 여기며 서로 용서하기를 하나님이 그리스도 안에서 너희를 용서하심과 같이 하라"(엡 4:32). "피차 용서하되 주께서 너희를 용서하신 것같이 너희도 그리하고"(골 3:13). 하나님은 우리를 즉시, 기쁘게, 완전히 용서하신다.

5. 하나님이 우리에게 상처를 준 사람을 통해 주신 모든 복에 (단 하나일지라도) 감사하며 그 목록을 적어 보라. 감사하는 마음과 원망하는 마음은 공존하기 힘들다.

6. 당시 우리에게 상처를 주던 상대방의 정신적·신체적·정서적·영적 필요들을 생각해 보라. 대체로 그때나 지금이나 우리보다 더 도움이 필요한 상태일 것이다.

7. 그들을 사랑하고 용서할 수 있는 초자연적 능력을 달라고 기도하라. 성령의 역사임을 인정하고 믿음으로 받으라. "우리에게 주신 성령으로 말미암아 하나님의 사랑이 우리 마음에 부은바 됨이니"(롬 5:5). "믿음이 없이는 하나님을 기쁘시게 하지 못하나니"(히 11:6). "사랑으로써 역사하는 믿음뿐이니라"(갈 5:6). 하나님은 또한 이와 같이 약속하셨다. "사랑은 언제까지나 떨어지지 아니하되"(고전 13:8).

8. 상대방에게 말과 행동으로 하나님의 사랑을 표현할 기회가 생기게 해 달라고 기도하라. "자녀들아 우리가 말과 혀로만 사랑하지 말고 행함과 진실함으로 하자"(요일 3:18). 은혜의

행위와 사랑을 표현하면 원망은 살아남기 힘들다. 즉, 원망을 질식시키는 환경이 조성되는 것이다.

9. 상대를 위하여 규칙적으로 중보하라. 하나님이 그들에게 복 주고 격려하고 위로하고 힘 주시며, 그들의 가장 깊은 빈자리를 채워 주시도록 기도하자. "나는 너희에게 이르노니 너희 원수를 사랑하며 너희를 박해하는 자를 위하여 기도하라"(마 5:44).

이와 같은 영적 훈련을 계속하다 보면, 어느새 주 예수님의 형상에 닮아 가는 자신을 보게 될 것이다. 그러면 성도의 최종 목표를 이루게 하신 하나님, 궁극적으로는 그러한 상처와 상황을 허락하신 하나님께 감사하게 된다. 하나님의 비할 수 없는 은혜로 우리는 완벽한 역전승을 거두는 것이다. 그분은 정말 놀라운 하나님이시다!

누구를 용서해야 하는가?

상처를 준 사람이 사랑하는 사람일수록 그 상처는 더욱 쓰라리다. 게다가 그 상처에 불공평한 처사나 불의가 더해진 경우, 아픔이 더욱 크다. 그러므로 용서가 가장 요구되는 대상은 우리와 가장 가까운 사람들이다.

다음 대상을 떠올리며 내 안에 혹시라도 그들을 향한 원망의 마음이 숨어 있지는 않은지 점검하라. 남편, 아내, 아버지, 어머니, 친구, 학교 선생님, 영적 지도자, 함께 사역하는 동역자들, 함께 일하는 사람들, 권위자들, 우리의 권위 아래에 있는 사람들, 우리나라나 다른 나라의 정치가 및 정부 관료, 가까운 사람을 아프게 한 정권이나 정부, 기타 내가 아는 모든 범주의 사람들…. 불행히도 영적 지도자가 인간적 연약함으로 우리를 잘못 판단하는 때가 있다. 그러나 역사상 가장 위대한 성인에게도 약점이 있기 마련이다. 그러므로 완벽을 기대하지 마라.

지도자가 과중한 책임 때문에 속단하여, 사람을 잘못 판단하는 경우도 있다. 그런 일로 상처 받은 사람이 있다면, 성경 속 인물 한나가 이와 같은 시험을 어떻게 통과했는지 보고 배우라(삼상 1장). 엘리 제사장은 금식 중에 고요히 주 앞에 나와 괴로운 마음을 쏟아 내던 경건한 여인 한나를 완전히 오인하여 술을 끊으라고 꾸짖었다. 얼마나 속상하고 부당한 상황이었을지 생각해 보라. 괴로움 속에서 필사적으로 기도하던 한나를 위로하고 이해하며 격려해야 할 지도자가 오히려 괴로움을 더해 준 것이다.

그러나 한나의 이름(은혜)이 의미하는 아름다운 성령의 품성은, 실제로 자기가 무엇을 하고 있었는지 부드럽게 설명하며 엘리에게 대답할 때 분명히 드러났다. 엘리는 그 말을 듣고서 즉시 축복하며 예언하기를, 이제 한나의 기도가 하나님께 상달되어 응답이 오고 있다고 선포했다. 한나는 하나님의 은총을 받으려면 그 자리에서 영적 지도자를 용서해야 한다는 사실을 알고 있었던 것이 분명했다. 그리하여 하나님은 엘리를 통해 축복의 말씀을 전해 주실 수 있었다. 상처를 준 영적 지도자에게 원망의 마음을 품고 있으면, 하나님이 그들을 통해 주려고 계획하신 많은 복을 받을 수 없게 된다. 그러나 하나님은 진심으로 회개하는 심령에 항상 자비를 베푸신다.

용서하지 못한 삶

이번에는 자신의 권위 아래에 있는 사람을 용서하지 못한 영적 지도자의 사례를 살펴보자. 압살롬이 그 형제 암논을 죽인 사건을 주의 깊게 읽다 보면, 압살롬이 도주하여 3년 동안 다른 도시에 가 있었음을 알 수 있다(삼하 13:37-39). 다윗은 그를 위해 날마다 슬퍼하며 아들에게 가고 싶어 했다. 하지만 다윗은 압살롬의 지도자로서 그와 직면하거나 징계하거나 화목을 도모한 적이 한 번도 없었다.

하나님은 다윗의 군대 장관 요압과 드고아의 지혜로운 여인을 통해 압살롬을 다시 불러와야 한다는 메시지를 다윗에게 전하셨다. 만약 다윗이 아들을 용서했더라면 그 모든 공작이 필요하지 않았을 것이다. 압살롬이 고향에 돌아올 때는 다윗의 얼굴을 볼 수 없다는 귀환 조건이 따랐다. "왕이 이르되 그를 그의 집으로 물러가게 하여 내 얼굴을 볼 수 없게 하라"(삼하 14:24). 압살롬은 예루살렘에서 만 2년을 보내면서도 아버지인 왕을 대면하지 못했다(28절).

그 후 압살롬은 아버지를 만나려고 두 번이나 요압을 보내

만남을 요청했다. 그리고 마침내 다윗을 만나게 되었다. "요압이 왕께 나아가서 그에게 아뢰매 왕이 압살롬을 부르니 그가 왕께 나아가 그 앞에서 얼굴을 땅에 대어 그에게 절하매 왕이 압살롬과 입을 맞추니라"(33절).

표면적으로는 모든 것이 다 해결된 것처럼 보였지만, 아쉽게도 그렇지 못했다. 성경에는 둘 사이에 오간 어떤 대화도, 화해도, 교제의 말도 기록되어 있지 않다. 이처럼 사귐 없는 관계 회복이란 있을 수 없다. 거꾸로 말하면, 용서는 항상 사귐으로 이어진다.

사무엘하 15장 1절을 보면 사람들의 마음을 얻기 위한 압살롬의 음모가 시작되고, 이것이 결국 공공연한 반역과 배신으로 이어지는 것을 알 수 있다. 나는 압살롬이 부친을 배신하게 된 가장 큰 원인은 다윗이 그를 용서하지 않은 데 있다고 생각한다. 예수님은 다른 사람에게 시험거리가 되는 일에 대해 엄숙하게 경고하셨다. "실족하게 하는 일들이 있음으로 말미암아 세상에 화가 있도다 실족하게 하는 일이 없을 수는 없으나 실족하게 하는 그 사람에게는 화가 있도다"(마 18:7). 또한 하나님의 말씀을 가르치는 자는 말씀을 듣는 자보다 더 많은 책임이 있다고 말씀하신다(약 3:1 참고).

압살롬을 용서하지 못한 다윗의 삶은 하나님께 인정을 받지 못했으며, 그를 따르는 백성에게도 커다란 고통을 가져다주었다. 이는 또 하나의 긴 이야기로, 사무엘하 15장 이하에 기록되어 있다.

셜리 크로우의 예리하고 감동적인 시 한 편을 소개한다. 우리를 정결하게 하시는 사랑의 불을 묵상하며 함께 기도하자.

나를 바꾸소서[1]

사랑하는 주님, 내 삶에 예정된 당신의 뜻이나
시험이나 슬픔을 바꾸지 마소서.
내 믿음을 새롭게, 나를 강하게 하셔서.
주여, 당신의 뜻을 바꾸지 마시고 나를 바꾸소서.
넘실대는 바다의 폭풍처럼
고난이 몰려와 눈물방울 떨어져도
주의 횃불로 내 배를 항구까지 인도하시고,
주여, 폭풍을 바꾸지 마시고 나를 바꾸소서.
그 거룩한 말씀 이해하지 못하며
주의 영광 내가 보지 못할 때
내 눈을 가르쳐 내게 혜안을 허락하시고,
주여, 당신의 말씀을 바꾸지 마시고 나를 바꾸소서.
주님이 내게 먹으라고 주신 열매가 쓰리고 시더라도,
내 뜻 아니라 주의 뜻 이루어지기를 간구합니다.
주여, 그 열매를 바꾸지 마시고 나를 바꾸소서.
사랑하는 주님, 당신을 위해 지는 십자가를
때때로 내가 불평한다면,

내 어깨에 십자가 단단히 메시고
대신 내 손 잡아 주소서.
십자가를 바꾸지 마시고 나를 바꾸소서.
사랑하는 주님, 만약 나를 기쁘게 하시기 위해
주의 길을 바꾸신다면,
나 곧 차갑게 식어 당신에게서 돌아서리니,
사랑하는 주님, 내 기도를 들으사
당신의 길을 바꾸지 마시고 나를 바꾸소서.
언젠가 주의 얼굴을 뵙기 위해
내가 건너야 할 골짜기가 있으니,
그렇지 않으면 당신께 어떤 권능이 있는지
잊을까 두렵습니다.
주여, 골짜기를 바꾸지 마시고 나를 바꾸소서.

CHAPTER 4

Preparation for Revival Fire

주권적으로 일으키시는 부흥의 불

온전히 아름다운 시온에서 하나님이 빛을 비추셨도다 우리 하나님이 오사 잠잠하지 아니하시니 그 앞에는 삼키는 불이 있고 그 사방에는 광풍이 불리로다(시 50:2-3).

부흥이란, 하나님의 불이 인간의 일에 깊이 침투함으로써 사람들이 4중 채널 스테레오와 화려한 영상으로 보듯 하나님의 모습을 더욱더 자세히 보고 경험하는 것을 말한다.

부흥은 지역 사회와 문화의 도덕적·영적 생활 자체를 변화시키는 놀랍고도 지속적인 하나님의 뚜렷한 임재다. 부흥은 하나님의 시간에 그분의 방법을 통해 (먼저는 하나님의 백성에게) 주권적으로 성령이 부어지는 역사다. 이 시기에는 모든 사람 안에 하나님의 거룩에 대한 계시가 강하게 임하여 '죄'에 대한 하나님의 관점을 갖게 된다. 남녀노소 할 것 없이 죄를 깨닫게 하시는 성령의 권능 앞에서 깊이 회개할 기회를 얻는다.

거룩한 임재가 밀려들다

약 30년 전, 남아프리카 줄루족에게 성령의 엄청난 역사가 임했다. 그때에도 많은 사람이 대중 앞에서 죄를 회개하며 하나님 안에서 큰 기쁨을 경험했다.

어느 날, 구름 한 점 없던 맑은 하늘에서 난데없이 번개가 쳤다. 번개는 교회 건물 한쪽 면을 내려쳤고, 벽 안쪽 한곳에 크게 금이 나고 말았다.

순간 한 성도가 소리쳤다. "저예요, 이건 저 때문이에요." 금이 간 지점은 그가 있던 자리 바로 옆이었다. 그는 자신의 부도덕한 삶을 털어놓으며, 성령의 지적을 계속 거부한 채 죄를 인정하지 않았던 것을 고백하고 그 자리에서 모두 회개했다.

나는 그곳에 다녀온 친구에게서 줄루 교회의 목사님들이 벽에 생긴 커다란 금을 수리하지 않고 일부러 남겨 두었다는 이야기를 전해 들었다. 그것은 실로 기념할 만했다. 무엇을 기념하는 것인가? 부흥을 위해 기도할 때에는 하나님의 가시적 임재에 따르는 모든 현상이 가속화된다는 것, 그리고 평상시 교회와는 분명히 다른 모습들이 존재한다는 점을 상기시키는 상징이다.

또한 그것은 다음의 진리를 확증하는 것이기도 하다. (우리가 먼저 회개하여 빛 가운데 드러내고 필요한 것을 바로잡지 않는다면 말이다.)

숨은 것이 장차 드러나지 아니할 것이 없고 감추인 것이 장차 알려지고 나타나지 않을 것이 없느니라(눅 8:17).

부흥은 무관심하고 이기적이며 교만한 하나님의 백성을 일깨워, 그들을 간절하고 겸손하고 정직하게 기도함으로 깊이 회개하는 사람, 하나님과 그분의 영광을 위한 열정과 잃어버린 영혼에 대한 거룩한 부담감을 지닌 사람으로 바꾸어 가시는 주님의 역사다.

의로운 문화가 일어서다

부흥이란, 성도 개개인 안에 있는 주 예수의 생명이 온전히 드러나는 것이다. 영적 대각성은 믿지 않는 자들 가운데에서도 일어나, 수많은 완고한 죄인이 깊이 회개하며 예수님께 삶을 드리도록 이끈다. 부흥이 전도와 동의어인 것은 아니지만, 부흥에는 효과적인 전도처럼 엄청난 배가가 뒤따르기 마련이다. 또한 문화가 의롭게 변화되는 역사가 일어난다. 이러한 사실은 스코틀랜드 해안 헤브리디스 제도의 부흥을 통해 생생하게 확인할 수 있다. 다음의 기사는 던컨 캠벨의 전기에서 인용하여 간추린 내용이다.

하나님의 임재는 집에서나 교회에서나 길가에서나 어디에서나 존재하여, 피할 수 없는 보편적 사실이 되어 버렸다. 공기 자체가 신성한 생명력으로 울렁이는 것 같았다. 어느 날 밤, 한 남자가 크게 근심하며 목사관으로 찾아왔다. 목사가 그를 서재로 데려가 물었다. "어떻게 오셨습니까? 예배 때는 한 번도 못 뵈었던 것 같은데요." 그가 대답했다. "저는 교회에 다닌 적이 없습니다. 하지만 사방에 부흥이 일어나서 도저히 성령을 피할 수가 없었습니다."[2]

다른 부분에는 이렇게 기록되어 있다.

들판에서나 천을 짜는 베틀 앞에서나, 사람들은 하나님의 임재에 압도되어 바닥에 납작 엎드렸다. 어떤 이는 "제 발밑의 풀들과 주변의 바위들이 소리치는 것 같았어요. '그리스도께 달아나 피하라!'고 말이죠." 죄를 깨닫는 고통을 지켜보기란 끔찍했지만, 던컨은 기뻤다. 그는 진정한 도덕적 변화를 일으키지 못하는 저 값싸고 손쉬운 '믿음주의'와는 달리, 이처럼 깊은 산고를 거쳐 부요하고 강건한 믿음의 체험이 탄생함을 알고 있었다.[3]

헤브리디스 부흥에서 회심한 수천 명의 젊은이는 교회 집회가 끝난 후, 밤 10시에 헛간에서 다시 모이기 일쑤였다. 헤브리디스 제도에서 가장 나이가 많은 사람은 이러한 부흥을 세 차례나 경험했다. 당시에는 매일 아침과 저녁에 모든 가정에서 가정 예배를 드렸다. 성도들은 짧게 기도한 다음 시편을 읽고 시편 찬양을 부른 뒤 성경을 한 장 읽었으며, 불신자들은 시편을 읽고 성경을 한 장 읽은 뒤 기도를 드렸다. 젊은 부부들은 결혼식 전에 가족 성경을 선물로 받아 매일 아침 가정 기도를 드리는 것이 관례였다. 이로써 모든 사람이 안식일을 성실하게 지켰다. 그날은 주님의 날이었으므로 어떤 육체적인 노동도 하지 않았다. 일반 학교에서는 어린이들에게 성경 말씀을 암송하게 했고, 목사님은 매달 그들이 외운 것을 들으러 학교로 찾아갔다.[4]

부흥은 그렇게 그들의 문화에 파급되었다.

하나님의 거룩과 순결을 만나다

진정한 부흥의 역사가 일어나면, 가장 먼저 하나님의 놀라운 거룩함과 완벽한 순결함이 계시된다. 우리가 가장 시급하게 인식해야 할 하나님의 중요한 성품이 바로 '거룩'과 '순결'이기 때문이다. 하나님의 엄위하신 거룩함을 이해하기 전에는, 이해하기 어려울 만큼 낮아지신 그분의 겸손과 더불어, 미처 다 헤아릴 수 없는 그 사랑을 한 치도 이해할 수 없을 것이다. 거룩함이야말로 하늘의 하나님 보좌 앞에서 스랍과 생물들이 항상 노래하는 하나님의 특성이다.

하나님의 거룩하심이 우리에게 임할 때 일반적으로 나타나는 현상은 바닥에 등을 대고 눕는 것이다. 이때는 삶의 여러 부분에 큰 변화가 일어나기도 하지만, 영적인 삶에 변화가 없는 경우도 있다. 이스라엘 자손은 하나님의 기막힌 권능의 역사를 엄청난 규모로 목격했음에도 결코 삶이 변화되지 않았다.

또한 평상시와 다른 하나님의 거룩하심을 대면하게 되면, 얼굴을 땅에 대고 납작 엎드리는 경우가 많다. 전능자와의 만남을 경험했던 다니엘 선지자와 에스겔 선지자, 사도 요한이 그러했다. 그리고 그 만남은 그들의 삶 가운데 커다란 변화를 일으켰다.

다니엘 10장에는 스무하루 동안의 기도와 금식 후, 다니엘이 예수님의 환상을 보는 장면이 나온다.

> 그의 몸은 황옥 같고 그의 얼굴은 번갯빛 같고 그의 눈은 횃불 같고 그의 팔과 발은 빛난 놋과 같고 그의 말소리는 무리의 소리와 같더라(단 10:6).

그 모습을 본 다니엘은 온몸에 힘이 빠져나가 얼굴을 땅에 대고 엎드렸다.

에스겔은 여호와께서 권능으로 임하셨을 때, "일어나 들로 나아가라"(겔 3:22)는 명령을 받는다. 그는 말씀에 순종하여 들로 나갔다. "여호와의 영광이 거기에 머물렀는데…내가 곧 엎드리니"(23절).

요한계시록 1장 9-16절에서 밧모 섬에 유배된 요한은 이제부터 보게 될 일을 책에 쓰라고 지시하시는 하나님의 큰 음성을 듣는다. 누가 말한 것인지 보려고 돌아보았을 때, 그는 몹시 놀라운 광경을 보았다. 장엄한 광채와 눈부신 영광과 눈 같은 순결함 가운데 주님이 서 계셨던 것이다.

그의 머리와 털의 희기가 흰 양털 같고 눈 같으며 그의 눈은 불꽃 같고 그의 발은 풀무불에 단련한 빛난 주석 같고 그의 음성은 많은 물소리와 같으며 그의 오른손에 일곱 별이 있고 그의 입에서 좌우에 날선 검이 나오고 그 얼굴은 해가 힘 있게 비치는 것 같더라(14-16절).

이 불가사의한 신비와 위엄을 대면한 요한은 그대로 기절해 버렸다. 그의 유한하고 연약한 인간의 몸은 신성의 무한한 위엄에 무너져 버렸다. 성경에는 간단히 "(요한이) 그의 발 앞에 엎드러져 죽은 자같이 되매"(17절)라고 기록되어 있다.

나라도 그렇게 반응할 수밖에 없을 것 같다. 감사하게도 하나님은 '부활'의 전문가시다. 그분은 "두려워하지 마라. 내가 모든 것을 다스리고 있다. 나는 오랫동안 존재해 왔다"라고 말하기를 기뻐하신다(17절 참고). 이 말은 하나님이 가장 애용하시는 문장이기도 하다.

하나님 나라가 확장되다
진정한 부흥이 오면 하나님은 단 몇 분, 몇 초 만에 그분의 나라를 넓혀 가신다. 며칠, 몇 주, 심지어 몇 년 동안 이루는 것보다 훨씬 더 큰 규모로 이뤄 내시는 것이다. (부흥이 아닌 때에) 아무리 하나님의 영감과 에너지에 순종하여 일했다 해도 마찬

가지다. 참된 부흥은 다른 어떤 방법보다 역사의 궤도를 더 빨리, 의로운 방향으로 수정한다. 다음의 글은 바로 이 점을 생생하게 보여 준다. 다음은 오스왈드 스미스가 적은 하와이 부흥의 기록이다.

1835년, 티터스 코앤이 하와이의 해안에 착륙했다. 첫 여행부터 수많은 무리가 그의 설교를 들으려고 몰려왔다. 사람들이 하도 몰려드는 바람에 그는 식사할 틈조차 없었다. 어느 날은 세 번의 설교를 마친 후에야 아침을 먹을 틈이 생겼다. 그는 하나님이 깊이 일하고 계심을 알고 있었다.

1837년에 잠들어 있던 불길이 깨어났다. 거의 전 주민이 와 있었다. 그는 1만 5천 명을 상대로 사역하고 있었다. 그가 모든 사람을 찾아가지 못하자, 사람들은 천막을 치고 머물렀다. 천막 집회는 2년 동안 이어졌다. 종소리만 나면 밤낮을 가리지 않고 2천-6천 명의 회중이 모여들었다.

예배가 시작되면 사람들은 떨고 울고 흐느끼고, 때로는 설교 소리가 묻히도록 큰 소리로 자비를 구하며 부르짖었다. 회중이 하나님의 권능 아래 엎드러진 것은 수백 번도 넘었다. "양날 선 검이 나를 조각조각 자르고 있어요"라며 크게 소리치는 사람들도 있었다. 악한 냉소로 반응하던 사람은 비웃으러 왔다가 마치 개처럼 나동그라져 "하나님이 나를 치셨다!"고 외쳤다.

한번은 들판에서 2천 명에게 설교하던 중에 한 남자가 "내가 어찌해야 구원을 받겠소?"라고 외치며 성경에 나온 '세리의 기도'를 드리기 시작했고, 이내 회중 전체가 하나님의 자비를 구하며 부르짖었다. 코앤은 설교할 틈을 찾지 못한 채, 하나님이 일하시는 광경을 가만히 서서 지켜볼 수밖에 없었다. 무려 30분 동안이나 말이다. 싸웠던 사람들이 화해하고, 알코올 중독자가 새로워지며, 간음하던 자들이 돌이키고, 살인자가 밝혀지고 용서를 받았다. 도둑들은 자신이 훔친 물건을 되돌려 주었다. 평생 계속되던 죄의 문제들이 이 시간에 모두 해결되었다.

　1년 동안 5,244명이 교회에 등록했다. 또한 어느 주일에는 1,705명이 세례를 받았다. 한때는 가장 극악한 죄인이던 자들이 이제 성도가 되었고 2,400명이 성찬에 참여했다. 코앤은 그곳을 떠날 때까지 11,960명에게 세례를 주었다.[5]

　요즘 사람들이 부흥회를 연다고 광고할 때의 '부흥'은 성경적인 부흥의 개념과는 완전히 다르다. 나는 오늘날 사람들이 참된 영적 각성의 역사를 진지하게 숙고해 보지 않은 채, 이 용어를 사용하고 있다고 생각한다.

　오직 하나님만이 부흥을 시작하실 수 있다. 그러나 부흥은 사람들이 성령님을 거부하거나 소멸하거나 근심하게 함으로써 저지될 수 있다.

　시편 45편에 묘사된 것처럼 백성의 연합된 부르짖음에 응답하여 성령이 충만히 부어질 시기는 오직 하나님만이 아신다. "능한 자여 칼을 허리에 차고 왕의 영화와 위엄을 입으소서 왕은 진리와 온유와 공의를 위하여 위엄 있게 타고 승전하소서 왕의 오른손이 왕에게 두려운 일을 가르치리이다"(시 45:3-4, 개역한글).

두려운 일! 바로 그것이 진짜 부흥의 때에 일어나는 일들이다. 불행히도 '두려운'에 해당하는 단어(awesome, 경외심을 일으키게 하는 – 역주)가 하찮은 일을 묘사하는 데 함부로 사용되는 경우가 많다. 그런 면에서는 신성에 속한 특성을 묘사할 만한 형용사가 남아 있지 않다. 오직 하나님과 그분의 역사, 그리고 그분의 길만이 경이롭다(awesome).

일상을 뛰어넘는 역사

진짜 부흥이 오면, 예측을 불허하는 일과 이례적인 일들이 아무렇지도 않게 일어난다. 하나님은 그렇게 역사하실 것을 말씀으로 알려 주신다.

> 이제부터 내가 새 일 곧 네가 알지 못하던 은비한 일을 네게 듣게 하노니 이 일들은 지금 창조된 것이요 옛것이 아니라 오늘 이전에는 네가 듣지 못하였으니(사 48:6-7).

하나님의 초월적이고 무한한 위대함과 일상을 뛰어넘는 역사, 차원이 다름을 설명하는 말씀이 또 있다.

> 대저 여호와께서 브라심 산에서와 같이(대저 여호와께서 다윗의 적들을 흩어 격파하셔서 다윗이 하나님을 '바알브라심', 즉 흩어서

돌파하는 명수라고 불렀을 때와 같이) 일어나시며 기브온 골짜기에서와 같이(여호수아와 이스라엘 군대가 밤새 행진하여 적군에게 이르렀을 때 하나님이 적군을 패하게 하시고 살육하시고 하늘에서 큰 우박 덩어리를 던져 죽이셨을 때와 같이) 진노하사 자기의 일을 행하시리니 그의 일이 비상할 것이며 자기의 사역을 이루시리니 그의 사역이 기이할 것임이라(사 28:21).

이처럼 하나님은 손 하나 까딱하지 않고도 그분의 두려운 능력이 드러나는 놀라운 역사를 보여 주심으로써, 부흥이 임하여 주님이 실제로 나타나실 때는 어떤 일이 일어날지 가늠케 하신다.

이러한 하나님의 능력은 강력한 중보자 데이비드 브레이너드가 기록한 아메리카 인디언의 부흥 사건에서도 또렷하게 나타난다.

하나님의 능력이 회중 위에 강한 돌풍처럼 강림하셨고, 놀라운 에너지가 그 앞에 있는 모든 사람을 압도했다. 거의 모든 회중을 사로잡은 그 권능에 놀란 나는 조용히 서 있었다. 그것은 '저항할 수 없는 강한 급류'라고밖에는 달리 설명할 수가 없다. 어린이를 포함해 거의 모든 사람이 엎드러져 주위를 인식하지 않고 자기 영혼의 상태 때문에 깊은 비탄에 젖어 괴로워했다. 건물 전체와 건물 밖 곳곳에서 너 나 할 것 없이 하나님의 자비를 구하며 울부짖고 있었다.

아더 월리스(Arthur Wallis)가 쓴 《하늘의 비》(The Rain From Heaven)에는 "부흥이 오면 거룩하신 하나님께 사로잡혀 자신에게 몰두한 채 고뇌하느라 다른 사람들은 안중에도 없게 된다"라고 표현되어 있다.[6]

지속적으로 부어지며 예측이 불가능한 성령의 역사에 대한 성경의 묘사는 이사야 선지자가 하나님께 쏟아 내는 열렬한 기도에서도 나타난다.

원하건대 주는 하늘을 가르고 강림하시고 주 앞에서 산들이 진동하기를 불이 섶을 사르며 불이 물을 끓임 같게 하사 주의 원수들이 주의 이름을 알게 하시며 이방 나라들로 주 앞에서 떨게 하옵소서 주께서 강림하사 우리가 생각하지 못한 두려운 일을 행하시던 그때에 산들이 주 앞에서 진동하였사오니(사 64:1-3).

나 역시 이렇게 기도한다.

오 하나님, 제 심장이 다시 부르짖습니다. "우리를 주께로 돌이키소서 그리하시면 우리가 주께로 돌아가겠사오니"(애 5:21), "우리를 다시 살리사 주의 백성이 주를 기뻐하도록 하지 아니하시겠나이까"(시 85:6).
　주님, 오셔서 오직 하나님만 하실 수 있는 일을 행하사 우리가 모든 우상숭배, 곧 최고의 열정으로 주님만을 첫 번째 사랑이자 삶의 가장 큰 목적으로 삼지 못하도록 방해하는 모든 것에 대하여 깊이 회개하려는 소원을 강력하게 일으켜 주소서. 아버지 앞에 겸손히 나아가 다윗처럼 고백합니다. "내 영혼이 진토에 붙었사오니 주의 말씀대로 나를 살아나게 하소서"(시 119:25, 내게 있어 이 구절은 우리가 이 땅의 성취와 소망을 앞세우기 쉬운 존재라는 것을 의미한다).

주님, 말씀으로 우리에게 다시 말씀하시고 감동시키시며, 성령으로 우리 심령에 불을 붙여 더욱 간절히 영원한 것을 좇게 하소서. 예수님의 강하고 능하신 이름으로 기도드립니다. 아멘.

교회사를 보면, 부흥을 위해 기도하던 가장 경건한 영적 지도자들조차 막상 부흥의 징조가 보였을 때 초기부터 저항한 것을 알 수 있다. 그것은 대부분 부흥이 어떤 것인지, 어떤 특성이 있는지 몰랐기 때문이다. 이와 관련하여 우리 자신에게도 몇 가지 관련된 질문을 던져 보아야 할 것이다.

동참할 것인가, 외면할 것인가?

당신은 부흥의 본질을 하나님의 관점으로 이해하기 원하는가? 그리고 '그 부흥'을 경험하기를 진심으로 원하는가?

성경에 기록된 부흥에 관해 연구하며, 실제로 일어난 부흥의 역사에 대해 폭넓게 읽어 보았는가? 하나님의 임재의 밀물이 다가올 때 인정하겠는가, 아니면 저항하겠는가? 하나님이 행하시는 일에 동참할 것인가, 아니면 이례적인 일이나 예측할 수 없는 그 현상들을 외면하거나 통제하려 들 것인가? "서쪽에서 여호와의 이름을 두려워하겠고 해 돋는 쪽에서 그의 영광을 두려워할 것은 여호와께서 그 기운에 몰려 급히 흐르는 강물같이 오실 것임이로다"(사 59:19).

에드윈 오어의 책 《간구》(Fervent Prayer)에 나오는 내용이다.

주일 저녁, 남아프리카공화국 케이프 지방 웨체스커의 어느 강당에서 앤드류 머레이 목사 밑에서 부목사로 있던 J. C. 드브리스 목사의 인도로 60명의 청년이 중보기도회를 하는 동안 갑자기 성령의 불이 임했다. 여러 사람이 찬송을 부르자고 제안하고 몇 명이 기도를 하고 나자, 갑자기 농장에서 일하는 한 핑고인 소녀가 자기도 찬송과 기도를 인도할 수 있겠냐고 물었다. 드브리스는 주저하며 허락해 주었다(핑고인은 최하층 계급이다).

소녀가 기도할 때, 멀리서 천둥이 다가오는 것 같은 소리가 들려왔다. 그 소리는 점점 더 가까워져서 마침내 강당 전체를 감쌌고, 건물 전체가 진동하기 시작했다. 성령의 특별한 역사가 일어나는 것을 느끼며, 일시에 모든 사람이 자발적으로 소리를 내어 기도하기 시작했다. 1858년경 남아프리카 공화국의 네덜란드 개혁 교회에서 이러한 일이 일어났다는 것은, 굉장히 비정상적인 현상이었다.

앤드류 머레이는 주일 저녁 설교를 막 마쳤을 때, 청년 모임에 특이한 현상이 일어났다는 보고를 받았다. 현장에 가 보니, 놀랍게도 모든 사람이 동시에 기도하는 비정상적인 상황이 펼쳐져 있었다. 부목사는 그 상황을 통제할 생각이 없었는지, 그저 무릎을 꿇고 있었다.

앤드류 머레이가 돌아다니며 사람들에게 조용히 할 것을 당부했지만, 그 누구도 아랑곳하지 않았다. 마침내 그가 고함을 쳤다. "나는 하나님이 보내신 여러분의 목사입니다. 조용히 하십시오!" 그러나 여전히 아무도 호응하지 않았고, 기도는 계속되었다. 각 사람이 견딜 수 없는 죄의 무게로 하나님께 용서를 구하는 데 몰두해 있었고, 드브리스는 하나님의 임재에 대한 거룩한 경외감으로 계속 책상 앞에 무릎을 꿇고 있었다.

앤드류 머레이는 한껏 고조된 분위기를 진정시키기 위해 다 같이 찬송가를 부르게 하려고 애썼다. 그러나 결국 당혹스러움을 이기지 못해 홀을 떠나며 탄식했다. "하나님은 질서의 하나님이신데, 여기는 모든 게 엉망이군!" 그러나 드브리스는 하나님의 놀라운 임재에 압도되어 계속해서 고요히 기도했다.

매일 밤, 조그만 강당에서 모임이 계속되었다. 보통은 깊은 침묵으로 시작되었으며, 전과 같이 건물이 진동하면 누가 시키지도 않았음에도 모든 사람이 일시에 뜨거운 간구로 은혜의 보좌 앞에 나아갔다. 모임은 새벽 3시까지 계속되는 경우가 많았다. 청년들은 집에 갈 때도 찬송을 부르며 지나갔다.

모이는 사람이 너무 많아져 큰 강당으로 옮긴 첫날 밤, 앤드류 머레이가 말씀을 봉독하고 메시지를 전한 후 기도했다. 그때

또다시 그 신비스런 천둥소리가 세차게 울렸고, 그 소리가 점점 더 가까워지더니 마침내 건물을 온통 감쌌다. 청중의 자발적인 통성 기도가 터져 나오자, 이번에도 앤드류 머레이는 통로를 걸어 다니며 조용히 시키려 애썼다.

때마침 성령이 강하게 임한 미국의 부흥 현장을 묵도하고 돌아온 지 얼마 안 된 방문객이 그에게 다가가 속삭였다. "이 교회 목사님이시군요. 하지만 행동을 조심하십시오. 주의 영이 역사하고 계신 것이니까요." 그리하여 앤드류 머레이가 홀로 하나님께 나아가 대체 무슨 일이 일어나는 것인지 보여 달라고 요청했을 때, 성령님은 이것이 그분이 역사하시는 것임을 확인시켜 주셨다. 이 귀한 주의 종은 사람들을 통제하려고 했던 잘못을 회개하며, 그동안 하나님과 사람 앞에서 성령의 깊은 역사를 방해했노라고 깨어진 심령으로 인정했다.

이후 그는 이 성령의 비가 남아프리카의 다른 지역까지 계속해서 퍼져 나가도록 크게 쓰임을 받았다. 앤드류 머레이의 깊이 있는 가르침과 저술을 통하여 전 세계적으로 셀 수 없이 많은 사람이 영향을 받고 그리스도를 향해 더욱 자라갔다. 나 역시 그중 한 사람이다.[7]

이 위대한 하나님의 종의 삶과 증거를 보며 교훈을 얻기 바란다. 앤드류 머레이는 아주 보기 드물게 탁월한 겸손을 소유한 사람이다. 부흥에 대해 저술한 그의 책은 이 분야의 대표적 고전이다.

겸손을 추구하라

부흥을 경험하기 위해 일반적으로 우리에게 가장 필요한 것 한 가지는 다음 명령에 '순종'하는 것이다.

여호와의 규례를 지키는 세상의 모든 겸손한 자들아 너희는 여호와를 찾으며 공의와 겸손을 구하라(습 2:3).

하나님은 겸손을 추구하는 모든 자에게 개인적인 부흥을 약속하셨다.

지극히 존귀하며 영원히 거하시며 거룩하다 이름 하는 이가 이와 같이 말씀하시되 내가 높고 거룩한 곳에 있으며 또한 통회하고 마음이 겸손한 자와 함께 있나니 이는 겸손한 자의 영을 소생시키며 통회하는 자의 마음을 소생시키려 함이라 (사 57:15).

이는 대단한 약속이다.

'겸손'은 1906년 로스앤젤레스 아주사 거리에 성령의 강한 역사가 임했을 때 명확하게 나타난 특징이었다. 다음은 《아주사 거리에서 일어난 일》(*What Happened at Azusa Street*)에서 인용한 내용이다.

예배는 거의 쉬지 않고 계속되었다. 밤낮을 가리지 않고 주의 능력에 사로잡힌 구도자들을 볼 수 있었다. 교회는 문이 닫혀 있거나 비어 있는 적이 없었다. 사람들은 하나님을 만나러 왔고, 하나님은 항상 그곳에 계셨다. 그리하여 집회는 계속되었다. 그것은 특정 지도자에 의존하는 집회가 아니었다.

하나님의 임재가 점점 더 놀랍게 나타났다. 낮은 서까래와 맨바닥의 낡은 건물에서 하나님은 강퍅한 이들을 붙들어 산산이 부수시고, 그분의 영광을 위해 그들을 다시 일으키셨다. 철저한 진단의 과정이었다. 그 안에서 교만과 자기 확신, 자기 중시와 자긍심은 도저히 살아남지 못했다. 종교적 자아도 서둘러 스스로 장례를 치렀다.

설교나 주제를 미리 알리는 경우는 없었으며, 대단한 강사도 없었다. 무슨 일이 일어날 것인지, 하나님이 무슨 일을 하실 것인지 아무도 알지 못했다. 부유하고 똑똑한 자들도 가난하고 무지한 사람들과 별반 다르지 않았으며, 실제로 훨씬 힘든 죽음을 겪어야 했다.…집회 장소에 도착하면, 가능한 한 인간적인 접촉이나 인사를 피했다. 가장 먼저 하나님을 만나기 원했기 때문이다. 모두 구석에 있는 긴 의자 밑에 머리를 파묻고 기도했으며, 사람은 "그 육이 곧 사라질" 존재임을 알았기에 성령 안에서만 만났다.[8]

그와 같은 성령의 강림이 다시 일어나기를 바라는 내 속의 깊은 열망은 말로 다 표현할 수 없다. 오직 하나님께 끊임없이 부르짖으며 기도할 뿐이다.

주여, 주의 백성인 우리에게 성령을 폭포처럼 부으셔서, 아주사에서처럼 겸손케 하시는 부흥의 역사가 일어나도록 은혜를 베푸소서. 그때보다 오늘이 더욱 절실합니다. 사탄은 교만으로 가득하므로 그리스도와 같은 겸손을 도무지 이해하지 못한다고 성경에 쓰여 있습니다. 우리 안에, 그리고 주의 백성 안에 사탄의 허를 찌르고 그 전략을 무력화하는 강력한 겸손의 무기가 들어서도록 무엇이든 행하시옵소서. 예수님의 이름으로 믿고 기도합니다. 아멘.

젊은 군대를 존중하라

헤브리디스 부흥의 역사에는 영적 지도자의 겸손에 관해 의미심장하고 흥분되는 이야기가 등장한다. 열다섯 살 때 회심하여 하나님께 크게 쓰임 받은 도널드 맥페일이라는 소년과 던컨 캠벨의 일화다.

그에게 임한 하나님의 기름부음이 가장 놀랍게 나타난 것은 루이스 해안가의 작은 섬 버네라에서였다. 던컨은 성찬 예식의 시기에 도움을 주려고 가 있었다. 하지만 분위기가 너무나 침체되었고 설교도 어려웠기에, 그는 바르바스에 사람을 보내어 중보기도자 몇 명을 불러왔다. 그들이 절실히 기도했음에도, 설교가 중반까지 진행될 때까지 영적인 묶임이 떠나지 않았다. 결국 던컨은 설교를 중단했다. 바로 그때, 영혼을 향한 깊은 부담감으로 감동된 한 소년이 눈에 띄었다. '저 소년은 분명 하나님과 만나고 있구나. 나보다 더 주님과 친밀한 사람이다.' 그리하여 그는 단상 너머로 몸을 굽혀 말했다. "도널드, 기도를 인도해 줄 수 있겠니?"

소년은 자리에서 일어나, 아침에 읽은 요한계시록 4장을 언급하며 기도했다. "오 하나님, 제가 열린 문을 통해 보는 것 같습니다. 보좌 중앙에서 죽음과 지옥의 열쇠를 허리에 찬 어린양을 봅니다." 그는 흐느끼기 시작했다. 그리고 눈을 들어 하늘을 향해 부르짖었다. "오 하나님, 그곳에 능력이 있습니다. 그 능력을 풀어 주소서!" 그러자 하나님의 영이 허리케인처럼 강하게 건물을 휩쓸며 하늘의 문이 열렸다. 교회는 마치 전쟁터를 방불케 했다. 한편에서는 많은 이가 의자 위에 완전히 엎드러져 울며 탄식했고, 다른 편에서는 사람들이 경직된 자세로 공중에 팔을 내밀고 있었다. 하나님이 오신 것이다.[9]

오늘날의 영적 지도자들 중 이러한 겸손을 가진 자가 몇이나 될지 궁금하다. 하늘의 문을 열기 위하여, 구원받은 지 얼마 안 된 십대 소년에게 사역의 기회를 주어야 한다는 것을 깨달을 수 있는 진정한 겸손….

이 세대의 젊은이들에게는 예수님을 향한 열정과 하나님을 향한 갈급함과 잃어버린 영혼을 향한 부담감이 있다. 그들은 이러한 때에 온전히 하나님이 감동을 주시고 탄생시키셔서 역사를 만들 소명을 지닌 세대다.

이 세대에 속하지 않은 연장자들은 모두 이 사실을 깨닫고,

하나님이 '하나님을 위한 급진적인' 젊은 군대를 통해 이루시는 마지막 때에 그분의 뜻에 동참할 수 있도록 겸손하게 하시는 성령의 역사에 마음을 열어야만 한다. 그렇지 않으면 하나님의 역사는 우리를 지나가고 말 것이다.

그러나 겸손히 마음을 열면 하나님께 생애 최고의 놀라운 사역을 위임받는 특권을 누릴 수 있다. 나 역시 이러한 젊은이들을 가까운 친구로 둔 덕분에 지속적으로 새로워지고, 활력을 얻으며, 감히 생각하지도 못한 복을 경험하고 있다.

또한 어린이들에게 성령이 임하며, 그들을 통해 크신 역사가 일어날 수 있음도 결코 과소평가해서는 안 된다. 1805년 웨일스 애버리스트위스에서는 두 명의 평신도가 세운 주일학교에서 강력한 신앙 각성운동이 시작되었다. 애버리스트위스를 떠나게 된 한 교사가 어린 제자들을 위해 간절히 기도하고 있을 때였다. 갑자기 성령이 그와 어린이들에게 몹시 강하게 임하여, 모인 사람 전체가 눈물과 격한 감정으로 정신을 차리지 못했다.

계속해서 이어진 영적 각성으로 2만 명 이상이 모였다. 그 속에는 여덟 살 이상의 어린이들도 수백 명 포함되어 있었다. 어린이들은 눈물로 뒤범벅이 된 채, 가장 헌신된 성도에게서나 볼 수 있는 집중력을 발휘하여 설교에 귀 기울였다.[10]

1859년 아일랜드 얼스터에 있는 콜로레인 마을 학교에서는 수업 도중에 특별한 일이 일어났다. 한 남자아이가 자신의 죄를 너무나 깊이 깨닫게 되어, 수업에 집중할 수 없을 만큼 괴로워했던 것이다. 이에 친절한 교사가 그 남자아이를 그리스도인 아이와 함께 집으로 보냈다. 집으로 가던 중에 그리스도인 아이는 괴로워하는 친구를 그리스도께로 인도했고, 둘은 다시 학교로 돌아갔다. 방금 주님을 영접한 아이는 고통이 모두 사라진 얼굴로 선생님께 "정말 행복해요. 주 예수님을 내 마음에 모셨어요"라고 말했다.

이 순진한 간증은 놀라운 파급 효과를 일으켰다. 아이들이 한 명 한 명씩 일어나 교실을 떠났던 것이다. 선생님이 나가 보니, 모두 운동장에서 각각 무릎을 꿇은 채 기도하고 있었다. 그들이 죄를 깨닫고 부르짖는 소리가 여학생 교실까지 들렸고, 결국 학교의 모든 사람이 그 자리에서 무릎을 꿇고 깊이 회개하기 시작했다.

곧 그 소식을 들은 부모와 친구들이 도착했다. 교사를 포함하여 모든 사람이 성령의 폭포수 같은 영향력에 빨려 들어가 하나님과 화목하기를 갈구하게 되었다. 이 사태는 연락을 받고 온 목사들의 도움으로 밤 11시까지 계속되었고, 이 지역 전체를 흔들어 놓았다.[11]

참된 부흥의 청사진

이번 장을 마무리하기에 앞서, 나는 우리가 하나님의 목적에 대한 큰 그림을 보아야 한다는 점을 이야기하고 싶다. 또한 비전을 가지려면 하나님의 생각만큼 부흥에 우선순위를 두어야 한다고 생각한다. 그렇다면 '참된 부흥'이란 무엇인가?

첫째, 부흥은 하나님의 백성을 무기력하고 안주하게 만들려는 사탄의 의도와 계획을 쳐부수는 최고의 무기다.

둘째, 믿지 않는 자의 눈을 가려 복음의 진리를 보지 못하게 하려는 사탄의 의도와 계획을 깨뜨리기 위한 대안으로 '대규모 영적 각성'만큼 좋은 게 없다.

셋째, 성령이 물밀 듯 오셔서 온전히 다스려 주시기를 우리 스스로 절실히 바라지 않는 한, 사탄의 세력은 우리가 제아무리 많은 종교적 활동을 하더라도 전혀 신경 쓰지 않는다.

넷째, 교회 전체에 필연적으로 다가오게 될 박해에 대응하는 데는 부흥만큼 좋은 대비책이 없다. 성경은 "무릇 그리스도 예수 안에서 경건하게 살고자 하는 자는 박해를 받으리라 악한 사람들과 속이는 자들은 더욱 악하여져서 속이기도 하고 속기도 하나니"(딤후 3:12-13)라고 경고한다.

 초대교회는 부흥의 때에 시작되어 심한 핍박을 견뎌 냈을 뿐만 아니라, 번성하고 배가한 좋은 모델이다. 사도행전을 보면 대적하는 자들의 입에서 "저들이 세상을 뒤엎었다"는 선포가 흘러나온다(행 17:6 참고).

1950년대 초, 심바족의 파괴 이전에 아프리카 콩고에서 부흥기에 일어난 교회도 훌륭한 예가 될 것이다. 콩고 교회의 이야기는 기독교 문서 운동(Christian Literature Crusade)에서 펴낸 《이것이 그것이다》(This is That)에 수록되어 있다.

1970년대 캄보디아에 극심한 박해가 일어나기 전에 있던 부흥기의 교회가 좋은 예다. 당시 캄보디아의 선교사였던 토드 버크가 《장례를 위한 기름부음》(Anointed for Burial)이라는 훌륭한 책에 생생한 기록을 남겼다.

다섯째, 교회가 그리스도의 신부로 준비되기에 부흥만큼 좋은 것은 없다. "그리스도께서 교회를 사랑하시고 그 교회를 위하여 자신을 주심 같이 하라 이는 곧 물로 씻어 말씀으로 깨끗하게 하사 거룩하게 하시고 자기 앞에 영광스러운 교회로 세우사 티나 주름 잡힌 것이나 이런 것들이 없이 거룩하고 흠이 없게 하려 하심이라"(엡 5:25-27).

부흥의 주된 특징이 '죄에 대한 자각'이기 때문에, 하나님이 내리는 부흥의 불만큼 주의 교회를 정화하고 깨끗하게 하는 것은 없다.

1800년대 초 미국에서 있었던 찰스 피니 시대의 부흥에 대해 오스왈드 스미스는 《우리에게 필요한 부흥》(The Revival We need)에서 다음과 같이 기록했다. "그가 어떤 장소에 도착했을 때, 사람들은 이미 긍휼을 구하며 부르짖고 있었다. 때로는 죄에 대한 깨달음이 너무 깊은 나머지 사람들은 소름이 끼치도록 큰 고통을 느꼈고, 그들의 통곡 소리 때문에 잠깐 설교를 중단해야 했다. 목회자들과 기존의 성도들도 회심했다."[12]

여섯째, 부흥만큼 예수님의 재림을 앞당길 수 있는 것은 없다. "그러나 주님의 날은 도둑같이 올 것입니다. 그날에 하늘은 요란한 소리를 내면서 사라지고, 원소들은 불에 녹아 버리고, 땅과 그 안에 있는 모든 일은 드러날 것입니다. 이렇게 모든 것이 녹아 버릴 터인데, 여러분은 어떠한 사람이 되어야 하겠습니까? 여러분은 거룩한 행실과 경건한 삶 속에서 하나님의 날이 오기를 기다리고, 그날을 앞당기도록 하여야 하지 않겠습니까?…여러분이 이것을 기다리고 있으니, 티도 없고 흠도 없는 사람으로, 아무 탈이 없이 하나님 앞에 나타날 수 있도록 힘쓰십시오"(벧후 3:10-12, 14, 표준새번역).

일곱째, 그 어떤 것도 부흥만큼 하나님의 심판대 앞에 교회를 온전하게 준비시킬 수 없다. "우리 하나님이 오사 잠잠하지 아니하시니 그 앞에는 삼키는 불이 있고 그 사방에는 광풍이 불리로다 하나님이 자기의 백성을 판결하시려고 위 하늘과 아래 땅에 선포하여"(시 50:3-4). "우리가 다 하나님의 심판대 앞에 서리라…이러므로 우리 각 사람이 자기 일을 하나님께 직고하리라"(롬 14:10-12).

여덟째, 의로운 국가로 변화되는 역사적 전환은 교회의 부흥 및 불신자의 대규모 영적 각성을 통해 신속히 이루어진다.

이러한 진리의 고전적인 예는 하나님이 웨일스 부흥을 통해 행하신 역사 속에서 찾아볼 수 있다. 다음은 에드윈 오어 박사가 쓴 《1900년대 세계 복음주의 대각성》(*Evangelical Awakenings 1900, Worldwide*)의 내용이다.

> 웨일스 부흥은 일반적 각성 운동이 가장 먼 곳까지 미친 경우다. 인도와 한국, 중국의 복음주의 운동 전체에 영향을 미쳤으며, 일본과 남아프리카 공화국의 부흥을 새롭게 했고, 아프리카와 남미, 남태평양에 이르기까지 영적 각성의 파장을 끼쳤기 때문이다.[13]

웨일스 부흥의 이야기는 놀라움을 넘어선다. 스무 명도 안 되는 중보자들의 기도 모임에서 시작된 부흥으로 말미암아, 웨일스의 모든 교회에는 두 해가 넘도록 사람들이 넘쳐 났다. 이에 십만 명의 불신자가 회심하여 교회에 등록했으며, 대부분 교회를 떠나지 않았다. 음주 사건이 즉시 절반이나 줄었으며, 수많은 선술집이 문을 닫았다. 범죄가 눈에 띄게 줄어들자 판사들은 살인, 폭행, 강간, 강도 등의 사건이 없음을 상징하는 흰 장갑을 받았다. 그리고 여러 곳에서 할 일이 없어진 경찰들이 해고되기도 했다.[14]

에번 로버츠라는 젊은이가 하나님께 크게 쓰임 받았던 부흥기에는 일반 신문에 "놀라운 부흥이 웨일스를 휩쓸고 있다.

나라 전체가 도시에서 땅속의 석탄 광산에 이르기까지 복음의 영광으로 불붙었다"라는 기사가 실렸다.

잠시 생각해 보라. 만약 지금 이 시대에 일간지와 라디오, 텔레비전, 인터넷에서 이러한 보도가 나온다면, 나라에 어떤 파장을 미칠 것인가. 한때 이런 일이 실제로 일어났으며, 하나님은 그 일이 다시 일어나기를 원하신다. 세계적인 영적 추수에 대한 하나님의 약속을 성취하기를 고대하신다. "땅이 싹을 내며 동산이 거기 뿌린 것을 움돋게 함 같이 주 여호와께서 공의와 찬송을 모든 나라 앞에 솟아나게 하시리라"(사 61:11).

아홉째, 교회의 부흥만큼 세계 선교 사업의 기치를 높일 수 있는 것은 없다. 부흥의 역사를 자세히 검토하면, 그것이 곧 선교의 역사임을 알 수 있다. 하나님이 그분의 백성을 소생시키시는 중요한 목적은 잃어버린 영혼을 향한 부담감을 주기 위함이다. 그와 더불어 '지상 대명령'(마 28:19-20)에 순종하게 하려는 것이다.

작고한 에드윈 오어 박사의 《부흥과 부흥 운동의 재연구》(*The Re-study of Revival and Revivalism*)에는 이러한 진리에 관한 엄청난 증거가 제시되어 있다. 그는 1791-1798년 사이 두 번째 대각성 운동 중에 일어난 일을 다음과 같이 기록한다.

영국에서는 이 부흥의 시기를 통해 영어 및 외국어 성서공회, 전도문서협회, 침례교선교협회, 런던선교협회, 교회선교협회,

그리고 기타 수많은 전도 부속 기관들이 탄생했다. 또한 심지어 전쟁 중에도 중요한 사회 개혁이 잇따랐다.[15]

에드윈 오어는 같은 책에서 부흥과 선교의 상관관계를 보여 주는 또 다른 예를 제시했다.

부흥을 맞은 미국인들은 영국의 다양한 전도 기관 형성을 재연하여 미국성서공회, 미국전도문서협회, 미국이사회를 세웠다. 해외 선교를 위해서는 미국 침례교 국외 선교회를 시작으로 수많은 협회가 설립됐다. 선교회들의 순서와 수준은 어느 정도이며, 각각의 교파가 이 각성 운동에 얼마나 지속적으로 참여하고 있는지를 반영했다.

1790년대와 1800년대의 대규모 각성 운동과 그에 뒤이은 크고 작은 부흥이야말로, 영국에서 시작되어 유럽과 북미로 확산된 크나큰 선교의 열정과 사회봉사의 핵심 요인이라는 점은 의심할 여지가 없다.

하나님을 향한 열정으로 영어 및 외국어 성서공회를 창설한 토머스 찰스는 웨일스 부흥의 선봉에 선 전도자였다. 전도문서협회 설립을 주창한 조지 버더는 부흥을 위한 기도 연합의 지도자였다. 또한 침례교선교협회 설립자이자 개척자인 윌리엄 캐리는 영국에서 동시기도연합을 시작한 그룹의 멤버였다. 이 기도의 물결은 복음주의 기독교 전반에 확산되어, 종교의 부흥과 해외에 하나님 나라를 확장하려는 소기의 목적을 이루었다.

런던선교협회와 교회선교협회는 다른 자유 교회와 영국 국교회 복음주의자들이 대각성 시기에 기도하던 중 생겨난 단체다. 감리교 선교회도 역시 같은 과정을 거쳐 생겨났으며, 기타 스코틀랜드의 협회들과 스코틀랜드 교회 선교회도 마찬가지다. 이처럼 부흥은 역동성을 부여한다.

열째, 부흥만큼 우리가 영원한 삶을 위하여 살도록 변화를 불러일으키는 것은 없다.

부흥이 오면, 지상에 매우 실제적으로 하나님 나라가 임한다. 그리하여 우리는 이 땅 위에서 보내는 짧은 시간은 우리 주 예수님을 영원히 섬길 무궁한 시간을 위해 준비하는 기간에 불과하다는 사실을 훨씬 실감 나게 이해하게 된다.

이 땅에서의 시간은 하나님이 우리에게 '영원'이라는 긴 시간 동안 얼마나 많은 것을 맡길 수 있는지를 알아보시는 시험 기간일 뿐이다. 장래에 하나님이 교회에 위임하기 위해 준비시키고 계신 책임과 특권이 어떤 것인지를 우리가 알게 될 때, 비로소 현재 세상 나라에 대한 교회의 책임을 이해하게 될 것이다. 하나님은 교회가 주님의 신부로서 영원한 왕국을 다스리는 주권과 권세를 나눌 수 있도록 준비시키신다.

나라와 권세와 온 천하 나라들의 위세가 지극히 높으신 이의 거룩한 백성에게 붙인바 되리니 그의 나라는 영원한 나라이라 모든 권세 있는 자들이 다 그를 섬기며 복종하리라(단 7:27).

이기는 자와 끝까지 내 일을 지키는 그에게 만국을 다스리는 권세를 주리니(계 2:26).

바울은 에베소 교인들에게 보내는 편지에서, 그들이 하나님의 뜻에 대한 큰 그림을 볼 수 있게 하려고 애쓴다.

너희 마음의 눈을 밝히사 그의 부르심의 소망이 무엇이며…그 기업의 영광의 풍성함이 무엇이며(엡 1:18, TLB 성경에는 "하나님이 너희를 부르사 너희에게 주신 미래를 조금이라도 보게 되기를 기도하노라"라고 번역되어 있다).

부흥이 우리의 관점을 얼마나 극적으로 바꾸는지에 관한 실례는 장로교의 보스턴 스톤 목사가 쓴 간략한 보고서에서 찾아볼 수 있다. 이는 1800년에 켄터키 주에서 몰려온 군중이 나흘 동안의 긴 성만찬을 집도할 때에 일어난 일이다.

형언하기 어려운 장면이었다. 엄청나게 많은 사람이 마치 전쟁터에서 쓰러진 사상자처럼 몇 시간 동안 미동도 없이 그대로 누워 있었다. 때때로 간간이 들리는 깊은 신음이나 날카로운 비명, 또는 절박하게 자비를 구하는 기도 소리를 들으며 그들이 살아 있음을 확인할 수 있었다. 그렇게 몇 시간을 누워 있던 그들은 자유의 함성을 지르며 일어나기도 했다.…나는 어안이 벙벙한 채 남녀노소 할 것 없이 "하나님이 놀랍게 일하셨다"고 증

거하는 소리를 듣고 있었다.¹⁶

루이스 드러먼드도 《반드시 일어날 대각성》(*The Awakening That Must Happen*)에서 동일한 천막 집회를 간략히 묘사했다.

아무도 집에 가려 하지 않았다.…배고픔이나 졸음도 아무 문제가 되지 않는 듯했다. 영원한 문제만이 가장 큰 관심사였다.… 여러 해 동안 성찬에 참여해 온 사람들이 바닥에 엎드러진 채 울부짖었다. "며칠 전에 지금의 나처럼 행동하는 사람을 보았다면 얼마나 업신여겼을까요?" 백인이나 흑인 불문하고 회중 전체가 극심한 고통 속에서 자비를 구하며 부르짖고 있었다.¹⁷

지금 당신의 마음과 정신을 사로잡고 있는 것, 당신의 관점에 영향을 주며 당신의 우선순위를 결정하는 것은 과연 '영원한 문제'인가?

열한째, 지속적인 참 부흥과 영적 각성은 전 세계적으로 역사의 흐름을 바꾸며, 요한이 예언한 '음성 들을 날'을 다른 어떤 요소보다도 더 빨리 앞당긴다. "하늘에 큰 음성들이 나서 이르되 세상 나라가 우리 주와 그의 그리스도의 나라가 되어 그가 세세토록 왕 노릇 하시리로다 하니"(계 11:15).

에드윈 오어가 조사한 1792년 영적 대각성 이후의 상황을 살펴보자.

어떤 사람들은 1842년 즈음까지 50년 동안 연속적인 부흥이 있었다고 주장한다. 그 기간에 부흥이 특별히 쇠퇴하지 않은 것은 사실이지만, 1830년에 미국에서 또 한 번 성령의 강한 역사가 있었고, 유럽과 다른 지역의 국가들에서도 1830년대와 40년대에 부흥이 있었다는 증거가 있다. 그러므로 1792년의 대각성은 특별한 퇴보 없이 30년 이상 지속됐으며, 이후 다시 부흥의 물결이 일어나 12년 동안 지속되었고, 그 후로 10년 동안 분명히 쇠퇴하기 시작했다.[18]

CHAPTER 5

The Price for Revival Fire

부흥을 위해 일으키시는 기도의 불

부흥의 불의 대가는 부흥에 관한 비전을 품고, 그것이 우리에게 얼마나 절실히 필요한지를 '이해하는 것'에서 시작된다. 즉, 먼저 성경으로 부흥에 관해 공부하고 부흥의 역사에 관한 기록들을 읽음으로써 부흥의 특성을 하나님의 관점으로 이해해야 한다는 뜻이다.

이러한 지식이 하나님에게서 비롯된 부흥의 부담감에 불을 붙이면, 부흥은 우리의 첫 번째 기도 제목이 된다. 부흥의 불길 속에 먼저 하나님의 손이 그 백성에게 임하고, 그다음에는 잃어버린 영혼을 휩쓰는 영적 각성으로 역사해 주시기를 필사적으로 바라게 되는 것이다. 그리하여 멸망으로 달려가는 이 소란하고 부패한 세상에서 교회의 절박한 필요를 채워 줄 유일한 희망이 '참된 부흥'뿐임을 확신하는 중보자로 서게 된다.

하나님은 원수가 밀려올 때 "급히 흐르는 강물"처럼 그를 대적하는 수위를 높이실 것이라고 말씀하신다(사 59:19 참고).

우리의 대적이 상상도 못할 만큼 끔찍한 오물의 홍수를 밀고 들어왔기에, 그를 쳐서 익사시키려면 어마어마하게 높은 수위로 임하는 성령의 물결이 필요할 것이다.

교회가 무기력과 안주의 옷을 벗어 던지고 분연히 일어나 하나님 앞에 결단함으로써 한목소리로 부지런히 기도한다면, 하나님은 그분이 약속 지키기를 얼마나 기뻐하시는 분인지 보여 주실 것이다.

> 봄비가 올 때에 여호와 곧 구름을 일게 하시는 여호와께 비를 구하라 무리에게 소낙비를 내려서…주시리라(슥 10:1).

> 나는 시온의 의가 빛같이, 예루살렘의 구원이 횃불같이 나타나도록 시온(하나님의 백성)을 위하여 잠잠하지 아니하며 예루살렘을 위하여 쉬지 아니할 것인즉(사 62:1).

초자연적 인도와 초자연적 힘으로 기도하라

우리가 우리 안의 모든 불의를 진심으로 회개하며 다룰 때에만 하나님 백성의 의가 비로소 새벽빛처럼 빛날 것이다. 오직 마음이 청결하고 성령의 통치를 받는 순복의 사람을 통해 성령님이 기도하실 때에만 진정한 '기도의 능력'이 나타난다. 부흥을 위한 기도는 백 퍼센트 초자연적으로 이루어진다.

나는 천사가 마리아에게 와서 자연적으로는 설명되지 않는 일이 마리아에게 일어나리라고 말한 사건과 부흥을 위한 기도 사이에 공통점이 있음을 발견한다. "어찌 이 일이 있으리이까?"라는 마리아의 당연한 질문에 대해 천사는 매우 간단하게 대답했다. "성령이 네게 임하리라." 이에 겸손과 믿음으로 반응한 마리아의 답 역시 간단했다. "말씀대로 내게 이루어지이다"(눅 1:38).

중보기도할 때는 무엇보다 먼저 하나님께 자신의 '의지'를 내어 드려야 한다. 그다음에는 우리에게 처리해야 할 죄가 있는지 깨닫게 해 달라고 성령님께 요청한 뒤, 그 앞에서 기다려야 한다. 만약 떠오르는 죄가 있으면 그 자리에서 회개하고, 하나님이 말씀하시는 대로 필요한 조치를 취한다.

그런 후에야 다른 사람을 위해 기도할 수 있도록 힘을 주시고 인도해 달라고 성령님께 마음껏 구할 수 있다. 천사와 마리아가 그랬듯, 나도 성령의 능력이 없이는 기적이 일어나지 않는다고 믿는다. 성령의 인도를 받으면 믿음을 가지고 그대로 따르라. 때로는 성령의 인도하심을 받기까지 좀 기다려야 할 수도 있다. 나 역시 여러 번 그랬다. 그러나 이 기다림의 보상은 말할 수 없이 달콤하다!

하나님을 움직이는 강력하고 효과적인 중보기도는 언제나 기적적이다. 하나님의 뜻 외에는 다른 계획이 없이 온전히 굴복한, 성령이 다스리는 '순종의 그릇'을 통해 하나님이 하시는 깨끗한 일이기 때문이다. 기도 모임에서 최대의 효과가 잘 나타나지 않는 이유는 하나님을 기다리기 전에 입을 열기 때문이다. 이미 우리의 계획이 있고, 미리 정한 기도 방식과 정해진 시간이 있기 때문이다. 주여, 우리를 불쌍히 여기소서!

하나님의 계획표만 따르라

하나님이 부흥의 때에 잘하시는 일이 한 가지 있다. 잘 조직되고 완벽하게 통제된 우리의 계획을 뒤엎고 그분이 완전히 다스리실 때 일의 결과가 어떠한지 보여 주시는 것이다. 완전히 차원이 다르다는 것만은 보증할 수 있다!

부흥을 위한 기도의 응답을 막는 가장 큰 원인 하나는, 하나님이 역사하실 시간을 우리가 충분히 드리지 않기 때문이다. 우리는 성령님이 권능으로 강하게 임하시기를 기도하면서도, 주일 오후 1시 이후라든가 매일 저녁 9시 이후에 임하시는 것은 절대 원치 않는다. 내 경험에 의하면 지속적이고 깊이 있는 성령의 강림은 하나같이 (그중에는 놀라운 역사의 현장도 있었다) 시간과 상관없이 일어났다.

유아실에서 아이들을 돌보는 사람들에 대해 목회자로서 책임을 느낀다면, 자녀를 돌봐야 할 성도들을 보내 주면 되지 않겠는가? 그러면 하나님의 방법과 시간표에 따른 하나님의 뚜렷한 임재를 경험할 기회를, 최대한 많은 백성이 최대한 잃지 않게 되는 것이다.

성경에 기록된 가장 멋진 약속 중에는 하나님을 기다리는 일에 훈련이 된 사람을 위한 약속이 있다.

주 외에는 자기를 앙망하는 (기다리는) 자를 위하여 이런 일을 행한 신을 옛부터 들은 자도 없고 귀로 들은 자도 없고 눈으로 본 자도 없었나이다(사 64:4).

이 구절의 의미를 직접 체험하여 아는 그리스도인과 교회의 수는 터무니없이 적다. 사람들을 예수님께 인도하는 일과 더불어 가장 가슴 설레는 체험이 있다. 바로 강하고 분명한 주의 임재를 경험하는 것이다. 우리에게 그러한 영적 포부와 겸손과 주의 영광을 기다릴 인내심이 없으므로, 주님이 그 신비를 숨기시는 경우가 매우 많다.

하나님의 영광을 보기 위해서 하나님의 팔을 비틀며 조를 필요는 없다. 다만 말씀에 따라 우리 자신을 성령의 방법에 합당하게 재조정하면 된다. 이 과정은 척추를 교정하기 위해 뼈를 맞추는 것처럼 다소 고통이 따른다. 하지만 교정하는 데 꼭 필요한 시술이 많이 포함될 것이다. 이 시술은 교정 전문가이신 하나님께서 '직접' 집도하신다.

이 나라, 이 도시, 우리 교회, 사람들이 모이는 곳곳마다 하나님의 부흥의 불길이 타오르기를 얼마나 간절히 바라고 있는가? 이런 역사는 분명 설교만으로는 일어나지 않는다. 제아무리 진리로 가득하고 능력 있는 설교라 할지라도 말이다.

레이먼드 에드먼의 《피니는 여전히 살아 있다》(*Finney Lives On*)에는 하나님이 역사하시려면 끈질긴 중보기도가 절실히 필요하다고 역설한 피니의 예리한 설교가 실려 있다.

기도는 부흥으로 인도하는 인과의 사슬에서 필수적인 고리다. 기도는 진리만큼 필수적이다. 어떤 이들은 사람들을 구원하기 위해 열심히 진리를 역설하면서도 기도는 거의 강조하지 않는다. 그들은 엄청난 열정으로 설교하고 말하고 전도지를 나누어 준 후에 왜 열매가 맺히지 않는지 의아해한다. 그것은 이 도구의 다른 면인 효과적인 기도 사용하기를 잊었기 때문이다. 성령이 없이 진리만 가지고는 결코 열매를 맺을 수 없다는 사실을 간과한 것이다. 그런데 성령은 간절한 기도의 응답으로 임하신다. 진리를 가장 열심히 적용하면서도 가장 열심히 기도하지는 않는 사람들이 있다. 이는 언제나 불행한 일이다. 그들에게(다른 누구라도) 기도의 영이 없다면, 진리 그 자체는 인간의 마음을 회개로 이끌지 못한 채 더 완고하게 만들 뿐이다. 심판 날이 오면, 진리를 아무리 열심히 전했어도 기도의 영 없이 진리로만 얻은 열매는 단 하나도 없다는 사실이 밝혀질 것이다.[19]

부흥의 시작, 교회

하나님은 '교회'를 중심으로 역사를 형성하셨으며, 교회가 세계 열방의 역사를 이끌어 가기를 기대하신다. 그러므로 부흥을 위한 기도는 반드시 모든 나라에 있는 그리스도의 교회에 대한 부담감으로 시작되어야 한다. 사실 현재 교회가 처한 상태만 보아도 목숨을 걸고 기도해야 할 지경이 아닌가!

그리스도의 몸 가운데 다른 지체가 존재한다는 사실조차 믿지 않는 사람들이 있다는 사실은 정말 나를 슬프게 했다. 하나님의 교회 안에서 한쪽 지체가 다른 쪽 지체들을 마지못해 용납하는 수준으로 지내려니, 당연히 함께 예배하거나 협력하기가 불편한 것이다.

많은 교파가 저마다 자기들에게 '모든 진리'가 있다고 확신한다는 사실 역시 엄청나게 경악할 일이다. 나는 어떤 모임이나 개인도 모든 진리를 다 갖고 있지는 않다고 확신한다. 그 이유는 단순하다. (모든 진리를 능히 건사할 수 있을 만큼 겸손한 단체나 개인이 없기 때문이다.) 하나님은 그 크신 지혜로 우리가 모두 서로에게서 배워야 함을 깨달아 겸손해지도록 계획하셨다. 하나님의 성품과 길을 알아 갈수록, 우리가 아는 것이 얼마나 적으며 배워야 할 것이 얼마나 많은지를 더욱 깨닫는 것이다.

나는 전에 부르던 침례교회의 찬송가 중 "하나님의 말씀에서 솟아날 생명과 진리가 아직도 많아라"는 후렴 가사를 참 좋아한다. "아멘, 셀라"라고 크게 외치고 싶다.

남은 자여, 기도에 생명을 걸라!

이 세상 신은 교회 깊숙이 침투하여, 생활방식이나 대화, 그리고 가치관까지 세상과 거의 구분할 수 없게 하고 있다. 따라서 우리는 '부흥을 위한 기도'에 생명을 걸어야 한다.

이른바 거듭났다는 수백만의 그리스도인이 평생에 한 영혼도 그리스도께로 인도하지 못하고 있다. 또한 믿지 않는 자를 전도해야 한다는 생각조차 하지 않은 채 살아가는 사람이 부지기수다. 수백만의 그리스도인이 마태복음 28장 19-20절의 지상 대명령에 순종하려는 노력을 전혀 기울이지 않는 것이다.

오직 하늘에서 보내신 성령의 홍수만이 우리를 그리스도 중심으로 만드실 수 있으며, 죄를 깨닫고 그리스도를 높이게 하실 수 있다. 우리는 그제야 비로소 하나님의 임재와 영광을 향한 열심을 품고, 유일한 진리이신 하나님을 가난한 마음으로 구하게 될 것이다. 하나님이 그분의 마음에 있는 부담감을 (그것을 감당할 수 있는 은혜와 함께) 주시는 이유는 우리를 좌절하고 위축되게 하기 위함이 아니다. '열매 맺게' 하기 위함이다. 그러므로 소망과 믿음을 가지라. 하나님은 부지런히 구하는 자에게 보답하신다(히 11:6 참고). 그와 동시에 하나님은 우리의 절실한 기도를 기다리신다.

"주의 이름을 부르는 자가 없으며 스스로 분발하여 주를 붙잡는 자가 없사오니"(사 64:7). 에스라는 이러한 하나님의 도전을 받아들인 사람이다. 진심으로 주님을 붙들기 원하는 그의 마음은 동일시의 회개를 통해 나타난다. "저녁 제사를 드릴 때에 내가 근심 중에 일어나서 속옷과 겉옷을 찢은 채 무릎을 꿇고 나의 하나님 여호와를 향하여 손을 들고 말하기를 나의 하나님이여 내가 부끄러워 낯이 뜨거워서 감히 나의 하나님을 향하여 얼굴을 들지 못하오니 이는 우리 죄악이 많아 정수리에 넘치고 우리 허물이 커서 하늘에 미침이니이다"(스 9:5-6).

　에스라는 이후 15절까지 계속 하나님 앞에 겸손히 나가서 절절한 중보기도를 드린다. 이사야 64장 7절에 언급된 하나님의 도전을 받아들이기로 작정한 사람은 에스라 9장 15절에서 용기를 주는 열쇠를 찾을 수 있다. 에스라는 "하나님 여호와여 주는 의로우시니 우리가 남아 피한 것이 (남은 자가 된 것이) 오늘날과 같사옵거늘 도리어 주께 범죄하였사오니"(스 9:15)라고 기도했다. 하나님은 언제나 그분의 우선순위에 순종함으로 주님과 함께 역사의 흐름을 뒤바꿀 만한 '남은 자'를 두신다.

　그런즉 이와 같이 지금도 은혜로 택하심을 따라 남은 자가 있느니라(롬 11:5).

　오늘날 하나님의 남은 자들이 "(우리가) 주의 법을 폐하였사오니 지금은 여호와께서 일하실 때니이다"(시 119:126)와 같이 부르짖어야 할 때가 있다면, 바로 '지금'이다. 현재 미국이 당면한 모든 주요 문제는 하나님의 거룩한 말씀인 성경의 표준을 노골적으로 거부한 데서 비롯된 것이다.

　정말 절박한 사람은 타인의 눈을 의식하지 않는다. 훌륭한 중보자인 예레미야 선지자가 부르짖는 호소를 보라. 그는 가난한 자들을 향한 하나님의 마음을 품으라고 말했다. "그들의 마음이 주를 향하여 부르짖기를…너는 밤낮으로 눈물을 강처럼 흘릴지어다 스스로 쉬지 말고 네 눈동자를 쉬게 하지 말지어다 초저녁에 일어나 부르짖을지어다 네 마음을 주의 얼굴 앞에 물 쏟듯 할지어다"(애 2:18-19).

하나님의 역사가 일어나기를 간절히 소원하는 마음이 없다면, 아직 충분히 기도를 드리지 못한 것이다. 정말로 절박한 사람은 자기 몸에 호흡이 있는 한 하나님이 응답하실 때까지 굳은 결의와 근면함으로 기도한다.

하나님이 중국 선교사로 파송하신 노르웨이 출신의 독신 여성 마리 몬슨의 삶에서 그 예를 찾아볼 수 있다. 다음의 내용은 중국에서 1927-1937년 사이에 있었던 부흥을 회고한 《대각성》(The Awakening)이라는 책에서 인용한 그의 글이다.

우리는 1907년에 시작된 한국의 부흥에 대해 들었다. 이는 엄청난 역사였으며, 선교사들의 기도 부흥을 통해 시작된 것이라고 했다. 아, 그곳에 가서 그 붉게 타오르는 연료를 이곳에 조금만 가져올 수 있다면! 그러나 거리가 멀고 비용이 드는 여행이어서, 당장 돈을 댈 수 없었다. 내가 그 경비를 위해 기도하고 응답을 기다릴 때, 분명한 말씀이 들렸다. "그 여행을 통해 얻고자 하는 것을 네가 있는 이 자리에서 기도함으로써 받을 수 있다." 그 말은 엄청난 도전이었다. 나는 엄숙하게 약속했다. "그러면 제가 받기까지 기도하겠습니다."[20]

나는 서원한 대로 부흥을 위한 첫 번째 기도를 드리기 위해, 내 방을 가로질러 기도하는 곳까지 가려고 일어났다. 그러나 두세 걸음도 못 가서 이내 멈추고 말았다. 그때 일어난 일을 말로 표현하자면, 마치 구렁이가 내 몸을 칭칭 감고서 숨이 끊어질 때까지 조이는 것 같았다. 정말 너무나 무서웠다. 마침내 헉헉대며 한마디를 겨우 내뱉었다. "예수님! 예수님! 예수님! 예수님!" 그 귀중한 이름을 한 번, 한 번 토해 낼 때마다 숨쉬기가 쉬워졌고, 결국에는 뱀이 떠나갔다. 나는 그 자리에 멍하니 서 있었다. 정신이 들자마자 떠오른 생각이 있었다. '이 기도가 그 정도로 중대한 것이라면, 내가 이 서원을 지키는 것도 그만큼 중요한 일이겠구나.' 그 경험은 내가 부흥의 작은 조짐을 처음 보게 되기까지 거의 20년을 인내하며 기도하도록 도와주었다. 참으로 하나님은 서두르지 않고 일하신다.[21]

후에 마리 몬슨은 보고서에서 이렇게 털어놓았다.

이 기도의 부담은 나를 무겁게 눌렀다. 일과 중에도 (예를 들어 동료 선교사들과 여행하던 중) 마음의 부담이 몹시 커져서, 마음속으로 조용히 기도에 집중하기 위해 모든 일상적인 대화를 중단해야 할 때도 있었다.[22]

수년 내에 부흥케 하옵소서!

부흥에 대해 주시는 하나님의 부담감은 성령의 연료로 끊임없이 타오르는 불이다. 이는 부흥을 위해 기도할 때마다 새롭게 타오른다. "내가 너의 가운데에 불을 일으켜… 맹렬한 불꽃이 꺼지지 아니하고"(겔 20:47). 이는 우리가 임의로 조작할 수 없는 일이다. 우리가 해야 할 일은 '산고'를 치르는 것이다. 부흥을 위해 기도한다는 것은 더 깊은 차원의 중보기도에 들어가는 것을 의미한다. 이 땅에서 일어날 수 있는 가장 '깊은' 일을 위해 기도하기 때문이다.

엘리야가 갈멜 산에서 짧은 기도를 드렸을 때, 하늘에서 불이 내려왔다. 그것은 기사이며 표적이었다. 하지만 성령 강림의 상징인 '비'가 오기까지는 의지적으로 간절한 산고의 중보기도를 부지런히 드려야 했다. 즉, 이 기도는 의의 혁명이 교회를 뒤덮어 믿지 않는 자에게까지 넘쳐흐르기를 구하는 기도를 의미한다.

시편 45편 3-4절의 힘 있는 말씀으로 기도하라.

용사여 칼을 허리에 차고 왕의 영화와 위엄을 입으소서 왕은 진리와 온유와 공의를 위하여 왕의 위엄을 세우시고 병거에 오르소서 왕의 오른손이 왕에게 놀라운 일을 가르치리이다.

또한 하나님은 이 기도를 복중에 아이를 잉태하는 일(사 66:7)에도 비유하신다. 엄마가 올바른 음식을 먹으면 아기는 양분을 얻고 성장한다. 이와 마찬가지로 성령으로 잉태하게 되기를 구하고 믿음으로 취하여, 부흥을 위한 기도의 부담을 안고 열심히 기도하라. 그리고 계속적으로 기도함으로써 이 부담감에 양분을 공급하라. 그러면 하나님은 우리의 모든 생각, 계획, 설교, 그리고 삶 전체에 영향을 끼칠 때까지 이 씨앗을 자라게 하신다. 바로 그 비전과 부담감에 사로잡히게 되어, 하나님의 부흥이 실제로 일어나기를 학수고대하게 되는 것이다.

하나님은 산고(눈물과 신음)를 치르는 것만큼 간절히 기도한다면 성령의 강림, 즉 보좌로부터 내리는 비의 응답이 곧 올 것을 확신해도 좋다고 말씀해 주신다(사 66:7-9). "시온은 진통하는 즉시 그 아들을 순산하였도다"(8절). 시온은 곧 하나님의 백성을 뜻한다. 그분은 단지 몇몇 헌신된 중보기도자뿐만 아니라 교회 전체가 이 정도로 진지하게 바랄 때 부흥이 시작되리라고 말씀하시는 것이다.

하나님은 미숙아가 나오지 않을 것이라고 보장하신다. '온전한 성취'가 있을 것이다. "여호와께서 이르시되 내가 아이를 갖도록 하였은즉 해산하게 하지 아니하겠느냐 네 하나님이 이르시되 나는 해산하게 하는 이인즉 어찌 태를 닫겠느냐 하시니라"(사 66:9). 이러한 역사는 언제나 교회에서 시작된다.

마리 몬슨의 보고를 계속 살펴보자.

23년 동안의 소원이 응답되던 결코 잊을 수 없는 그날, 나는 드디어 선교사들이 매일 만나 기도하던 그 방, 그 시련의 용광로에 서 있었다. 그곳에는 자신의 눈에 "무익한 종"이 되고 "화로다 나는 망하였도다"라고 선언할 만큼 옛 자아가 모두 벗겨진 사람들이 있었다. 웨일스 때와 동일한 부흥이 일어나는 것을 보기까지 한마음으로 계속 기도하기로 결의한 그들이 그곳에 있었다. 그리고 그들은 구한 대로 응답받았다.[23]

성경에서 주의 선지자들이 부흥을 위해 간구했던 기도를 모두 따라 하며 그들의 간절한 심정을 경험한다면, 우리도 그들처럼 간절히 기도할 수 있을 것이다. 내가 가장 즐겨 하는 부흥의 기도와 응답은 하박국 3장 1-7절에 나오는 것이다. 주님은 이 말씀으로 내게 영감을 주셨고, 중보기도에 여러 차례 사용하도록 인도하셨다. 하박국 선지자는 하나님께 단순하고 강렬하게 말씀드린다. "여호와여 내가 주께 대한 소문을 듣고 놀랐나이다 여호와여 주는 주의 일을 이 수년 내에 부흥하게 하옵소서 이 수년 내에 나타내시옵소서 진노 중에라도 긍휼을 잊지 마옵소서"(2절).

다음은 하박국의 기도에 대한 나의 해석이자, 전 세계의 부흥을 위한 기도다.

사랑하는 아버지 하나님, 주님도 아시듯 저는 수십 년 동안 주의 말씀을 통해 부흥과 부흥의 기도를 공부했습니다. 또한 부흥의 역사에 관한, 구할 수 있는 모든 자료를 탐독했습니다. 부흥을 경험한 이들에게 질문하고 그들에게서 배웠으며, 거의 50년 동안 믿음으로 간절히 기도한 끝에 주님이 어떤 분이시며, 어떻게 일하시는지에 탄복하고 경외하게 되었습니다. 그리하여 주 앞에서 떨며, 주를 경외함이 무엇인지 더욱 깊이 체험하게 되었습니다. 한편으로는 담대함과 아이 같은 기대감으로 주님이 저의 시대에 계속해서 크게 나타나시기를 구할 깊은 소망을 얻었습니다. 이 세상에 주님이 정말 어떠한 분인지를 보여 주소서.

세상은 주님이 얼마만큼 고결하고 위대하고 매력이 넘치며 기념할 만하고 위엄 있고 기적으로 가득하며 온유하고 자비로운 분이신지를 실제로 전혀 모르기 때문입니다. 아, 하나님! 지금 오셔서, 오직 주님만이 하실 수 있는 참으로 크고 놀라운 일을 행하시옵소서. 과거에 일어난 큰 역사를 듣는 일은 이제 지쳤습니다. 21세기 현재의 부흥을 일으켜 주소서. 그것만이 교회인 우리가, 주님이 사람의 아들로 오셔서 친히 본을 보이신 것과 다른 기준으로 살던 교만함을 회개할 기회입니다.

보거나 느끼지 못하는 것을 회개할 수는 없기에, 참으로 주님이 보시듯 우리 마음을 보게 하여 주소서. 죄를 깊이 깨닫고 삶을 변화시키는 성령의 역사가 절실히 필요합니다. 오직 성령님만이 부흥의 때에 주의 몸 된 우리가 그리스도의 형상에 이르는 것을 인생의 목표로 삼게 하시며 또한 이루게 하심을 믿습니다. 오직 성령의 불길만이 우리 마음에 지옥으로 치닫는 세상을 향한 사랑의 불을 일으키며, 안주하던 삶에서 벗어나 그들을 예수님께로 인도하는 일에 뛰어들게 할 수 있습니다.

주의 모든 면모를 합당하게 나타내실 때 일어날 역사(의 일부)를 제가 은혜로이 알게 하셨기에, 이제 우리를 긍휼히 여기시기를 간구합니다. 성경에 기록된 주님은 위대하고 두려우신 하나님이며, 또한 한없는 자비의 하나님이심을 기억합니다. 주님이 하박국의 기도에 믿기 어려운 현현(顯現)과 방법으로 응답하셨기에, 제가 감히 믿으며 기도합니다. 이 세대의 절박함이 하박국의 때보다 수백만 배나 더하므로, 주님이 오직 주의 영광을 위해 제 영혼의 간구에 응답하셔서 그때보다 더욱 위대한 일을 행하실 것을 믿습니다.

예수 그리스도의 이름으로, 그리고 인류를 구속하기 위해 주님이 십자가에서 치르신 믿을 수 없는 대가를 근거로 기도합니다. 아멘.

하박국 선지자의 기도가 어떻게 응답되었는지는 다음의 구절에 나와 있다.

3절	하나님이 데만에서부터 오시며 거룩한 자가 바란 산에서부터 오시는도다: 거룩함
	그의 영광이 하늘을 덮었고 그의 찬송이 세계에 가득하도다: 영광
4절	그의 광명이 햇빛 같고: 광채
	광선이 그의 손에서 나오니 그의 권능이 그 속에 감추어졌도다: 눈부신 능력
5절	역병이 그 앞에서 행하며 불덩이가 그의 발밑에서 나오는도다: 심판
6절	그가 서신즉 땅이 진동하며 그가 보신즉 여러 나라가 전율하며 영원한 산이 무너지며 무궁한 작은 산이 엎드러지나니
11절	날아가는 주의 화살의 빛과 번쩍이는 주의 창의 광채로 말미암아: 땅이 진동하는 경이로운 능력

	해와 달이 그 처소에 멈추었나이다
12절	주께서 노를 발하사 땅을 두르셨으며 분을 내사 여러 나라를 밟으셨나이다: 진노
13절	주께서 주의 백성을 구원하시려고, 기름부음 받은 자를 구원하시려고 나오사: 구원
6절	그의 행하심이 예로부터 그러하시도다 (그 길이 영원무궁하시다) : 영원하심

이를 목격한 하박국 선지자의 반응이 16절에 나온다.

내가 들었으므로 내 창자가 흔들렸고 그 목소리로 말미암아 내 입술이 떨렸도다 무리가 우리를 치러 올라오는 환난 날을 내가 기다리므로 썩이는 것이 내 뼈에 들어왔으며 내 몸은 내 처소에서 떨리는도다.

부흥은 매우 놀랍고도 두려운 일이다. 성령 폭발은 가벼운 사안이 아니다. 하나님이 정기적으로 간절하고 끈질기게 기도하는 것을 생각도 못해 본 무심한 그리스도인들에게 부흥을 허락하시는 이유가 무엇이겠는가? 역사상 그런 일은 없었다. 당신은 누군가 요청할 때만 부흥을 위해 기도하는가, 아니면 하나님이 응답하시기까지 자신을 비롯한 다른 사람도 부흥을 위한 기도에 동참하도록 늘 권면하는가?

하찮아질 것을 각오하라

우리는 사람들이 부흥에 대해 어떻게 반응하든 상관없이, 부흥이 왔을 때 어떻게 행동하든 상관없이 하나님의 모든 자녀와 동일시될 마음을 기꺼이 지니도록 해야 한다. "고린도에 있는 하나님의 교회 곧 그리스도 예수 안에서 거룩하여지고 성도라 부르심을 받은 자들과 또 각처에서 우리의 주 곧 그들과 우리의 주 되신 예수 그리스도의 이름을 부르는 모든 자들에게"(고전 1:2).

진심으로 하나님을 경외하고 그분의 성품과 길을 이해하는 사람, 그리고 성령님의 참되고 깊은 역사에 동참하기를 갈망하는 사람은 이례적인 일이나 예상치 못한 일을 두려워하지 않는다. 이들은 늘 성령님의 감동에 따라 순종하는 삶을 살아왔기에, 당연히 평범하지 않은 일을 자주 경험한 사람들이다. 그들은 예외적이라 할지라도 진정한 성령님의 역사에 함께하기 원한다. 적어도 서로 잘 알고 신뢰할 수 있는 성품의 소유자들과 함께 있을 때라면 말이다.

문제는 우리가 그러한 범주에 속하지 않는 사람들과 함께 있을 때에도, 성령을 부으시는 역사에 함께할 준비가 되었는가 하는 점이다. 하나님께 순종하여 그 사람들 사이에 들어가 하나님의 역사에 참여하겠는가? 그들과 동일한 대우를 받을 준비가 되었는가?

성령님이 강림하시면, 평소에는 숨어 있던 갖가지 일들이 수면에 떠오른다. 예를 들면 이례적이고 다양한 부흥의 분위기를 틈타서, 각 사람 안에 아직 죽지 않은 옛사람이 나와 육적인 감정을 강하게 표출한다거나 성령의 역사를 훼방하고 주의를 분산시키기 위해 악한 영이 역사한다.

하나님은 이처럼 악한 영이 역사하는 것과 상관없이 일하실 것이다. 심지어 그분은 그들과 같이 취급받게 될 것도 감수하신다. 당신도 그러한가? 죄를 묵인하라는 말은 아니다. 당신이 영적 지도자의 위치에 있다면, 지체들을 온유하게 바로잡으며 다룰 준비를 갖추어야 한다. 비를 내려 달라고 기도할 때는 진흙이 생길 것도 어느 정도 예상해야 하지 않겠는가!

어떤 명성도 얻지 않기로 결단했는가? 이는 어떠한 상황에서든 주님만 모든 영광을 받으시도록, 내가 기꺼이 하찮아지는 것을 감수한다는 의미다. 모든 성도의 친구가 되시며, 그들을 조건 없이 사랑하시고, 함께 일하며 동일시하시는 예수님처럼 된다는 말이다.

하나님의 평판이 염려된다고 말하면서도, 여러 부류의 하나님 백성과 동일시될까 봐 꺼림칙해하는 이유가 무엇인가? 사실은 우리 자신의 평판을 염려하기 때문은 아닌가? 우리가 굳이 염려하지 않아도, 하나님은 그 자신의 평판을 아주 잘 지키실 수 있는 분이다.

이례적인 현상들이 빈번한 참된 성령의 역사에 동참하지 않는 다른 성도들을 생각해 보라. 그들이 당신을 오해하고 판단하며 험담해도 괜찮은가?

초대교회의 첫 부흥을 목격한 사람들은 "이 사람들은 분명히 술에 취했다"라고 말했다. 고린도전서 2장 14절의 진리가 입증되는 장면이다. "육에 속한 사람은 하나님의 성령의 일들을 받지 아니하나니 이는 그것들이 그에게는 어리석게 보임이요, 또 그는 그것들을 알 수도 없나니 그러한 일은 영적으로 분별되기 때문이라."

하나님은 어떤 일이 주님에게서 온 것인지 가려낼 수 있는 '영적 분별력'을 우리에게 분명히 주실 것이다. "신령한(영적인) 자는 모든 것을 판단하나"(고전 2:15). 우리는 더도 말고 덜도 말고 정확히 그리스도를 '닮은 만큼' 영적이다. 그리스도를 닮는 것만이 영적인 모든 사람의 궁극적 목표이자 최대 목표이기 때문이다. 그 예수님은 겸손의 전형이시다.

부흥을 위한 준비 작업, 연합

그리스도 몸의 '연합'은 하나님의 임재에서 언제나 핵심적인 요소다. 시편 133편에는 우리가 연합할 때에 하나님이 복을 명하셨다고(3절) 나온다. 마태복음 12장 25절에도 연합이 이루어진 곳에 힘이 있다고 말씀하신다. "스스로 분쟁하는 나라마다 황폐하여질 것이요 스스로 분쟁하는 동네나 집마다 서지 못하리라."

하나님이 임재하시는 유일한 전제 조건으로 내세운 한 가지 요소가 '연합'임을 염두에 두고 생각해 보라. 교회가 크고 작은 여러 기독교 행사를 준비하는 데 엄청난 시간과 에너지와 돈을 쓰는 반면, 이 중요한 일에는 상대적으로 거의 시간을 들이지 않는 것이 놀라울 정도로 이상하지 않은가!

교회가 연합하지 않으면, 부흥을 감당할 수도 유지할 수도 없다. 그러므로 연합은 우리가 구하는 성령의 대홍수를 위해 핵심적으로 준비해야 할 작업이다.

그리스도 몸의 연합은 우리가 하나님의 관점으로 연합의 의미를 이해할 때에만 경험할 수 있다. 바로 이 연합의 기준이 '예수님의 기도'에 등장한다.

> 우리가 하나가 된 것같이 그들도 하나가 되게 하려 함이니이다 (요 17:22).

그러므로 성경적인 연합은 곧 삼위의 연합, 즉 성부와 성자와 성령이 항상 누리시는 연합과 같은 수준이다. 이는 우리가 이 땅 위에서 마땅히 누려야 할 관계다. 이제 삼위의 관계가 어떠한 것인지 알아보자.

삼위 관계의 몇 가지 특징

- 권위는 동등하지만, 그 역할이 다르다.
- 사역에 있어 서로 보완하며, 결코 경쟁하지 않는다. 누가 어디에서

시작하고 누가 어디에서 마쳤는지 구분하기 어려운 경우가 많다. 삼위가 완벽한 조화를 이루며 일하신다.

- 서로가 절실히 필요함을 아는 겸손을 바탕으로, 서로 전적으로 의존하는 관계다.
- 관계 안에 절대적인 진실함이 있으며, 그러므로 서로 간에 절대적 신뢰가 있다.
- 무너지지 않을 영원한 나라를 소유한 무적의 팀이기에, 가장 효과적으로 일한다.

곧 내가 그들 안에 있고 아버지께서 내 안에 계시어 그들로 온전함을 이루어 하나가 되게 하려 함은 아버지께서 나를 보내신 것과 또 나를 사랑하심 같이 그들도 사랑하신 것을 세상으로 알게 하려 함이로소이다(요 17:23).

예수님의 이 기도를 보며, 우리는 '삼위의 연합'이야말로 세상이 다음 두 가지 사실에 믿음을 더하는 강력한 증거임을 알 수 있다.

첫째, 성부 하나님이 성자 하나님을 우리 주 예수 그리스도로 이 땅에 보내셨다.

둘째, 성부 하나님은 오늘날 세상에 있는 제자들을 자기 아들을 사랑하신 것같이 사랑하신다.

다시 정리해 보겠다. 그리스도 몸의 연합은, 주 예수 그리스도의 신성과 성부 하나님이 주 예수의 모든 제자에 대해 완전히 헌신되어 계시다는 사실을 결코 반박할 수 없도록 세상에 입증하는 것이다.

이러한 연합의 힘과 능력은 도저히 숨길 수 없어서, 믿지 않는 자들에게 강렬하리만큼 명백히 나타난다. 이는 성부 하나님이 그 아들에게 주신 것과 동일한 영광이며, 요한복음 17장 22절에 언급된 것처럼 그들을 통해 빛나는 것이다.

내게 주신 영광을 내가 그들에게 주었사오니 이는 우리가 하나가 된 것같이 그들도 하나가 되게 하려 함이니이다.

이는 불신자가 주 예수 그리스도께 삶을 의탁하게 하는 강한 동기가 된다. 사도행전 2장에 보면, 연합과 끈질긴 인내의 기도가 힘 있는 말씀 선포와 합하여 성령의 강한 역사를 이끌어 냈다. 그 결과, 하루 만에 3천 명이 회심하고 세례를 받았다.

성경적인 연합을 이루는 방법

그렇다면 그리스도의 몸이 '성경적인 연합'을 이루려면 어떻게 해야 하는가? 하나님의 방법은 변하지 않았다. 가장 먼저 그리스도 몸의 각 지체는 하나님과 한마음이 되어야 한다. 우리의 상황에 관계없이 그분의 절대적인 공의, 성실, 인애를 받아들여야 한다는 말이다.

그는 반석이시니 그가 하신 일이 완전하고 그의 모든 길이 정의롭고 진실하고 거짓이 없으신 하나님이시니 공의로우시고 바르시도다(신 32:4).

또한 성경적인 연합을 이루려면 다른 모든 사람과 서로 한마음이 되어야 한다. 마음에 거리낌이 없어야 하나가 될 수 있다. 거리끼는 마음을 미처 해결하지 못하면, 냉담함과 원망, 판단, 비판, 신뢰 부족, 사귐의 결여, 사랑 결핍, 분열을 낳는다. 거리끼는 마음은 "깨끗하게 하여 거짓이 없이…뜨겁게 서로 사랑하라"(벧전 1:22)는 기준에 미치지 못한다. '뜨겁게'에 해당하는 헬라어는 문자적으로 '끓는점'을 뜻한다. 모든 사람과 화목할 수 있도록 가능한 한 모든 노력을 다하라.

성경은 이 점에 대해 여러 번 강력하게 권고한다.

그러므로 너희 죄를 서로 고백하며 병이 낫기를 위하여 서로 기도하라 의인의 간구는 역사하는 힘이 큼이니라(약 5:16).

예수님은 누군가 우리에게 원한이 있음을 알게 되면, 반드시 그를 찾아가 화해해야 한다고 말씀하신다(마 5:23-24). 그리고 누군가 우리에게 죄를 범하면 혼자 찾아가서 그에게 권고하라고 하신다(마 18:15). 또한 우리가 사랑과 온유함과 겸손함으로 진리를 말해야 한다고 말씀하신다.

누가 누구에게 불만이 있거든 서로 용납하여 피차 용서하되 주께서 너희를 용서하신 것같이 너희도 그리하고(골 3:13).

또한 그리스도의 몸이 성경적인 연합을 이루려면, 부흥의 때에 성령님이 일하시는 방식을 동일한 마음으로 이해하는 것이 매우 중요하다. 우리는 "성령으로 충만함을 받으라"는 에베소서 5장 18절의 명령을 지키는 데 있어서 기꺼이 성경의 진리를 보려고 해야 한다. 주님이 주권적으로 택하시는 그 어떤 방법을 통해서든 성령님이 나타나시도록 기꺼이 자리를 내어 드려야 한다. 슬프게도 우리는 두려움이나 교만, 편견, 불신으로 말미암아 성령님이 우리 안에서, 그리고 우리를 통하여 온전히 역사하지 못하도록 마음과 생각을 닫아 버리는 경우가 비일비재하다. 그러고는 다른 사람이 성령님께 굴복하여 그분이 주신 감동대로 순종하는 것을 비판한다.

부흥이 오면, 스가랴 10장 1절과 이사야 44장 3절 말씀처럼 성령의 통치가 물 붓듯 임할 것이다. 이에 대항해 저항의 우산을 펴들 것인지, 흠뻑 적셔 달라고 하나님께 두 팔을 벌릴지는 우리의 선택의 문제다. 이는 우리가 하나님의 분명한 임재에 얼마나 목말라하는가에 달렸다.

성령님의 역사에 순복하라

48년 가까이 부흥에 대해 면밀히 연구하면서, 나는 부흥에 뚜렷한 특징이 있음을 알게 되었다. 몇 가지 예를 들면, 죄에 대한 무서운 자각, 고통스러운 통곡과 탄식, 주체할 수 없는 눈물, 떨림, 외침, 고백과 회개, 넘치는 기쁨, 찬양, 노래, 간증, 강력한 말씀 선포, 끈질긴 기도의 응답, 잃은 영혼을 향한 막중한 부담감, 말씀에 대한 갈급함, 주 예수님을 향한 뜨거운 사랑 등이다. 여호와를 경외하는 마음이 매우 커지고, 자신의 계획대로 일이 이루어지지 않는다. 성령의 임재와 능력을 계속해서 막는 사람들에게는 하나님의 심판이 나타난다. 하나님이 인간의 계획을 뒤엎으시며, 전혀 그럴 것 같지 않던 사람들이 하나님의 강력한 도구로 사용되기도 한다. 또한 전에 없이 많은 영혼이 그리스도께 돌아오며, 선교 사역이 크게 진척된다. 하지만 이 모든 특징은 그 일부분일 뿐이다.

요한복음 17장에 나오는 예수님의 기도에서 뚜렷이 나타난 것처럼, 하나님의 최우선 사항은 '주의 백성의 연합'이다. 바로 그 이유 때문에 부흥이 일어나기를 간절히 기다리는 중보자들에게 응답을 보류하시기도 한다. 부흥이 왔을 때 성령이 역사하시는 방식에 대해 거의 또는 전혀 이해하지 못하는 영적 지도자와 성도들이 매우 많을 경우, 이대로 응답한다면 큰 분열이 일어나리라는 점을 아시기 때문이다.

그러므로 하나님은 중보자들이 부흥을 위해 계속 믿음으로 기도하도록 격려하는 동시에, 현재 성령에 저항하는 그리스도인들이 주께 순복하고, 나라를 뒤바꾼 부흥의 역사와 성경 말씀에 있는 그대로 직면하여 성령님의 역사에 순응할 수 있도록 마음의 문을 두드리신다. 실질적인 부흥의 가장 큰 장애물은 교회 안에 있다. 그렇기에 부흥의 기도는 항상 믿는 백성을 위한 기도의 부담을 품으며 시작되어야 하는 것이다.

역대상 7장 14절의 친숙한 구절을 기억하는가? 어느 나라든 하나님이 치유를 하기에 앞서 요구하시는 첫째 조건이 있다. 주의 백성이 스스로 겸비하여 생각나는 모든 죄를 '회개'하는 것이다. 사실 기도하는 사람을 찾는 일(이것도 쉬운 일이 아니다)이 스스로 겸비하여 낮아지는 사람을 찾는 일보다 훨씬 더 쉽다. 우리의 가장 큰 죄가 바로 '교만'이며, 우리에게서 가장 찾기 어려운 성품이 '겸손'이기 때문이다. 부흥이 오면, 교만은 오래가지 못하고 겸손은 번성한다. 부흥이란 무대 중앙을 차지하고 계신 하나님이 그분의 방법과 그분의 시간으로 믿을 수 없는 일을 행하시는 것이기 때문이다! 인간은 철저히 무대 옆에 숨게 되며, 기껏해야 무대 뒤에 설 뿐이다.

당신이 갈망하며 타는 열망으로 구하는 것이 바로 이것이라면, 이번 장에 나오는 나머지 모든 대가도 기꺼이 지불할 수 있을 것이다.

주의 백성이 성별, 인종, 교파, 세대의 간극을 뛰어넘어 서로 화목하고 하나 되어 일하기 전에는, 하나님이 우리에게 부흥과 영적 각성의 역사를 맡기실 수 없다. 우리 안에 여전히 남아 있는 교만과 편견을 드러내실 분은 오직 성령님뿐이다. 입으로는 모두 한마음이라고 자랑스럽게 말할 수 있지만, 우리의 행동은 이 모든 영역에서 아직 '한마음'에 미치지 못한다.

최근 수년 동안 하나님은 교회가 이런 면에서 많이 진보하도록 이끄셨다. 그러므로 주님이 선한 일을 완성하실 것이라고 신뢰해도 좋다. 우리의 역할은 주 예수님과 동역하며, 말씀에 나온 하나님의 기준에 들어맞기까지 계속 기도하는 것이다.

영적 지도자가 준비해야 할 것들

모든 부흥의 공통된 특징은 수많은 영적 지도자와 기존의 신자들이 '회개'한다는 것이다. 찰스 피니가 설교할 때에도 그러했고, 마리 몬슨이 기록한 1927-1937년 중국의 부흥 현장에서도 마찬가지였다.

> 일부 미국인 선교사들은 부흥 가운데 구원받았다.…일부는 하나님의 영에 완강히 버티다가 구원을 받았고, 일부는 구원을 받는 것보다 미국으로 돌아가는 쪽을 선택했다. 이들과 새로 구원받은 선교사들 사이의 차이는 너무나 극명하고 대단했다. 그래서 이들은 부흥으로 말미암아 조성된 새로운 환경 아래서 일하는 것을 즐길 수 없었다.[24]

이 노르웨이 선교사의 보고는 다음과 같이 계속된다.

> 잔뜩 화가 나서 막대기로 바닥을 마구 치던 목사님이 있었다. 감히 구원받지 않은 목사가 있을 수 있다고 말한 사람을 매질

하고 싶은 마음이 간절한 듯했다. 그러던 어느 날 그는 진흙탕 길을 걷던 중에 성령의 능력에 압도되어 바닥에 엎드러진 채 자비를 베풀어 달라고 부르짖었다.[25]

하나님의 두려운 거룩함을 목도하고 나면, 사람들은 자신의 죄를 하나님이 보시는 관점으로 보게 된다. 그들을 위한 사역에 헌신하도록 준비시켜 달라고 하나님께 구해야 한다. 마리 몬슨에 관해 자세히 기록해 놓은 다음 글은 내게 깊은 영향을 끼쳤다.

몹시 바쁜 하루를 보낸 후, 또다시 병든 영혼들을 돕느라 새벽까지 지새우는 날들이 계속 반복되었다. 그렇게 일하는 것은 어렵고 희생도 따랐다. 심각할 정도로 무거운 죄도 많았으며, 때로는 사람들의 고백이 너무나 끔찍해서 건장한 남자 선교사들조차 이 사역에서 손을 떼고 싶어 할 정도였다. 선교사들은 지옥문을 보는 듯 괴로운 사역의 후유증으로 몇 날 며칠 잠을 설쳤다. 하지만 마리 몬슨은 그토록 긴 세월 동안 단 한 번도 자신을 불쌍히 여기지 않았다. 마리는 하나님이 주신 거룩한 사역을 위임받은 하나님의 사자였으며, 그에게 이것은 주님이 주신 은혜의 선물이었다.[26]

당신이 영적 지도자라면, 하나님 앞에서 아래 질문에 대해 백 퍼센트 정직하게 대답해 보아야 한다.

1. 이례적인 일이 항상 일어나는 성령의 강한 임재 속에서 '이끄는' 대가를 기꺼이 치를 수 있는가?
2. 예상하지 못한 일들과 평범하지 않은 일들이 발생할 때, 의식적 혹은 무의식적으로 상황을 통제하고 싶은 마음이나 사람들이 자제하기를 바라는 마음이 있는가?
3. 사람에 대한 두려움의 지배를 받는가, 하나님을 경외하는 마음의 지배를 받는가?
4. 평범하지 않은 현상을 드러내는 사람들을 볼 때, 방해하면 안 될 일인지 아니면 온유하고도 확고하게 바로잡아야 할 일인지에 대해 오직 성령의 인도를 신뢰하고 감동대로 순종할 책임을 묵묵히 지겠는가?
5. 부흥의 시기에 하나님이 허락하시는 민감하고 성숙한 다수의 영적 지도자들에 대해 성별이나 인종과 관계없이 즐거이 복종할 수 있는가?

나의 사역 vs. 성령의 역사

부흥의 한 가지 특징은 주님이 정상적인 프로그램과 사람의 계획을 무시하신다는 것이다. 그런 상황이 쉽게 받아들여지지 않는 사람들은, 에드윈 오어의 《1900년의 복음주의 대각성》에서 발췌한 내용을 읽으며 용기를 얻기 바란다.

웨일스 부흥의 뚜렷한 특징은 완전한 즉흥성이었다. 집회가 엉망이 될 것을 염려하는 사역자들의 두려움은 성령님이 회중 가

운데 역사하시며, 빗나간 행위를 꾸짖으신다는 신뢰가 생기면서 점차 해결되었다.[27]

이에 따라 하나님께 맡긴 사례가 《피니는 여전히 살아 있다》에 기록된 찰스 피니의 보고에 멋지게 묘사되어 있다.

나는 이 일이 1829년 봄에 시작되었다고 언급한바 있다. 나는 1831년 봄에 다시 오번(Auburn)에 가게 되었다. 그때 이 벌목 지역에서 두어 사람이 나를 찾아와서는 그곳에 들어갈 목사 몇 명을 구할 방도를 물었다. 그 벌목 지역에서만 5천 명 이상이 회심했으며 이 부흥이 거의 13킬로미터 반경까지 번져 나갔는데, 복음 사역자가 단 한 명도 없다는 것이었다.
  그 지역에 가 본 일은 없었지만, 내가 들은바를 종합할 때 그 사건은 이 나라에서 일어난 가장 놀라운 부흥의 사건이라고 생각되었다. 사역은 일반적인 지식이 전혀 없는 매우 무지한 사람들 사이에서 거의 독립적으로 이루어졌는데도, 하나님의 가르침이 매우 명확하고 아름다웠기 때문에 오번의 부흥에는 광신적인 언행이나 난동, 또는 불쾌한 일이 눈에 띄게 없었던 것으로 기억하고 있다.[28]

앞서 지도력을 점검하도록 제시한 다섯 가지 질문에 포함된 의미를 더 잘 이해할 수 있도록, 아이버 데이비스 목사에게 일어난 일을 소개하겠다.

그는 1950년대에 콩고에서 사역하던 장로교 선교사의 지도자였다. 그는 여러 달 동안 다른 선교사들과 함께 부흥을 위해 기도해 오고 있었다. 그 기도의 응답은 먼저 다른 선교 기지의 현지인들에게 성령이 임하며 시작되었는데, 그곳에서 흔히 볼 수 없는 현상들이 나타났다. 다음은 《이것이 그것이다》에 나온 아이버 데이비스의 글이다.

이 일이 일어나고 있다는 편지가 도착했을 때, 우리는 여행 중이었다. 편지를 읽은 후에 나는 앞으로 무슨 일이 일어날 것인지 보여 주시는 환상을 보았다. 주님은 사람들이 소리치고 떨며 죄를 고백하는 집회를 보여 주셨다. 이는 후에 실제로 보게 된 현상이다. 그 환상은 나를 뒤흔들었고, 이 모든 일에 대한 두려움이 엄습했다. 사람들이 내게 도움을 청하러 몰려올 것을 알았기에, 나 자신의 무능력에서 비롯된 두려움과 이 모든 상황에서 도망치려는 마음이 걷잡을 수 없이 커졌다. 주님께 도와 달라고 기도드리고 난 후에야 그 일에 사용되기 원하는 마음이 생겼다. 부흥을 위해 기도하는 것과 부흥 사역에 자원하는 심령이 되는 것은 별개의 일이었다. 선교 기지에 돌아오기 전에 나는 또 다른 환상을 보았다. 내 앞에 단단한 바위가 서 있었다. 바위 표면에 피가 흐르고 있었는데, 내가 보는 동안 피가 응고되었다. 나는 그 환상에 놀랐지만 이해할 수는 없었다. 돌아온 후에 (피가) '응고되다'라는 단어의 뜻을 찾고 싶은 마음이 강하게 들어 사전을 찾았더니, '특정 액체가 차가운 표면에 쏟아부어졌을 때

발생하는 현상'이라 적혀 있었다. 그제야 그 환상을 이해할 수 있었다.²⁹

그는 성령님이 "그 바위는 너의 차갑고 굳은 마음을 상징하는 그림이다"라고 말씀하시며, 다른 선교사들 앞에서 아내를 함부로 대한 것과 아프리카인에게 비하하는 태도로 말한 것을 지적하셨다고 했다. 그는 먼저 하나님 앞에 철저히 회개하고 난 뒤, 모든 사람 앞에서 공개적으로 사과했다.

그러자 하나님은 그동안 현지인들의 모습에서 목격한 비정상적인 현상들이 모두 강한 성령의 감동에 순종하여 나타난 일이었음을, 즉 그 모두 하나님에게서 비롯된 일이었음을 보여 주셨다. 마음을 깨고 통회한 후, 신실하신 하나님은 비정상적인 상황 속에서 사람들을 인도할 수 있는 지혜를 부어 주셨다. "교만이 오면 욕도 오거니와 겸손한 자에게는 지혜가 있느니라"(잠 11:2).

당시의 부흥에는 '고착 현상'이라고 이름 붙인 특이한 성령의 역사가 있었다. 회개를 촉구하시는 성령의 역사에 사람들이 계속 저항할 때, 마치 사지가 묶인 듯 꼼짝할 수 없어 움직이지 못하게 되는 것이었다. 예를 들어 어떤 선교사를 심하게 비난하던 한 현지 여성이 의자에 앉은 채 움직일 수가 없게 된 일이 있었다. 그 여성은 애처롭게 울면서 소리 질렀다. 다리가 바닥에 붙어 버린 것이다. 결국 그 여성은 지도자들과 상담하고 난 뒤, 그들의 조언에 따라 비판의 죄를 고백하고 철저히 회개한 후에야 다시 다리를 움직이고 일어설 수 있게 되었다.

또 다른 경우도 있다. 아이버 데이비스는 집회 때 몇 사람이 공중에 한쪽 팔을 든 자세로 몸이 고정되어 있는 것을 보았다. 가서 물어보니 성령님께 저항하는 자들을 위한 중보의 무거운 부담이 임하여 팔을 내릴 수가 없다고 했다. 그렇게 기도의 진통이 계속되더니, 드디어 한 사람씩 일어나 "더는 성령님께 저항할 수가 없습니다"라고 고백하기 시작했다. 사람들은 죄를 자백하고, 하나님 앞에 깊이 회개하며 통회의 눈물을 흘렸다. 그러자 중보자들의 팔이 모두 풀어졌다. 이에 그들은 이제 목적이 다 이루어졌음을 알았다.

이러한 것들이 바로 성령님이 움직이시는 몇 가지 사례다. 한번은 독실한 기독교 집안에서 자란 십대 소녀와 상담하며 나도 비슷한 경험을 하게 되었다. 그 소녀는 집회가 끝난 후에 나를 찾아와 물었다. "저를 위해 함께 기도해 줄 수 있으신가요?" 영적으로 무언가 막힌 것이 있는데 그 정체를 알 수가 없다는 것이었다. 그 소녀는 나와 잘 아는 사이였을 뿐 아니라, 하나님이 우리의 만남에 함께하신다는 감동이 왔다. 나는 소녀의 한쪽 손에서 닭 볏 모양으로 고정된 손가락을 발견했는데, 소녀 자신도 원인을 알 수 없다고 했다. 나는 곧 성령님이 일하시는 표징임을 깨달았다. 그래서 걱정하지 말고 하나님과 내 앞에서 온전히 정직하게 임하면 된다고 안심시켰다.

이윽고 하나님께 물었을 때, 내게 한 단어를 말씀하셨다. '불신!' 내가 그 말을 입 밖에 내자, 성령님은 그 소녀가 불신의 죄 때문에 고등학교 친구들에게 주 예수님의 실제와 그분이 어떤 분인지를 전하지 못하고 있음을 그 소녀에게 직접 보여 주셨다. 그러자 소녀는 즉시 마음을 낮추어 공개적으로 죄를 고백하고 깊이 회개했으며, 곧 손이 정상적으로 회복되었다.

예수님처럼 사역하라

성경은 우리에게 '중보기도'가 얼마나 강력하고 중요한 사역인지 분명히 보여 준다. 그러나 중보기도에 그만큼의 우선권을 둘 만한 시간이 없노라고 말한 지도자들이 있었다. 그에 대한 나의 대답은 우리의 사역 모델은 예수님이라는 것뿐이다.

예수님이 이 땅에 오신 이유는 다음과 같다.

- 아버지가 어떤 분인지 우리에게 보여 주시려고
- 대속의 공로를 믿음으로 받아들일 사람들을 위하여 십자가에서 죽으시고 세상 죄를 속하시려고
- 죽으심과 부활로 어둠의 권세를 물리치시려고
- 어떻게 살아야 하는지 보여 주시려고
- 우리의 생명이 되어 주시려고

예수님은 결코 아버지와 교제하고 기도하는 시간보다 더 많은 시간을 사람들 섬기는 사역에 투자하지 않으셨다. 저녁이 되면 겟세마네 동산 외에 다른 장소에 계셨던 적이 거의 없으셨다. 기도는 분명 예수님의 최우선 순위였다.

누가복음 5장에는 과중하게 사역하셨던 어느 날의 예수님 모습이 기록되어 있다. "예수는 물러가사 한적한 곳에서 기도하시니라"(16절). 원문은 "예수는 계속 물러가고 계셨고, 계속 기도하고 계셨다"라는 진행형 문장이다. 그것이 주님의 생활 방식이었다는 의미다. 또 한번은 회당에서 온종일 힘 있게 가르치시고, 온 도시에서 몰려온 많은 병든 자와 귀신 들린 자를 고치신 후에 "새벽 아직도 밝기 전에 예수께서 일어나 나가 한적한 곳으로 가사 거기서 기도"(막 1:35)하셨다.

제자들이 예수님께 물어본 단 한 가지가 '어떻게 기도할 것인가'였다는 사실은 아주 의미심장하다. 주님의 생활을 지켜보던 그들은 분명 '기도의 삶'이야말로 열매 맺는 사역의 비결이라고 결론을 내린 것이다.

감히 비교할 수도 없을 만큼 훌륭한 스승이자, 모본이신 주님과 다른 기준을 가지고 살겠다는 것은 엄청난 교만이다. 그러니 하나님께서 "겸손을 구하라"(습 2:3)고 당부하시는 것도 무리가 아니다.

히브리서 7장 25절을 보면, 예수님이 하늘에 돌아가신 이후로도 여전히 중보 사역을 우선순위로 여기셨다는 사실을 알 수 있다. "이는 그가 항상 살아 계셔서 그들(자기 백성)을 위하여 간구하심이라."

영적 지도자를 위해 기도하라

하나님의 뜻은 하나님 나라가 흥왕할 때에 가장 많이 이루어진다. 따라서 하나님은 직접 지명하여 기름부을 영적 지도자들을 찾고 계신다. 이는 성경 말씀 전체에서 거듭하여 나타나는 원칙이다. 하나님은 부흥을 주실 뿐만 아니라 철저히 준비된 자들, 즉 부흥의 때에 쓰실 수 있는 영적 지도자들을 필요로 하신다. 그러므로 교회를 위해 기도할 때에는 가장 먼저 이 부분을 위해 기도해야 한다. 그리고 합당하게 준비된 지도자들이 앞장설 때 백성이 따라온다(삿 5:2). 또한 성령을 부으실 때, 주의 백성이 그와 같은 지도자를 따를 것(시 110:3)이다.

1801년 미국 버번 카운티의 케인 리지 부흥 때에 일어났던 역사를 성령님이 지금 재현하신다면, 오늘날 영적 지도자들의 반응이 어떨지 궁금하다. 다음은 멘델 테일러가 직접 목격하고 난 뒤 《전도의 탐구》(*Exploring Evangelism*)라는 책에 기록한 2만 명의 '6일 천막 집회' 장면이다.

그 소음은 마치 나이아가라 폭포의 포효 같았다. 인산인해를 이룬 관중은 폭풍을 맞은 듯이 동요하고 있었다. 나는 일곱 명의 목사가 강단에서, 짐마차 위에서, 또 한 명은 쓰러진 나무 위에서 동시에 설교하는 것을 보았다.…어떤 사람들은 노래하고 어떤 이들은 기도했으며, 한쪽에서는 가장 애처롭게 자비를 구하며 부르짖고 있었다. 반면 또 한쪽에서는 떠들썩하게 외치고 있었다. 이러한 장면들을 보고 있던 중, 나는 전에 없던 특이한 느낌을 경험했다. 심장이 엄청나게 뛰고 무릎이 후들거리며 입술이 떨려서 땅에 넘어질 것만 같았다. 기이한 초자연적 능력이 거기 모인 회중 전체를 가득 덮친 것 같았다.…나는 파도치는 듯한 '무리의 바다'가 더 잘 보이는 통나무 위에 올라섰다. 그때 내 마음에 비친 장면은 말로 다 표현할 수가 없다. 500명이 넘는 사람이 꼭 수천 자루의 총이 장전된 포대의 사격을 받은 것처럼 한순간에 휩쓸려 가더니, 곧바로 하늘을 찌르는 비명과 외치는 소리가 이어졌다.[30]

성경에는 우리가 주의 거룩한 임재 앞에서 하나님을 경외함으로 떠는 것이 마땅하다고 분명히 나와 있다.

여호와의 말씀이니라 너희가 나를 두려워하지 아니하느냐 내 앞에서 떨지 아니하겠느냐…무릇 마음이 가난하고 심령에 통회하며 내 말을 듣고 떠는 자 그 사람은 내가 돌보려니와 (렘 5:22; 사 66:2).

아름답고 거룩한 것으로 여호와께 예배할지어다 온 땅이여 그 앞에서 떨지어다(시 96:9).

영적 지도자를 위한 중보기도 제목

당신이 영적인 문제에 진지한 사람이 아니라면, 이 책을 여기까지 읽지도 않았을 것이라고 생각한다. 그러므로 이제 나와 함께 영적 지도자들을 위해 규칙적으로 중보하기를 요청한다. 다음 목록에 따라 당신이 사는 나라와 도시의 영적 지도자, 그리고 교회와 몸담은 기독교 단체의 지도자를 위해 기도하라.

1. 하나님이 그들에게 부흥에 대한 진정한 부담감을 주시어, 그들의 기도 생활에 분명히 반영되게 해 달라고 기도하자.
2. 그들이 성경을 통해 사람들에게 부흥에 대한 부담감을 가지도록 가르치고, 영감을 주고 격려하도록 기도하자.
3. 그들이 주변 사람들에게 부흥을 위한 기도를 독려하도록 기도하자.
4. 그들이 성령이 역사하시는 방식에 대해 성경이 말씀하시는 것을 이해하고, 하나님이 과거의 부흥에 어떻게 역사하셨는지를 공부하도록 기도하자.
5. 그들에게 민감함과 유연함을 주셔서 자신의 전통과 예식을 따르지 않으며, 어떤 상황과 새로운 일에든 주님이 주도하시는 흐름을 따라가도록 기도하자.
6. 그들이 여호와를 경외하는 마음에 사로잡혀 사람을 두려워하는 마음에서 벗어나게 되기를 기도하자.
7. 그들이 여호와를 경외하는 것이 지혜의 근본임을 인식하도록 기도하자.
8. 그들이 진실한 삶을 소원하며, 자신의 모든 위선을 회개하도록 기도하자.
9. 그들이 개인적 명성이나 평판을 염려하지 않도록 기도하자.
10. 그들이 이례적이고 예측이 불허한 일을 만났을 때, 하나님께 모든 것을 맡기고 성령이 인도하실 것을 신뢰할 수 있도

록 기도하자.
11. 그들이 어떻게 해야 할지 모를 때, 믿을 만한 사람에게 의논하는 겸손함을 갖게 해 달라고 기도하자. 성령의 음성을 듣고 순종하는 삶을 영위하는 사람이라면, 인종과 성별에 관계없이 청종할 수 있어야 한다.
12. 그들이 부흥의 때에 언제 어디로든 하나님께 사용되고 파송될 준비가 되도록 기도하자.

영적 지도자들을 위해 기도하는 방법에 대해 좀 더 자세한 내용을 보고 싶으면, 나의 책 《스릴 있고 성취감 넘치는 중보기도》 10장을 참고하라.

부흥을 맞기 위해 더 준비할 일들

우리는 부흥 이후에 훈련이 필요한 수천수만의 새신자가 밀려올 것에 대비해야 한다. 찰스 피니가 하나님께 그토록 크게 사용되었던 1857년과 1858년, 미국을 강타한 부흥의 최고 절정기에는 단 일주일에 약 5만 명이 회심했다. 라디오나 텔레비전이나 인터넷의 도움이 없던 시대였음을 생각해 보라!

만약 지금도 주의 일을 지나치게 많이 하고 있다고 여긴다면, 나는 "아직 아무 일도 이루어지지 않았다"고 말할 수밖에 없다. 성경은 "네가 보행자와 함께 달려도 피곤하면 어찌 능히 말과 경주하겠느냐 네가 평안한 땅에서는 무사하려니와 요단 강물이 넘칠 때에는 어찌하겠느냐?"(렘 12:5)라고 말한다. 하나님은 그분의 뜻을 그분의 시간과 방법으로 행하는 모든 종에게 언제나 초자연적인 능력의 은혜를 부어 주실 것이다.

단, 한 가지 짚고 넘어가야 할 중요한 사실이 있다. 부흥과 같이 영원한 가치가 있는 모든 일이 가속화될 때, 이전보다 더 개인적으로 하나님의 우선권을 매일 유지해야 함을 뼛속 깊이 인지하는 것이 매우 중요하다. 무슨 일이 있어도 게을리할 수 없는 일이 있다.

- 개인적으로 하나님을 예배하는 시간
- 하나님의 말씀을 묵상하는 시간
- 인도하심과 지혜를 구하며 하나님 기다리기
- 중보기도
- 개인 전도

항상 하나님의 사랑 안에 거하며 성령의 능력을 입을 수 있도록 '그릇'을 준비해야 하는 것이다. 당신이 영적 지도자라면, 당신이 이끄는 자들이 규칙적인 예배와 중보기도로 '영적 건전지'를 충전하게 하라. 말씀을 먹을 시간을 담보로 한 채, 겉으로 더 드러나 보이는 전도 사역에만 모든 시간과 에너지를 쏟아붓게 하지 마라.

그리스도의 고난에 동참하기

잃어버린 영혼과 하나님을 향한 뜨겁고 순전한 사랑으로 연합된 예수 그리스도의 교회는 사탄의 세력에 가장 큰 위협이 된다. 이는 실제로 원수가 반격을 가하도록 자극하는 요소다. 원수의 핵심 전략은 하나님의 사람들을 '두려움'으로 사로잡는 것이다. 또한 이 목적을 달성하기 위해서라면 어떤 짓도 마다하지 않는다. 그러나 사탄은 하나님의 완전한 사랑이 그러한 두려움의 전술을 능히 이긴다는 사실을 계속 잊는다. 결국 적군은 혼란과 좌절 속에 빠지게 된다.

1999년 브라더 앤드류가 이끄는 '국제 오픈 도어스' 사역에서, 1998년에 시작된 쿠바의 부흥을 다룬 소책자를 펴낸 적이 있다. 그 책에 소개된 이야기는 앞서 언급한 내용을 잘 보여 준다. 잃어버린 영혼 가운데 성령의 비가 내리는 영적 각성이 일어나려면, 언제나 주의 백성이 인내하며 한마음으로 간절히 기도해야 한다. 때때로 하나님은 군중이 복음 선포에 귀 기울이게 하기 위해 우리 몸에 기적의 능력을 보이신다. 1991년까지 쿠바 교회는 대략 1백만 명이 출석하는 교회로 성장했다. 지금은 가정교회만 1만 개가 훨씬 넘으며, 그 외 복음주의 교회가 1,200개 정도 있는 것으로 알려졌다.

공산당 정권은 가정교회 운동 초기부터 이를 두려워하여, 학대부터 강제 폐쇄 등 갖은 종류의 압박을 가했다. 쿠바 중부의 한 가정교회는 정기적으로 2천 명가량의 인원이 모였다. 이에 목사님은 차고 지붕에 올라가 거리에 서 있는 청중을 향해 설교해야 했다. 그는 1995년에 당국에 체포되었고, 하루 만에 재판과 판결이 진행되어 '불복종' 및 '불법 집회'라는 죄목으로 약 2년의 중형을 선고받았다.

그가 체포되기 전, 교회 문을 닫으라는 명령이 떨어졌다. 그때 그는 "우리 집 문은 항상 열려 있습니다. 예수님이 문을 여신 교회를 나는 결코 닫을 수 없습니다"라고 대답했다. 이윽고 전 세계적으로 그를 위한 대규모 기도 운동이 일어났고, 이로써 그는 결국 형량의 절반만 복역하고 풀려나게 되었다. 또한 많은 사람의 기도 응답이라고 할 수밖에 없는 건강 상태로 사람들을 놀라게 했다.

그가 감옥에 있을 때 죄수들은 그에게 "하나님의 벌로 감옥에 온 것이 아니냐"고 물었다. 이에 그는 "아니요. 하나님이 여러분께 그리스도의 사랑을 나누라고 저를 여기 보내셨습니다"라고 대답하며 그들에게 복음을 전했다. 활발하게 사역하던 또 다른 영적 지도자는 당이 CIA 요원이라고 조작하여 투옥시켰다. 의사이기도 한 그는 당시 상황을 이렇게 기록했다.

나는 죄 없이 지하 감옥에 갇혔다. 열여섯 시간이 넘도록 완전한 어둠 속에 유폐되었던 날들이었다. 너무 캄캄해 내 손조차 보이지 않았다. 나는 신체적·정신적 고문과 더불어, 끓어오를 정도로 뜨거운 사우나실과 얼어붙도록 추운 방에 번갈아 던져져 극심한 조사를 받았다.

한번은 이제 사격 부대가 나를 처형시킬 거라고 말하더니, 무서운 비명과 총소리를 들려주었다. 그러고는 핏방울이 뿌려진 벽의 통로를 따라 군인들이 소총을 겨누고 있는 방으로 데려갔다. 그들이 나를 겨냥하자, 나는 "하나님이 당신들 모두를 사랑하십니다! 예수님은 살아 계십니다! 쿠바를 그리스도께!"라고 외쳤다.

나는 사격 명령을 들었다. 방아쇠 소리가 나더니 군인들이 조롱하며 웃기 시작했다. 그것은 정신적 고문의 하나인 모의 처형이었던 것이다. 나는 영적 각성의 슬로건이었던 "쿠바를 그리스도께!"를 계속해서 외쳤다.

그는 47일 동안 모진 조사와 고문을 받은 뒤 풀려났다. 석방되고 나서 그는 자택 구류에 처해졌고, 그의 가족은 끝없는 당국의 감시와 위협에 시달렸다. 그러나 이 모든 역경은 주님을 향한 사랑을 더욱 자라나게 했고, 쿠바가 하나님께 속하게 되기를 바라는 마음으로 더 큰 열망을 품고 중보하게 되었다.

모든 부흥과 영적 각성에는 '가격표'가 붙어 있다. 그 값을 치르는 사람이 바로 요한계시록에서 주님이 말씀하신 '이긴 자들'이요, 생명의 면류관을 받을 자들이다. 그들은 하나님의 상급과 그의 뜻을 위해 고난을 받는 특권이야말로 그분을 섬기는 대가와 고난의 아픔보다 무한히 높다는 사실을 확인하게 될 것이다. 그분은 왕이신 하나님이며, 이 우주를 창조하고 지탱하시는 분이기 때문이다.

CHAPTER 6

The Fire of God in Judgment

심판하시는 불

하나님의 전인격은 진리 그 자체다. 따라서 그 모든 성품을 알고자 하는 마음이 없는 이에게는 '진리'를 향한 열정이 없다고 봐도 무방할 것이다. 하나님의 성품은 거대한 다면체 다이아몬드와 같다.

다이아몬드의 아름다움과 진정한 가치는 다이아몬드 전문가가 그 보석을 특별한 확대경 아래 놓고 살펴볼 때에만 알 수 있다. 전문가는 다이아몬드를 이리저리 돌려 보며, 그 다양하고도 무수한 매혹적인 면면을 주의 깊게 관찰할 것이다. 그는 그 분야의 전문가만이 가진 눈으로 세밀하게 살핀다. 오직 그만이 진정한 권위를 가지고 이 다이아몬드에 대해 설명해줄 수 있다.

진실인가, 왜곡인가?

하나님께는 다이아몬드에 비할 수 없이 멋지고 절묘한 다면적 성품이 존재한다. 우리는 그 모든 면을 빠뜨리지 않고 하나씩 공부하는 데 시간과 노력을 쏟아야 한다. 그래야만 그분을 있는 그대로 온전히 알 수 있으며, 또 효과적으로 알릴 수 있다. 만일 자신이 가장 매력적으로 느끼는 하나님의 성품 몇 가지만을 중점적으로 연구하여 가르친다면, 하나님에 대해 왜곡된 관점을 전하게 된다.

성경에는 하나님의 성품을 가장 균형 잡힌 관점으로 제시하는 구절이 있다.

> 자랑하는 자는 이것으로 자랑할지니 곧 명철하여 나를 아는 것과 나 여호와는 **사랑**과 **정의**와 **공의**를 땅에 행하는 자인 줄 깨닫는 것이라 나는 이 일을 기뻐하노라 여호와의 말씀이니라 (렘 9:24).

- 사랑: 오래 참음과 자비
- 정의: 심판
- 공의: 거룩함

하나님은 모든 성품의 근본인 이 세 가지 주된 속성을 동일하게 나타내신다. 우리가 그중 어느 것이라도 다른 무엇보다 더 무게를 둔다면, 하나님에 대해 명백히 불균형한 관점을 가진 것이다. 이는 계속적인 혼란을 가져올 뿐 아니라, 하나님에 대해 잘못된 이미지를 품게 만드는 원인이 된다.

하나님의 관점에서 보면, 심판자 하나님에 대한 주제는 오늘날 매우 드물게 다루어지고 있다. 그 결과 많은 사람이 심판자 하나님에 대해 지나치게 무지하게 되었다. "내 백성은 여호와의 규례(심판)를 알지 못하도다"(렘 8:7).

하나님은 심판 때 나타나는 정의에 대해 자세히 설명하신다. 나는 예레미야 5장에서 하나님이 주의 백성에게 사방을 둘러보아 "정의(심판)를 행하며 진리를 구하는 자"(1절)를 한 명이라도 찾을 수 있는지 보라고 말씀하시면서 '심판'이라는 주제와 '진리의 추구'를 연결하신 대목이 참 마음에 든다.

정말 하나님이 누구이신지 알고 싶다면, 하나님의 심판도 다른 성품과 똑같이 연구하고 받아들여야 한다. 무언가를 판단할 수 있으려면, 그것과 관련된 모든 정보를 파악하도록 온 힘을 다해야 한다는 뜻이다.

예레미야 5장 4-5절에 이르면, 하나님이 영적인 성숙과 그 부족함에 대해 다소 놀라운 말씀을 하신다. 첫째, 하나님의 심판을 이해하지 못하는 사람들은 어리석을 뿐만 아니라 주의 길을 모른다. 둘째, 진정으로 위대한 사람들은 그 두 가지를 알고 있다. 잘 생각해 보라. "내가 말하기를 이 무리는 비천하고 어리석은 것뿐이라 여호와의 길, 자기 하나님의 법(심판)을 알지 못하니 내가 지도자들에게 가서 그들에게 말하리라 그들은 여호와의 길, 자기 하나님의 법(심판)을 안다 하였더니"

나는 오랜 세월 성경을 통해 하나님의 위대함, 사랑, 거룩함, 성실함, 자비, 공의, 평화, 기쁨, 영광, 능력, 주권, 또한 우리 영혼의 연인이신 하나님의 이해심과 다정하심 등을 광범위하게 연구하고 가르쳤다. 하지만 내가 진심으로 하나님을 알고 그분을 알리고자 한다면, 그분의 심판과 진노에 대해서도 연구하고 강의하며, 지금처럼 글을 써야 마땅하다.

예수님은 아버지의 '본체의 형상'이시기에, 하나님이 어떤 분인지 알기 위해서는 예수 그리스도의 삶을 공부해야 한다. 주님은 인자로서 하나님의 심판과 진노를 포함한 '모든 속성'을 보여 주셨다.

- 바리새인들의 위선을 강하게 꾸짖으셨다.
- 성전 안에서 기도보다 장사를 더 중요하게 여기자, 채찍을 잡고 돈 바꾸는 상을 뒤엎으며 매매하는 사람들을 내쫓으셨다.
- 무화과나무를 저주하셨다.

하나님의 심판과 그분의 정의

하나님의 심판의 불을 다루는 말씀을 살펴보려면, 먼저 '하나님의 정의'에 대해 생각해 보아야 한다. 하나님의 정의를 공부한 것은 내 평생 가장 보람 있는 성경 연구 중 하나였다. 이는 주님을 알리기 위해 주님을 아는 지식을 구하는 여정에서 중요한 축이 되었다. 한 걸음 더 나아가 하나님의 정의를 공부하지 않고는 하나님이나 그분의 길을 결코 이해할 수 없다고 믿는다. 아울러 하나님의 특성 가운데 가장 흥미 있는 것 하나가 그분의 '불가해성'이라는 점을 깨닫는다.

하나님을 발견해 가는 여정이 흥분되는 만큼, 나는 그분이 이와 같이 말씀하실 때 경외심으로 잠잠해질 수밖에 없었다. "내 생각이 너희의 생각과 다르며 내 길은 너희의 길과 다름이니라 여호와의 말씀이니라"(사 55:8). "그의 길은 찾지 못할 것이로다"(롬 11:33). 이러한 신비는 하나님의 존재적 본질에 속하며, 그분이 그 어떤 존재와도 완전히 다른 분임을 보여 준다.

'심판의 불'에 관한 이번 장을 거의 완성했을 무렵이었다. 아침에 눈을 뜨자마자 성령님이 분명한 음성으로 '하나님의 정의'에 대한 부분을 첨가하라고 말씀하셨다. 나는 즉시 그 이유를 깨달았다. 앞서 말했듯이 내가 하나님을 알아 가는 데 가장 중요한 역할을 했던 그분의 성품이 바로 '하나님의 정의'였기 때문이다.

우리의 죄에 대한 하나님의 의로운 심판은 십자가에서 예수님께 부과되었다. 구주 예수님이 우리를 대신해 죄를 지시고 기꺼이 값을 치르셨다. 죄에 대한 하나님의 심판은 죄인인 우리를 위해 갈보리에서 흘린 예수님의 피로 완전히 해결되었다. 죄인 된 우리의 본성과 그 모든 행위에 대한 고백과 회개를 통해 우리는 주님께 온전히 용서받는다. 예수님은 우리를 깨끗하게 하시며 영원한 생명을 주신다.

그러나 계속되는 우리의 생각과 말, 행동에 대한 책임은 우리에게 있다. 언젠가 우리는 하나님께 모든 심판의 권위를 위임받으신 예수님께 그 모든 일에 대해 설명해야 한다. "아버지께서…인자됨으로 말미암아 (예수님께) 심판하는 권한을 주셨느니라"(요 5:26-27; 행 10:42, 17:31). "의인과 악인을 하나님이 심판하시리니 이는 모든 소망하는 일과 모든 행사에 때가 있음이라"(전 3:17).

그리스도인에 대한 심판

거듭난 모든 성도는 그리스도의 심판대 앞에서, 모든 것을 보고 아시는 그분의 눈으로 심판의 책에 기록된 일에 따라 심판받을 것이다. 성경은 "감추인 것이 드러나지 않을 것이 없고 숨긴 것이 알려지지 않을 것이 없나니"(눅 12:2)라고 한다. 이는 우리가 예수님을 영접한 후, 스스로 알고 있으면서도 성령의 지시에 따라 회개하지 않고 바로잡지 않은 모든 죄를 말하는 것이다. 그 가운데는 일반적인 범죄뿐만 아니라 태만의 죄도 포함된다.

마지막 시험은 우리가 받은 특권, 기회, 잠재력에 따라 우리의 동기와 말과 행동을 시험하는 '심판의 불'로 이루어진다. "각 사람이 일한 성과가 드러나게 될 것입니다. 그날은 불로 나타나기 때문에 일한 것이 밝히 드러날 것입니다. 그래서 그 불이 각 사람의 한 일을 검증할 것입니다"(고전 3:13, 쉬운성경).

그날에 밝혀질 '일한 성과'의 내용은 다음과 같다.

- 우리가 영원한 삶에 관하여 한 일과 영원히 지속될 일
- 내 마음대로 하지 않고 하나님의 인도와 타이밍만을 따라 순종하여 행한 일
- 말씀에 기록된 하나님의 성품과 길(전통이나 좋은 생각, 의례, 사람이 계획한 일정에 맞지 않을 수도 있는)에 따라 행한 일
- 오직 주의 이름에만 영광을 가져온 일

다음 말씀에는 우리를 향한 엄숙한 경고가 기록되어 있다.

자녀들아 이제 그의 안에 거하라 이는 주께서 나타내신바 되면 그가 강림하실 때에 우리로 담대함을 얻어 그 앞에서 부끄럽지 않게 (두려움으로 피하지 않게) 하려 함이라(요일 2:28).

진정으로 '주 안에 거한다'는 것은 우리에게 일어나는 모든 영적 사건의 유일한 이유가 언제나 '예수님'이 되는 것이다. 즉, 그분께 완전히 의존하고 온전히 믿는 것을 뜻한다. 이 두 가지가 함께할 때, 지속적으로 열매를 맺는 강력한 능력이 된다. 이런 열매를 목도하면, 광대하신 주인이자 살아 계신 그리스도가 아닌 이에게 영광을 돌리는 것이 얼마나 비논리적이고 비이성적인 일인지 깨닫게 된다.

하나님이 성경에서 반복하여 나란히 언급하신 주제는 서로

연관 지어 생각하는 것이 옳다. 하나님의 심판과 하나님의 정의가 바로 그러한 경우다.

세상을 심판하시는 이가 정의를 행하실 것이 아니니이까 (창 18:25).

(하나님이) 이제는 어디든지 사람에게 다 명하사 회개하라 하셨으니 이는 정하신 사람으로 하여금 천하를 공의로 심판할 날을 작정하시고 이에 그를 죽은 자 가운데서 다시 살리신 것으로 모든 사람에게 믿을 만한 증거를 주셨음이니라(행 17:30-31).

사랑이 가득하고 이해가 한이 없으며 긍휼이 크신 하늘 아버지는 사랑하는 자녀를 모두 불쌍히 여기시며, 제발 심판의 날에 대비하라고 촉구하신다. 그분은 우리가 수치와 부끄러움을 당하며 극심한 후회에 빠지기를 원하지 않으신다. 주님이 외치시는 음성을 들으라. "내가 너희 각 사람이 행한 대로 심판할지라 너희는 돌이켜 회개하고 모든 죄에서 떠날지어다 그리한즉 그것이 너희에게 (회개하지 않은) 죄악의 걸림돌이 되지 아니하리라"(겔 18:30).

고범죄에 대한 하나님의 심판
영적 지도자에게 임한 하나님의 심판에 대하여 성경에서 가장 두려운 이야기 하나를 찾아볼 수 있다(레 10:1-2). 우리 모두 끊임없이 상기해야 할 교훈이 담긴 이야기다. 찬양 중에 "우리 주 크고 놀라운(두려운) 하나님 / 하늘 위에서 지혜와 권능과 사랑으로 우릴 다스리네"라는 노래가 있다. 하지만 실제로 하나님의 심판을 통해 그분의 놀랍고 두려운 속성이 어떻게 나타날 수 있는지 이해하는가?

아론의 아들인 나답과 아비후는 하나님을 섬기고 사역하며, 매일 성소에 필요한 일을 하도록 부르심 받은 자들이었다. 그들은 주님이 정결하게 하셔서 특별히 구별한 제사장이었던 것이다. 어느 날 아버지 아론이 백성을 위해 속죄제와 번제, 화목제를 여호와께 드린 후에 백성을 향해 두 손을 들고 축복했다. 모든 일이 하나님의 계획대로 진행되어 축복이 넘쳤고, 하나님은 인간의 아무런 개입 없이 직접 하늘에서 불을 내려 단 위의 번제와 기름을 불사름으로써 그 영광을 보이셨다. 그것은 일상적으로 일어나는 그 어떤 일과도 달랐다. 이는 하나님의 전능하심을 직접 대면하는 기막힌 순간이었다. 그 광경을 본 온 백성은 크게 소리 지르며 얼굴을 땅에 대고 납작 엎드렸다.

그러나 나답과 아비후가 그 뒤에 한 행동을 보면, 그들은 분명 하나님을 두려워하지 않았으며 여호와를 경외하는 마음이 없었음을 알 수 있다. 그들은 자신들 마음대로 각기 향로를 가져다가 여호와의 명령도 없이 다른 불로 분향하며, 독립심과 고범죄(하나님의 뜻을 추측하여 나름대로 행하는 죄 - 역주)를 드러냈다. 두 가지 모두 '교만'에서 나오는 죄다.

하나님의 반응은 곧바로 나타났다. 두 번째 기회는 없었다.

"불이 여호와 앞에서 나와 그들을 삼키매 그들이 여호와 앞에서 죽은지라"(레 10:2). 성경은 그들이 여호와 앞에 가져온 불을 '불경스러운 불'(NKJV)이라고 부른다. 하나님과 사람들을 섬기며 사역할 때, 우리가 믿음으로 받고 의지하는 것이 성령의 권능의 불이 아니라면 아무런 쓸모가 없다. 그뿐 아니라 권위 없는 사역으로 말미암아 사람들에게 왜곡된 하나님 상을 심어 주게 된다. 하나님은 가짜에 기름붓지 않으신다.

하나님이 모세에게 이 심판에 대해 "나는 나를 가까이하는 자 중에서 내 거룩함을 나타내겠고 온 백성 앞에서 내 영광을 나타내리라"고 설명하신 것은 그러한 이유에서다. "아론은 잠잠"했다(3절). 아론이 침묵한 것은 그 메시지를 알아들었으나, 딱히 변호할 말이 전혀 없어서였다.

기름부음을 받지 않은 종은 사역할 때 하나님의 성품을 왜곡시킨다. 당신이 사역자라면, 반드시 이 말씀을 따라야 한다. 성경에는 "하나님의 말씀을 하는 것같이 하고 누가 봉사하려면 하나님이 공급하시는 힘으로 하는 것같이 하라 이는…하나님이 영광을 받으시게 하려 함이니"(벧전 4:11)라고 기록되어 있다. 우리가 하나님을 완전히 믿고 순복하고 의지하고 순종할 때, 그리고 우리가 겪는 모든 일에 대한 유일한 목적이 하나님께 집중될 때에만 그분이 영광 받으실 수 있다.

당신의 사역이 하나님의 관점에서 아래의 조건을 충족하는지 늘 점검하라.

- 우리의 사역이 하나님께 기름부음 받았는가?
- 하나님이 주신 은사와 사역 가운데, 하나님이 우리에게 지정해 주신 지도자들에게 순복하며 기쁘게 일하고 있는가?
- 하나님 앞에 굴복된 의지와 청결한 마음을 가지고, 섬기는 사람들과 하나님에 대한 사랑의 동기로 일하는가?
- 성령님 없이는 우리가 전혀 쓸모없음을 철저히 인식하며, 매일 그분의 권능을 입고 있는가?
- 말씀에 계시된 진리와 성령의 감동에 순종하고 있는가?
- 하나님이 인도하신 때와 장소에서 그분의 얼굴을 구하고, 그분께 받은 구체적인 말씀의 메시지만을 전하며, 전하는 모든 말씀을 생활 속에서 늘 실천하고 있는가?

당신이 위의 조건에 들어맞지 않은 사람임을 정직하게 깨달았는가? 그렇다면 이렇게 경고해 주신 하나님의 자비에 감사드리라. 더는 허세 부리며 사역하지 않겠다고, 진짜가 되겠다고 말씀드리라. 죄를 보게 하시며 정결케 하시는 성령의 불을 구하고, 이제 여호와 앞에 나 자신의 불(불경한 불)로 올려드리는 일은 끝났다고 고백하라. 그리고 사람들에게 하나님을 있는 그대로 나타내도록, 힘과 능력을 주시는 주의 거룩한 불 속에 집어넣어 달라고 기도하라. 하나님의 '심판하시는 불'에 관해 연구하면 할수록, 이 주제에 더욱 진지하게 반응해야 한다는 것을 알게 된다.

불평하던 이스라엘 백성이 하나님의 불에 의해 심판을 받다가, 모세가 그들을 위해 중보한 후에야 멈춘 일이 있었다(민 11:1-2). 불평하는 죄에 대한 하나님의 태도는 지금도 같다. 불평은 하나님이 아주 싫어하시는 죄이며, 이를 해결할 있는 방법은 습관처럼 항상 하나님께 감사드리는 것이다. 우리가 감사해야 할 이유는 셀 수 없이 많다. 나의 소중한 어머니가 물려주신 특별한 유산이 바로 항상 감사하는 마음이었다.

우상숭배에 대한 하나님의 심판

하나님은 그분이 창조하신 피조물에 복 주기를 간절히 바라신다. 하지만 인간이 의지적으로 그분의 통치권을 거부하고 자기 뜻대로 살아간다면, 결국 하나님의 심판을 피할 수 없다(신 28:15-68). 안타깝게도 이 비극적인 시나리오는 성경에서 여러 번 되풀이되었다. 하나님의 백성이 하나님께 등을 돌렸을 때, 그들은 우상숭배를 했고 하나님의 노를 일으켰다. 이에 그들은 결국 심판의 불에 들어가게 되었다.

사실 성경 말씀을 보면, 하나님의 불과 우상은 명백하게 결부되어 있다. 몇 가지 예를 살펴보자.

신명기 13장에서 하나님은 주의 백성이 다른 신을 섬기도록 유혹하는 자는 예외 없이 돌로 쳐서 죽이라고 경고하신다. 더 나아가 백성 중 한 무리가 다른 성 사람들에게 가서 다른 우상을 구한 사실이 밝혀지면, 그 성의 주민과 가축 전체를 멸하라고 명하신다. 그곳에서 나온 모든 물건은 반드시 불로 태워 버림으로써 주께서 노를 그치시고 자비를 베푸시도록 해야 했다. "너는 이 진멸할 물건을 조금도 네 손에 대지 말라 그리하면 여호와께서 그의 진노를 그치시고 너를 긍휼히 여기시고"(신 13:17).

아무것도 가져가지 말라고 하나님이 명령하셨음에도, 아간이 약탈한 옷과 은금을 숨긴 탐욕의 죄를 고백한 대목에서는 우상숭배에 대한 하나님의 태도가 다시 한 번 나타난다(수 7:24-26). 아간은 저주받을 물건을 취한 것이었고, 그 죄에 대한 벌은 돌로 쳐서 불태우는 것이었다.

에베소서 5장 5절에서 하나님은 '우상숭배'와 '탐심'을 결부시키신다. "너희도 정녕 이것을 알거니와 음행하는 자나 더러운 자나 탐하는 자 곧 우상숭배자는 다 그리스도와 하나님의 나라에서 기업을 얻지 못하리니."

마찬가지로 동일한 말씀을 골로새서 3장 5절에서도 강하게 반복하신다. 하나님이 바알브라심에서 블레셋 족속을 무찌르신 대목(대상 14:12)에서는 다윗이 주의 백성에게 적군의 모든 우상을 불로 태우라고 지시했다.

모든 종류의 우상숭배에 대한 하나님의 심판은 사실 그 자녀를 향한 뜨거운 사랑에서 비롯되어 격심한 질투로 나타나는 것임을 알아야 한다. 하나님은 "너는 다른 신에게 절하지 말라 여호와는 질투라 이름하는 질투의 하나님임이니라"(출 34:14)고 말씀하셨으며, 또한 "내가 시온을 위하여 크게 질투하며 그를 위하여 크게 분노함으로 질투하노라"(슥 8:2)고 하셨다.

나는 하나님의 그런 점을 사랑한다. 그분이 나의 '온전한 헌신'을 바란다는 점을 말이다. 내 사랑이 그분께 그 정도로 의미가 있다는 사실이 내게는 경이롭다. 얼마나 마음이 든든한지! 주님께 더욱 열렬한 사랑을 표현하는 데 있어 이보다 더한 자극제는 없다. 내 영혼의 연인, 내 생애 최고의 사랑!

우상숭배의 여러 형태

아마 당신은 앞서 언급한 하나님의 심판의 불과 우상숭배가 아무 상관이 없다고 생각할지도 모른다. 그러나 우상숭배에 관한 성경 말씀을 더 살펴보면, 이 만연된 죄가 여러 가지 형태로, 때로는 아주 교묘하게 나타나는 것을 알 수 있다.

우상이란 내 생각이나 내 시간, 애정, 충성, 순종의 영역에서 주 예수님보다 더 큰 자리를 차지하는 사물 또는 사람을 의미한다. 무엇이 우리를 가장 흥분시키는가? 무엇을 가장 많이 이야기하는가? 가장 큰 만족을 느끼는 대상은 무엇인가? 우리가 생각하는 시간 가운데 큰 비중을 차지하는 것이 무엇인가? 하던 일을 멈추고 이 질문들을 생각해 보라.

대부분 사람은 하나님을 추구하는 것보다 다른 일에 훨씬 더 큰 사랑을 보인다. '다른 일'의 전형적인 예는 다음과 같다. 스포츠, 쾌락, 여가, 명성, 음식, 섹스, 교육, 취미, 권력욕, 돈벌이, 더 많은 소유, 오락 거리 등이다. 그리스도인이라면 이것들을 모두 정직하게 살펴보고 목록을 작성한 뒤, 하나님 앞에서 합당하게 반응해야 할 것이다. 즉, 이러한 우상숭배의 영역 중 우리에게 개인적으로 해당되는 대상이 있다면 성령님이 바로 잡아 주시도록 기도하고 주 앞에 회개해야 한다(렘 14:7, 20-22).

나의 경우, 재활용품 판매 상점과 명품 중고 상점에서 물건을 고르는 데 지나치게 시간을 소비했던 것을 회개해야 했다. 쇼핑에 대한 욕구에 균형을 잃어 그것이 집착이 되어 버렸기 때문에, 그 부분을 해결해야만 했다. 진실을 대면한 회개는 놀라우며, 지속적인 자유를 가져온다.

우상숭배와 마음

우상숭배는 하나님께 마음이 소원해지는 현상과도 연관이 있다. 이스라엘 장로 몇이 에스겔 선지자에게 질문을 하려고 찾아왔을 때, 하나님이 에스겔에게 "인자야 이 사람들이 자기 우상을 마음에 들이며 죄악의 걸림돌을 자기 앞에 두었으니…나 여호와가 그 우상의 수효대로 보응하리니 이는 이스라엘 족속이 다 그 우상으로 말미암아 나를 배반하였으므로 내가 그들이 마음먹은 대로 그들을 잡으려 함이라"(겔 14:3-5)고 말씀하셨다. 그리고 나서 "그 사람을 대적하여 그들을 놀라움과 표징과 속담 거리가 되게 하여 내 백성 가운데에서 끊으리니 내가 여호와인 줄을 너희가 알리라"(겔 14:8)고 말씀하셨다.

우상숭배는 모든 죄 중에 가장 교묘한 것이기 때문에, 절대 그럴 리 없어 보이는 영역에 숨어 있다. 나는 내 삶의 다른 어떤 것보다, 하나님이 내게 주신 사역에 우상숭배가 관련되어 있다는 사실을 발견했다.

한 예로, 미국에서 열린 '영적 리더십 콘퍼런스'에서 매일같이 사역이 계속되어 바쁜 한 주를 보냈을 때의 일이다. 이윽고 금요일 저녁이 되었고, 나는 콘퍼런스에 참석했던 목사님 부부 댁에서 하룻밤을 묵고 다음 장소로 떠날 예정이었다.

무거운 영적 책임감을 내려놓고 쉴 수 있다는 안도감과 지친 마음이 교차했다. 나는 거실의 안락의자에 몸을 던지며 말했다. "어휴, 이번 주 들어 가장 달콤한 시간이 바로 지금이네요." 잠시 후, 뜨거운 물로 목욕을 마치고서 옷을 입던 중에 새끼발가락이 철제 침대 모서리에 부딪혔다. 그 순간 두 가지 사실을 깨달았다. 발가락이 걸을 수 없을 만큼 심하게 상했다는 것과 성령님이 아까 내가 소파에 앉아 있을 때 했던 말을 지적하고 계신다는 것이었다. 주중에 성령의 강력한 역사 속에 주의 진리를 가르치며 영적 지도자들을 지도하는 데 쓰임 받았던 엄청난 특권을 제쳐 두고, 잠깐의 여가를 우위에 두었던 사실에 대해 내가 그냥 넘어가지 않도록 인도하신 것이다.

나는 즉시 회개했다. 그리고 조금 전 내 말을 들었던 목사님 부부와 그 댁에 같이 머물고 있던 다른 강사에게도 고백했다. 토요일 저녁, 다음 비행기를 타기 위해 목발을 짚고 나서면서, 나는 겸손해지고 순화된 것에 감사드렸다. 또한 균형을 잃고 여가를 우상화한 것을 깨닫게 해주심을 감사했다. 이 일을 계기로 나는 예수님을 섬기는 특권이 그 어떤 큰 대가를 치르더라도, 그보다 훨씬 크다는 사실을 배웠다.

성경을 가르치며 세계 이곳저곳을 여행했던 세월 동안, "집에서 보내는 하루가 천국에 가장 가까워"라고 말하던 때가 있었다. 어느 날 성령님은 내게 '천국에 가장 가까운 것'은 내가 어디에 있든지 하나님의 뜻을 즉시, 기쁘게, 온전히 행하는 것이라고 바로잡아 주셨다. 나는 다시 한 번 회개를 통한 죄 사함을 경험했다.

우상숭배에 관한 하나님의 생각을 아주 생생히 보여 주는 구절이 있다. "어느 나라가 그들의 신들을 신 아닌 것과 바꾼 일이 있느냐 그러나 나의 백성은 그의 영광을 무익한 것과 바꾸었도다"(렘 2:11). 그다음 구절에는 다른 무언가를 하나님보다 위에 두기로 선택한 인간의 광기를 보시는 하나님의 마음이 표현된다. "너 하늘아 이 일로 말미암아 놀랄지어다 심히 떨지어다 두려워할지어다 여호와의 말씀이니라 내 백성이 두 가지 악을 행하였나니 곧 그들이 생수의 근원되는 나를 버린 것과 스스로 웅덩이를 판 것인데 그것은 그 물을 가두지 못할 터진 웅덩이들이니라"(렘 2:12-13). 백성이 '하나님 섬기는 일'을 버렸다고 지적하지 않으신 것을 주목하라. 그들은 '그분'을 버렸다. 하나님은 이제 더는 그들의 삶의 이유, 그들의 첫사랑이 아니었다.

우선권의 초점이 어디에 있는가?

모든 우상 중에서 가장 교묘한 것은 아마도 사역에 몰두한다는 이유로 주님과의 즐겁고 경건하고 친밀한 사랑의 관계를 뒤로하는 일일 것이다. 그래서 나는 이 점에 늘 조심하려고 노력한다. 책 집필 작업에 집중하는 시기에는 특히 더 그렇다. 깨어 있지 않으면, 성경을 찾으며 새로운 메시지를 쓰는 작업에 너무 깊이 들어가 버리게 되고, 숨 돌릴 틈 내기도 쉽지 않기 마련이다. 그러므로 이 메시지는 나 자신에게 하는 설교다. 당신도 함께 듣기 바란다. 한 번 듣고 잊는 것이 아니라, 영원히 남을 교훈을 얻기 바란다.

어쩌면 나의 일화가 당신에게는 별로 와 닿지 않을지도 모른다. 그렇다면 이런 경우는 어떨까? 어느 날 내 친구의 바느질 방에 불이 났다. 친구는 하나님이 무엇을 가르치려 하시는지 금세 알 수 있었다. 그 방에서 지나치게 많은 시간을 보내는 것이 친구의 삶에 두신 하나님의 우선권을 지키는 데 방해가 되었던 것이다. 언제나 해답은 '회개'와 '삶의 변화'다.

그리스도인 사업가 두 명과 각각 상담한 적이 있다. 두 사람의 질문 내용은 같았다. "출근 전에 성경을 읽을 때마다 그날의 약속들이 자꾸 떠올라서 생각이 딴 데로 흘러가요. 어떻게 하면 극복할 수 있을까요? 죄책감이 생겨나서 다시 집중하려고 계속 노력해 보았지만, 매번 같은 일이 반복됩니다."

나는 두 사람 모두에게 같은 대답을 해주었다. "당신에게는 인생의 가장 큰 주안점이 사업에 성공하는 것이고, 매일 성경을 읽는 것은 단지 그렇게 해야 함을 알기 때문에 그저 의무감으로 하는 일이군요. 애초에 당신은 성경을 읽는 목적을 놓치고 있어요. 주 예수의 형상을 닮는 것을 삶의 목표로 삼고, 하나님의 성품과 그의 길을 알아 가는 일을 삶의 우선순위로 여긴다면, 매일 말씀 속에서 보내는 시간이 그 우선권을 지키는 데 절대적으로 필요하다는 걸 알게 될 거예요."

두 사람 모두 내가 말한 내용이 진리임을 깨달았다. 이제 계속해서 사업을 우상으로 삼을 것인지, 아니면 회개함으로 하나님을 올바른 자리에 모실지를 선택해야 할 갈림길에 선 것이다. 그 두 사람의 정직하고 진심 어린 반응을 보며, 나는 그날 그들의 마음에 중대한 변화가 일어났으리라고 생각했다.

성경에서 하나님의 진노는 언제나 공정한 판결이었다. 이는 하나님의 진노가 정의를 집행한다는 뜻이다. 하나님의 심판과 진노는 그분의 경이로운 거룩함과 완전무결한 공의에 속하는 부분이다.

> 오직 만군의 여호와는 정의로우시므로 높임을 받으시며 거룩하신 하나님은 공의로우시므로 거룩하다 일컬음을 받으시리니 (사 5:16).

A. W. 토저는 이렇게 말했다.

> 하나님의 진노는, 타락시키고 파괴하는 어떤 것에 대해서도 전혀 용납할 수 없는 하나님의 본질이다. 하나님의 거룩함이 거룩하지 못한 것과 대면하는 곳에서는 항상 충돌이 일어난다. 지으신 피조물을 보존하시기 위해, 하나님은 그것을 파괴하는 것이

라면 무엇이든 파괴하신다. 세계 역사에 있었던 모든 하나님의 진노의 심판은 거룩한 보존 행위였다. 하나님은 그 사랑과 자비로 우리에게 "다가올 진노를 피하라"고 말씀하신다.

하나님의 심판은 '고의적인 죄' 때문이다. 사실 죄는 파괴력이 가장 크다. 심판으로 말미암은 고통은 우리를 죄에서 멀어지게 하려는 것이므로, 심판은 하나님의 '사랑의 행위'다.

하나님의 심판에 깃든 사랑

우리가 심판 속에 나타나는 하나님의 사랑에 대해 거의 듣지 못하는 이유는 무엇일까? 이 두 가지 성품이 어떻게 조화될 수 있는지를 이해하지 못해서일까?

하나님은 거룩하시므로 우리를 온전히 사랑하실 수 있다. "오직 주만 거룩하시니이다"(계 15:4). 하나님은 거룩하시므로 공평할 수 있다. "그는 반석이시니 그가 하신 일이 완전하고 그의 모든 길이 정의롭고 진실하고 거짓이 없으신 하나님이시니 공의로우시고 바르시도다"(신 32:4). 하나님의 심판은 그의 '완전한 사랑'과 '완전한 정의'가 투영되었다.

하나님에게서 심판과 정의를 제한다면, 남는 것은 하늘에 사는 산타클로스 같은 신이다. 그것은 "주께서 그의 백성을 심판하리라…살아 계신 하나님의 손에 빠져 들어가는 것이 무서

울진저"(히 10:30-31)라고 말씀하신 성경 속의 하나님과는 매우 동떨어진 이미지다.

만약 하나님의 자비에만 초점을 두고 하나님의 심판을 가볍게 여긴다면, 다음과 같은 구절을 진지하게 받아들이지 않고 피하는 것이다.

여호와의 말씀이니라 너희가 나를 두려워하지 아니하느냐 내 앞에서 떨지 아니하겠느냐(렘 5:22).

우리는 하나님의 심판을 포함하여 그분의 경이로운 모든 면모를 이해하는 깊이만큼, 하나님을 경외함으로 진지하게 반응하며 예배하고 순종할 수 있다.

바울은 매우 중요하고 의미심장한 증언을 했다.

그러므로 오늘 여러분에게 증언하거니와 모든 사람의 피에 대하여 내가 깨끗하니 이는 내가 꺼리지 않고 하나님의 뜻을(하나님의 모든 경륜을) 다 여러분에게 전하였음이라(행 20:26-27).

다음 구절에서 바울은 이 강력한 증거를 듣는 대상이 '영적인 지도자들'임을 분명히 밝힌다. "여러분은 자기를 위하여 또는 온 양 떼를 위하여 삼가라 성령이 그들 가운데 여러분을 감독자로 삼고 하나님이 자기 피로 사신 교회를 보살피게 하셨느니라"(행 20:28).

하나님의 말씀을 가르치는 사람들은 마지막 날 심판대 앞에서 해야 할 일이 있다. 그들은 자신이 하나님의 심판을 연구하며 은혜와 자비의 주제를 균형 있게 가르쳤는지, 아니면 회피했는지를 설명해야 할 것이다. 이는 곰곰이 생각해 보아야 할 문제다!

하나님의 자비와 심판

아브라함의 중보기도와 소돔과 고모라의 멸망이 기록된 창세기 18-19장과 에스겔 16장 49절에는 하나님의 '정의'와 '자비'와 '심판의 불'이 함께 명료히 표현되어 있다. 하나님의 심판의 불이 내린 이유는 교만과 게으름, 과식, 우상숭배, 성적 타락, 가난하고 어려운 사람에 대한 무관심 등을 노골적으로 행하고도 회개하지 않았기 때문이다. 창세기 18장 20절은 그들의 죄가 하나님의 눈에 심히 중했다고 기록되어 있다.

하나님의 크신 자비가 가장 먼저 드러난 장면은, 소돔과 고모라의 전멸을 막고자 하나님께 중보하는 아브라함에게 하나님이 대답하시는 부분이다. 하나님은 두 도성에서 열 명의 의인을 찾을 수 있다면 멸하지 않겠다고 말씀하셨다. 이때 대화를 먼저 마친 사람이 하나님이 아니었음을 주의해서 보아야 한다. 나는 아브라함이 하나님께 긍휼을 보여 달라는 간청을 조금 일찍 중단했다고 생각한다. 그는 여섯 번 요청했지만, 성경에서 완전의 수는 '일곱'이다. 이스라엘 자손의 중보자였던 모세의 삶을 연구해 보면, 아브라함이 하나님께 좀 더 요청할 수도 있었음을 알 수 있다. 틀림없이 모세는 하나님의 긍휼에 대해 더 많이 깨달았던 것이 분명하다. 그리하여 더 큰 담대함과 끈기와 믿음을 가지고 기도할 수 있었으리라.

하나님의 크신 긍휼은 롯과 그의 가족에게도 나타났다. 심지어 안전한 곳으로 도망가라는 천사의 명령에 그토록 주저하며 머뭇거리는데도, 성경은 천사들이 그들의 손을 잡고 그 도성에서 끌어냈다고 서술하고 있다. 또 한 가지 중요한 사실이 있다. 롯과 그의 가족이 탈출할 수 있었던 것은, 친척 아브라함의 삶과 간절한 기도 덕분에 그들에게까지 하나님의 자비가 임한 결과였다는 점이다(창 19:29).

부흥의 때에 하나님의 성품을 균형 있게 가르치라

수 세기 동안 일어난 부흥과 영적 각성의 역사를 자세히 연구해 보면, 하나님의 성품이 선포될 때에 하나님의 '사랑과 자비'가 하나님의 '거룩과 심판'에 조화를 이루어 나타났다는 사실을 어렵지 않게 발견할 수 있다. 그러나 어느 때에 어떤 성품이 부각되어야 하는지는 오직 하나님만이 아신다.

영적 각성에 관해 공부한 사람이라면, 조나단 에드워즈가 자주 설교했던 '진노하신 하나님의 수중에 있는 죄인'이라는 주제가 수많은 무리를 주의 나라로 인도하는 데 특별하게 쓰임 받았다는 점을 기억할 것이다.

이는 오늘날 나를 포함해 많은 사람이 즐겨 선택할 만한 제목은 아니다. 사실은 가장 거론하고 싶지 않은 주제일 것이다.

그러나 하나님이 성령을 부으시자, 당시 그 메시지를 통하여 오늘날에는 좀처럼 보기 드문 각성과 회개가 일어났던 것이다.

미국 플로리다에서 있었던 '브라운스빌 부흥'의 역사를 살펴보면 흥미로운 사실 한 가지를 발견할 수 있다. 하나님께 크게 쓰임 받아 믿는 사람과 믿지 않는 사람 모두의 삶을 영원한 변화로 인도한 부흥 강사 스티븐 힐의 주된 설교 주제가 하나님의 사랑, 하나님의 거룩함, 그리고 회개라는 점이다. 최근에 이 귀한 하나님의 종과 만나 대화할 때, 우리는 이 세 가지 측면을 설교하고 가르치는 일이 얼마나 중요한지에 대해 나누며 서로 독려했다. 스티븐 힐의 눈에는 불이 있었다. 하나님 영광의 여러 측면을 계속해서 보아 왔기 때문이다. 이러한 사람은 다시는 평범한 삶으로 돌아갈 수 없다!

교회만이 아니라 문화 자체를 바꾸는 데 사용된 '헤브리디스 부흥'에서, 던컨 캠벨 목사의 설교는 하나님의 거룩함과 철저한 회개에 주안점을 두었다.

웨일스 부흥과 영적 대각성의 특징은 죄를 깨닫게 하시는 '성령의 권능'이 임한 것이었다. 사람들은 극심한 영혼의 고통으로 하늘을 찌를 듯이 통곡하며 회개했고, 이로써 마침내 삶이 변화되었다. 회개에 이어 기쁨의 경배와 찬양이 터져 나왔으며, 이러한 현상은 그 역사적인 기간 내내 지속되었다.

찰스 피니 역시 하나님의 거룩함과 죄에 대한 회개가 절실히 필요함을 가르쳤다. '사랑의 하나님'이 정의를 이루시려면, 동시에 '심판의 하나님'이 되셔야 한다. 피니가 설교하는 동안 성령님은 각 사람에게 너무나 깊이 죄를 보여 주셨다. 이 때문에 통회하는 사람들의 울부짖음으로 피니의 음성이 들리지 않아 설교가 중단되는 일이 예사로 일어났다.

내가 보기에, 오늘날 이와 같은 죄의 자각이 드물게 일어나는 이유는 다음과 같다.

첫째, 성경을 통해 하나님의 거룩함을 깊이 있게 가르치는 설교자와 교사가 상대적으로 소수에 불과하기 때문이다.

둘째, 예수님의 사역에서 회개가 얼마나 중요했는지를 가르치며, 회개의 진정한 의미를 전하는 사람이 상대적으로 적기 때문이다. 예수님은 제자들에게 회개를 가르치게 하셨다. 그것은 예수님이 최초로 가르치셨던 메시지이며, 또한 하늘로 올라가시기 직전에 다시 가르치신 내용이다(마 4:17 참고). 예수님은 "그의 이름으로 죄 사함을 받게 하는 회개가 예루살렘에서 시작하여 모든 족속에게 전파될 것"(눅 24:47)을 명하셨다. 사도행전 2장 38절에 기록된 부흥에서는 베드로가 이것에 대해 설교했으며, 뒤이어 각 사도가 계속해서 이 내용을 설교했다.

셋째, 하나님의 심판에 대해 거의 배우지 않기 때문이다.

넷째, 깊은 죄의 각성이 일어나기를 구하는 믿음의 중보기도가 주님 앞에 거의 상달되지 않기 때문이다.

다섯째, 하나님의 사랑을 가르칠 때 "하나님의 인자하심이 너를 인도하여 회개하게 하심"(롬 2:4)을 함께 가르치는 경우가 드물기 때문이다.

'평강' 속에 맞이하는 하나님의 심판

우리는 고린도전서 13장 1-3절을 통해, 우리에게 역사하시는 '하나님의 사랑'이 중요하다는 사실을 알고 있다. 그러나 우리가 '겸손한 만큼 사랑할 수 있다'는 사실은 거의 배운 적이 없다. 가장 깊이 회개해야 할 문제는 언제나 '교만'에 관련된 것이다. 언제나! 우리의 가장 큰 적은 사탄이 아니라 교만이다.

성경은 우리가 전혀 예상하지 못하는 때에 주의 날이 올 것이라고 분명히 언급한다. 그날에는 "하늘이 큰 소리로 떠나가고 물질이 뜨거운 불에 풀어지고 땅과 그중에 있는 모든 일이 드러나리로다"(벧후 3:10). 하나님은 우리가 이 예정된 역사적 사실을 믿음으로써 "의가 있는 곳인 새 하늘과 새 땅"(13절)이 펼쳐진 주님의 새 왕국에서 다스릴 때를 준비하며 거룩하게 살아가기를 바라신다. 우리에게는 이처럼 기막힌 앞날이 펼쳐져 있다!

베드로 사도는 이 큰 소망을 가지고 살 때 회개하지 않은 죄가 없도록 주의하게 되며, 하나님의 평강이 삶에 나타나게 된다(14절)고 말한다. 우리가 언제나 삶의 스트레스와 그 여파를 토로하며 산다면, 분명 하나님의 평강을 누리지 못하는 것이다. 그럴 때는 우리가 처한 상황 속에서 약속하신 은혜를 받아들이지 않은 것을 회개해야 한다. 하나님은 겸손한 자에게 은혜를 주시는 분임을 기억하라(약 4:6).

하나님의 은혜와 평강은 성경 여러 곳에 필연적으로 한데 묶여 있다. 바울과 베드로와 요한이 성도들에게 보낸 권면의 편지를 보면, 그들은 습관처럼 "하나님 우리 아버지의 은혜와 평강이 너희에게 있을지어다"라고 말했다(이 문장은 서신서에서 자주 인용되었다). 내가 이해하는 하나님의 은혜란, 상황이 어려워도 찬양하는 입술과 감사하는 마음, 평안한 생각을 가지고 대처할 수 있는 초자연적 능력이다.

성경은 "주 예수께서 자기의 능력의 천사들과 함께 하늘로부터 불꽃 가운데에 나타나실 때에 하나님을 모르는 자들과 우리 주 예수의 복음에 복종하지 않는 자들에게 형벌을 내리시리니"(살후 1:7-8)라고 말한다. 그날이 가까워질수록 처한 형편에 관계없이 우리는 '평강'이라는 성령의 열매를 맺을 수 있도록 부지런히 준비해야 한다. 평강은 우리 안에 계신 예수님의 생명을 믿지 않는 자들에게 보여 줄 가장 강력한 증거다. 사탄은 이 능력을 절대 흉내 낼 수 없다.

바울은 데살로니가 성도들에게 써 보낸 모든 편지의 목적이 "우리 주 예수의 이름이 너희 가운데서 영광을 받으시고 너희도 그 안에서 영광을 받게 하려 함이라"고 밝히며, 그 일이 "우리 하나님과 주 예수 그리스도의 은혜대로(은혜에 따라서)" 이루어질 것이라고 설명한다(살후 1:12).

하나님의 의로운 심판

이사야 66장을 보면, 우선권을 지키는 자에게는 상을 주시고, 그렇지 않은 자에게는 벌주시는 하나님의 심판을 엿볼 수 있다. 먼저 1절에서는 하나님이 우리의 상상을 뛰어넘으시는 분임을 언급하신다. 그 후 2절에서는 어떤 사람이 주님의 마음을 감동시키는지 말씀하신다.

무릇 마음이 가난하고(자신의 부족함을 알고) 심령에 통회하며(죄를 회개하는 삶을 살아가며) 내 말을 듣고 떠는 자(여호와를 경외하는 마음이 있고, 하나님을 진심으로 대하며, 어떤 희생을 치르더라도 순종하는 자) 그 사람은 내가 돌보려니와(사 66:2).

이와는 대조적으로 3-4절에서는 자기 뜻대로 살며, 하나님의 명령과 조건을 무시하여 의의 심판을 받는 사람들에 대해 말씀하신다. "나 또한 유혹을 그들에게 택하여 주며 그들이 무서워하는 것을 그들에게 임하게 하리니 이는 내가 불러도 대답하는 자가 없으며 내가 말하여도 그들이 듣지 않고 오직 나의 목전에서 악을 행하며 내가 기뻐하지 아니하는 것을 택하였음이라"(사 66:4). 5-6절에서는 하나님께 순종했다는 이유로 다른 그리스도인들에게 오해받은 모든 사람을 그분이 주의 때에 친히 변호하실 것이라고 격려하신다. 이 또한 하나님의 의로운 심판이다. 주의 놀라운 이름을 찬양하라!

계속해서 7-13절은 처음 우리 속에 부흥을 위해 기도할 부담감을 성령으로 잉태케 하시는 것과 그 부담감을 품는 수고, 그리고 하나님이 응답하시기까지 산고를 치르는 과정을 묘사하고 있다. "그러나 시온(주의 백성)은 진통하는 즉시 그 아들을 순산하였도다"(사 66:8). 더불어 주님은 공의롭고 의로 심판하시는 분이시기에, 절대 사산하지 않고 언제나 완전히 성취할 것이라고 설명하신다. 신실하신 하나님! "여호와께서 이르시되 내가 아이를 갖도록 하였은즉 해산하게 하지 아니하겠느냐"(사 66:9).

그다음 절에서 하나님은 주께서 계시하신 구원 계획에 반항하는 자들에 대한 의로운 심판을 언급하신다. 이때가 하나님이 가라지와 밀을 구분하시는 시점이다. "여호와의 손은 그의 종들에게 나타나겠고 그의 진노는 그의 원수에게 더하리라"(사 66:14).

그리고 이어지는 다음 절에서는 그분이 불로 응답하시는 분임을 친히 나타내신다. "보라 여호와께서 불에 둘러싸여 강림하시리니 그의 수레들은 회오리바람 같으리로다 그가 혁혁한 위세로 노여움을 나타내시며 맹렬한 화염으로 책망하실 것이라 여호와께서 불과 칼로 모든 혈육에게 심판을 베푸신즉 여호와께 죽임당할 자가 많으리니"(사 66:15-16).

축복의 기회와 선택

요한계시록은 하나님의 심판이 의롭다는 사실을 매우 실감나게 묘사하고 있다. "천사가 공중에 날아가는데 땅에 거주하는 자들 곧 모든 민족과 종족과 방언과 백성에게 전할 영원한 복음을 가졌더라 그가 큰 음성으로 이르되 하나님을 두려워하며 그에게 영광을 돌리라 이는 그의 심판의 시간이 이르렀음이니 하늘과 땅과 바다와 물들의 근원을 만드신 이를 경배하라 하더라"(계 14:6-7). 이는 모든 사람이 하나님의 섭리 속에서 주님과 그 구원 계획에 복종함으로써 '영원한 심판'을 면할 기회를 가지게 된다는 뜻이다. 이는 마태복음에도 반복하여 약속된 진리다. "이 천국 복음이 모든 민족에게 증언되기 위하여 온 세상에 전파되리니 그제야 끝이 오리라"(마 24:14).

요한계시록을 보면, 다른 천사가 큰 음성으로 분명하게 공포한다. "만일 누구든지 짐승과 그의 우상에게 경배하고 이마에나 손에 표를 받으면 그도 하나님의 진노의 포도주를 마시리니 그 진노의 잔에 섞인 것이 없이 부은 포도주라 거룩한 천사들 앞과 어린양 앞에서 불과 유황으로 고난을 받으리니 그 고난의 연기가 세세토록 올라가리로다 짐승과 그의 우상에게 경배하고 그의 이름표를 받는 자는 누구든지 밤낮 쉼을 얻지 못하리라"(계 14:9-11).

나는 이 끔찍한 경고의 말을 일부러 한마디도 빼지 않고 기록했다. 그것은 진실이기 때문이다. 이 책을 읽는 독자 중 누구든지 우리에게 어떤 기회와 선택권이 주어져 있는지를 알지 못해 망하게 되는 일을 나는 가만히 볼 수 없다. 여기에서 '기회'란, 하나님의 아들이신 예수 그리스도와 그 구원 계획에 복종하기로 선택하는 것이다. 그 외에 남은 선택은 우리 주 예수 그리스도를 개인적인 구세주이자 구속자로 믿거나 영접하지 않고 삶의 주인으로 모시지 않음으로써 그리스도가 주시는 영생을 거절하는 것이다. 그러한 선택의 결과는 말씀에 기록된 대로 고통을 당하는 것이다.

우리는 영생을 주시는 그리스도의 계획을 선택할 수도, 하나님과 영원히 분리되어 심판을 받게 되는 사탄의 계획을 선택할 수도 있다. "내가 곧 길이요 진리요 생명"이라고 말씀하신 단 한 분 그리스도를 선택하는 것이야말로, 자기 자신에게 줄 수 있는 최대의 선물이다.

눈물로 씨를 뿌리는 자는 기쁨으로 단을 거두리로다

요한계시록 14장 8절에는 불을 다스리는 천사가 등장하고, 15장은 불이 하나님의 심판에서 빼놓을 수 없는 요소임을 매우 독특한 이미지로 표현하고 있다.

> 불이 섞인 유리 바다 같은 것이 있고 짐승과 그의 우상과 그의 이름의 수를 이기고 벗어난 자들이 유리 바닷가에 서서 하나님의 거문고를 가지고…노래를 불러 이르되 주 하나님 곧 전능하신 이시여 하시는 일이 크고 놀라우시도다 만국의 왕이시여 주의 길이 의롭고 참되시도다 주여 누가 주의 이름을 두려워하지 아니하며 영화롭게 하지 아니하오리이까 오직 주만 거룩하시니이다 주의 의로우신 일(심판)이 나타났으매 만국이 와서 주께 경배하리이다 하더라(계 15:2-4).

그러나 이것도 부족하다는 듯이 16장에서는 더욱 극적인 장면이 펼쳐진다. 일곱 천사가 땅 위에 하나님의 심판을 베풀면서 하나님의 진노와 영광과 능력이 더욱 경이롭게 펼쳐지는 것이다.

첫째 천사가 하나님의 진노의 대접을 쏟으니, 하나님이 은혜로 주신 아들을 거부한 자들에게 지독한 종기가 났다. 둘째 천사가 움직이자, 바다가 피같이 되어 그 속의 모든 생물이 죽었다. 셋째 천사가 강과 물 근원에 대접을 쏟자, 바다가 피로 변하고 말았다.

천사는 하나님의 심판이 의롭다고 선언한다. "전에도 계셨고 지금도 계신 거룩하신 이여 이렇게 심판하시니 의로우시도다 그들이 성도들과 선지자들의 피를 흘렸으므로 그들에게 피를 마시게 하신 것이 합당하니이다"(계 16:5-6).

심은 대로 거두는 법칙을 피할 수 없다는 진리를 여기서 다시 강조하신 것이다. 7절에서는 다른 천사가 하나님의 공의로우심을 확언한다. "그러하다 주 하나님 곧 전능하신 이시여 심판하시는 것이 참되시고 의로우시도다"(계 16:7).

그런데 생명을 주관하시는 하나님의 통치권에 대항하여 인간이 얼마나 노골적으로 반항하는지, 심지어 넷째 천사가 권세를 받아 해의 엄청난 열로 사람들을 태운 순간에도 그들은 "이 재앙들을 행하는 권세를 가지신 하나님의 이름을 비방하며 또 회개하지 아니하고 주께 영광을 돌리지 아니하더라"(계 16:9)고 말씀한다.

다섯째 천사가 고통의 대접을 쏟아 사람들이 극한 고통으로 자기 혀를 깨물 때에도, 성경은 그들이 여전히 하나님을 모독하고 자기 행위를 회개하지 않았다고 기록한다. 사람이 땅 위에 생겨난 뒤로 일찍이 없었던 큰 지진이 일어나 섬들과 산들이 사라지며 하늘로부터 어마어마하게 무거운 우박이 떨어질 때에도, 사람들은 여전히 죄를 회개하는 대신 하나님을 모독한다(18-21절). 이제 하나님의 심판의 불이 의롭다는 사실을 더 분명하게 이해할 수 있겠는가?

심판의 불 가운데 계신 위풍당당한 우리 주 예수님의 모습이 가장 숨 막히게 표현된 장면을 보라.

> 또 내가 하늘이 열린 것을 보니 보라 백마와 그것을 탄 자가 있으니 그 이름은 충신과 진실이라 그가 공의로 심판하며 싸우더라 그 눈은 불꽃 같고 그 머리에는 많은 관들이 있고 또 이름 쓴 것 하나가 있으니 자기밖에 아는 자가 없고 또 그가 피 뿌린 옷을 입었는데 그 이름은 하나님의 말씀이라 칭하더라 하늘에 있는 군대들이 희고 깨끗한 세마포 옷을 입고 백마를 타고 그를 따르더라 그의 입에서 예리한 검이 나오니 그것으로 만국을 치겠고 친히 그들을 철장으로 다스리며 또 친히 하나님 곧 전능하신 이의 맹렬한 진노의 포도주 틀을 밟겠고 그 옷과 그 다리에 이름을 쓴 것이 있으니 만왕의 왕이요 만주의 주라 하였더라(계 19:11-16).

이 본문은 이 우주를 통치하고 다스리시는 군주를 최고의 권위와 장엄한 영광, 신비로운 분위기(12절), "만왕의 왕이요 만주의 주"라는 이름으로, 그야말로 눈부시게 묘사하고 있다. 바로 이분이 내가 경배하는 주님이다. 나를 떨게 하며, 경외감에 사로잡혀 말을 잃게 하고, 잠잠히 엎드리게 하는 분 말이다.

바로 이분이 완전무결한 공의로 의로운 심판을 하신다. 그분은 마지막에 짐승과 거짓 선지자를 붙잡아 유황이 타오르는 불바다에 산 채로 던지실 것이다. 그 후에는 자기 입에서 나오는 칼로 그를 대적하여 싸우려고 모인 세상의 왕들과 그 군대를 죽이신다. 이는 바로 하나님의 권능으로 포효하며, 하나님이 주신 권세를 사용하는 유다의 사자, 예수님이시다.

그분은 사탄을 "천 년 동안 결박하여" 무저갱에 던지고 그 위에 인봉하실 것이다(계 20:2). 그 후에 잠깐 놓인 그들이 온 세상을 미혹하여 성도들을 치는 전쟁으로 모으겠지만, 하나님이 그분의 심판의 불이 하늘에서 내려서 그들을 삼키실 것이다(계 20:7-9).

그리하여 마침내 거짓말하는 자, 미혹하는 자, 파괴자, 참소하는 자, 나누는 자, 유혹하는 자인 반역의 근원 사탄은 짐승과 거짓 선지자가 있는 불과 유황의 바다로 던져질 것이다. 거기에서 그들은 밤낮 영원토록 고통을 당할 것이다. 바로 이것이 완전한 정의이며 의로운 심판이다.

흙으로 지어진 어떤 피조물이 감히 우주 창조의 첫 단어를 발하신 그분께 대항할 수 있겠는가! 말씀의 능력으로 우주를 떠받치고 계신 분, 우주에 존재하는 모든 생명이 결국에는 무륱 꿇고 예수 그리스도가 '주'라고 시인하게 하여 하나님께 영광을 돌리게 할 분, 바로 그 위대하고 엄위하신 그분 앞에서 나는 다시 한 번 할 말을 잃고 잠잠히 엎드린다. 그 크고 흰 심판의 보좌에서 두려운 하나님의 권능의 극치가 드러난다. 요한이 본 이 역사적인 장면은 요한계시록 20장 11절에 나온다.

또 내가 크고 흰 보좌와 그 위에 앉으신 이를 보니 땅과 하늘이 그 (얼굴) 앞에서 피하여 간데없더라.

이 말씀을 잠시 생각해 보라. 이렇게 엄청난 분은 손을 까딱한다거나 눈을 깜빡이거나 말 한마디 안 해도 될 만큼 엄청난 능력을 가지고 계신다. 그분은 어마어마하게 놀랍고, 그 무엇과도 비교할 수 없는, 이 세상과는 다른 존재이시다. 그가 얼굴을 드러내시면 하늘과 땅도 사라진다!

의로우신 온 우주의 최고 재판관이 좌정하셔서, 각 사람의 행위를 기록한 책에 따라 땅과 바다에서 나온 모든 죽은 자를 심판하신다. "사망과 음부도 불못에 던져지니…누구든지 생명책에 기록되지 못한 자는 불못에 던져지더라"(계 20:14-15).

이제 하늘과 땅과 바다가 사라졌다. 이에 하나님은 "그 준비한 것이 신부가 남편을 위하여 단장한 것" 같은 거룩한 성 새 예루살렘을 담을 새 하늘과 새 땅을 만드신다(계 21:1).

다음은 예수 그리스도를 삶의 주인으로 삼고, 갖은 고통을 경험한 모든 성도에게 최고의 위로가 되는 말씀이다.

모든 눈물을 그 눈에서 닦아 주시니 다시는 사망이 없고 애통하는 것이나 곡하는 것이나 아픈 것이 다시 있지 아니하리니 처음 것들이 다 지나갔음이러라(계 21:4).

어떻게 말로 다 표현할 수 있을까! 예수님은 모든 것을 정복하신 분이며, 결코 패하지 않는 승리의 대속자시다. 예수님은 우리가 흠모하고 예배하며 늘, 즉시, 온전히, 기쁘게 순종하기에 합당하신 분이다.

CHAPTER 7

The Fire of God in Persecution and Suffering

박해와 고난의 불

예수님은 이 땅에 계실 때, 전심으로 그분을 따르고자 하면 어떤 형태로든 박해가 따를 것이라고 (모든 시대의) 제자들에게 일러두셨다.

세상이 너희를 미워하면 너희보다 먼저 나를 미워한 줄을 알라…종이 주인보다 더 크지 못하다…사람들이 나를 박해하였은즉 너희도 박해할 것이요…그러나 이는 그들의 율법에 기록된바 그들이 이유 없이 나를 미워하였다 한 말을 응하게 하려 함이라(요 15:18, 20, 25).

그런데 우리는 왜 예수님의 헌신된 제자들이 박해를 당한 소식에 늘 놀라는 것일까? 바로 '예언의 성취'이기 때문이다.

하늘에 계신 총사령관을 헌신적으로 섬기는 종이라면, 복음을 위해 영예롭게 고난받는 현실을 직시해야 한다.

초대교회 당시 옥에 갇혔다 천사에게 풀려난 후 다시 유대의 권세자들 앞에서 심문을 받게 되었던 사도들은 이제 더는 예수님의 이름으로 가르치지 말라는 명령에 대해 "사람보다 하나님을 순종하는 것이 마땅하니라"고 반응했다. 그들은 나가서 계속 전했고, 다시 심한 매질을 당했다.

아직도 귓가에 울리는 예수님의 말씀을 따라, 사도들은 이 부당한 고통에 놀랍게 반응했다.

> 사도들은 그 이름을 위하여 능욕 받는 일에 합당한 자로 여기심을 기뻐하면서 공회 앞을 떠나니라 그들이 날마다 성전에 있든지 집에 있든지 예수는 그리스도라고 가르치기와 전도하기를 그치지 아니하니라(행 5:41-42).

그때와 동일한 박해의 불길이 오늘날에도 전 세계 여러 지역에서 맹렬히 타오르고 있다. 그리고 하나님의 사람들은 그때와 동일하게 그리스도를 닮은 사랑으로 대응하고 있다.

하나님의 사랑의 불

내 사위인 존 빌즈(나의 아들 존과 이름이 같아 우리는 J. B.라고 부른다)는 YWAM에서 사역하는 지도자이자 강사다. 그는 예수를 믿는다는 이유로 많은 박해를 받고 있는 목회자와 성도들을 돕고 격려하기 위해, 공산권 국가로 여러 차례 선교 여행을 다녀왔다. 그곳의 목사들은 여러 번 투옥되어 참혹한 상황 가운데 고문을 받았다고 했다. 그중 한 젊은 목사(신변 보호를 위해 데이비드라는 가명으로 기록하겠다)는 감옥으로 끌려가 심하게 구타당했다. 그러고 나서 열네 명의 다양한 범죄자가 갇힌 감방에 감금되었는데, 그중에 그리스도인은 없었다.

데이비드는 오래지 않아 그들에게 살아 계신 예수님을 증거하고, 그들을 전부 그리스도께로 인도했다. 모든 죄수가 그리스도인이 된 것을 간수들이 알아챌 만큼 그 변화가 뚜렷했다. 결국 그들은 데이비드가 더는 복음을 증거하지 못하도록 독방에 가두었다. 그런데 독방 위쪽에는 복도를 향해 작고 낡은 창이 나 있었다. 데이비드는 매일같이 큰 소리로 기도하고, 주님을 찬양하며 예배했다. 간수들에게 성경을 빼앗겼기 때문에 성경 말씀을 읽지는 못했지만, 기억나는 대로 성구를 암송했다. 그 소리를 들은 다른 독방 죄수들이 누구를 향해 그렇게 외치는 거냐고 물으면, 그는 큰 소리로 구원의 도를 설명했다. 그 결과 더 많은 죄수가 그리스도께로 돌아왔다.

어느 날, 이 용감한 목사에게 누군가 나지막하게 말을 걸어왔다. 젊은 여성이었다. 조심스레 귀를 기울이니, 방 모서리 맨 아래에 있는 작은 구멍에서 소리가 새어 나오고 있었다. 감옥 안에는 변기가 없었고, 또 데이비드의 방은 복도 끝에 있었기에 온갖 배설물이 독방에 있는 그 작은 구멍을 통해 그의 방으로 흘러들었다. 그 젊은 여성은 믿음에 관해 여러 가지 질문을 했는데, 데이비드가 그 말에 대답하는 방법은 하나뿐이었다. 손과 무릎을 바닥에 대고 납작 엎드려, 배설물이 흘러드는 배출구에 얼굴을 대고 말하는 것이었다. 그러나 그가 그렇게 구원의 도를 전한 덕분에 그 여성은 그리스도께 돌아왔다.

데이비드 목사는 1980년대에 태국의 난민촌에서 구주를 영접했으며, 구원의 길을 설명해 준 YWAM 사역자들에게 여러 달 동안 주님의 제자로 양육을 받았었다. 당시 그의 나이는 20대 후반이었다. 이 이야기는 그가 30대 초반이었을 때의 일이며, 그의 수중에는 성경도 없었다. 하지만 그는 포기하지 않고 매일 하나님께 YWAM 선교사들에게 배운 놀라운 성경의 가르침이 기억나게 해 달라고 기도했다.

하나님은 그의 기도에 응답하셨다. 데이비드는 여러 주에 걸쳐 그 열악한 상황 속에서 매일 새신자를 양육할 수 있었다. 결국 그는 감옥에서 풀려났다. 내 사위와 딸, 그리고 남편 짐과 나에게 있어 이 젊은 아시아 목사는 최고의 영웅이다. 그의 삶은 지금도 우리에게 계속해서 감동과 도전을 준다. 그를 비롯한 많은 사람이 여러 번이나 감금되며 고난을 받았지만, 마태복음 16장 18절에 있는 예수님의 약속은 지금도 그들의 조국에 놀랍게 성취되고 있다.

내가…내 교회를 세우리니 음부의 권세가 이기지 못하리라.

그러나 박해의 불은 하나님의 사랑의 불에 비하면 아무것도 아니다. 그리스도의 종이 성령의 불로 말미암아 주의 사랑의 불에 들어가게 해 달라고 기도하면 "우리에게 주신 성령으로 말미암아 하나님의 사랑이 우리 마음에 부은바"되기 때문이다(롬 5:5).

성경 말씀을 심도 있게 가르치는 A. B. 심슨 박사는 다음과 같이 말했다.

성령님은 우리의 이기심을 녹이는 사랑의 불을 일으키고, 온유함과 희생과 봉사에 우리 존재를 쏟아부으십니다. 그 사랑의 불은 마치 화산에서 흘러내리는 용암이 그 경로에 있는 모든 것을 하나의 흐름으로 녹이듯, 그리스도인을 하나로 녹이는 연합의 불길입니다.

그리스도인들에게서 오는 박해

사도 바울은 디모데에게 보낸 편지에서, 그리스도에게까지 기꺼이 자라 가기를 최종 목표로 삼는 이들에게는 필연적으로 박해가 따른다는 사실을 알아야 한다고 말한다.

무릇 그리스도 예수 안에서 경건하게 살고자 하는 자는 박해를 받으리라(딤후 3:12).

그런데 슬픈 일은 많은 박해가 그리스도의 몸에 속한 지체들을 통해 온다는 것이다. 이에 대한 확실한 치유책은 예수님이 하라고 명하신 일을 하는 것이다.

주님은 우리를 박해하는 자를 사랑하고 축복하며, 그들을 위해 기도해야 한다고 말씀하셨다. 예수님은 단연코 이 분야 최고의 권위자시다. 따라서 그분께 순종하기로 결정하면 우리에게 기적이 나타나기 시작한다. 예수님은 우리의 고통을 치료하고 자유롭게 하시기 위해 그분의 심장을 우리에게 이식하신다. 우리가 할 일은 그것을 구하고 성령님께 순복하며, 그분이 우리 안에서 일하심을 믿고, 그분이 무엇을 명하시든 순종하는 것이다. 주님은 그분의 시간에 그분의 방법으로 우리를 통해 주의 사랑을 나타낼 기회를 주실 것이다.

성경에는 "사랑은 결코 실패하지 않는다"고 기록되어 있다. 우리에게 잘못한 사람들을 그리스도와 같은 태도로 대하면, 우리가 변화될 뿐 아니라 그들이 변화되는 요인으로 작용한다. 위에서 언급한 대로 실천했을 때, 나는 큰 기적을 여러 번 체험했다. 하나님의 사랑은 이 우주에서 가장 강력한 힘이기 때문이다. 그 사랑은 저항할 수 없고 바꿀 수 없으며, 측량할 수 없고 멈출 수 없고, 또 쉽게 타오른다. 그리고 (다음에 소개할 이야기에서처럼) 박해의 불길 한가운데서도 폭발할 수 있다.

원망의 불은 우리를 황폐하게 할 수도 있지만, 원망을 태워 없애는 하나님의 불로 새로워질 수도 있다. 우리는 비통한 마음으로 까맣게 타 버려 숯이 되거나, 아니면 하나님의 거룩한 불꽃이 되어 우리에게 잘못한 사람들을 향해 그리스도의 마음을 품게 된다. 그것은 우리의 선택에 달렸다.

믿지 않는 자들에게서 오는 박해

예수 그리스도를 만나 헌신된 제자가 된 산토시는 인도 마하라슈트라의 한마을에 사는 하층 계급으로, 글도 모르는 농부였다. 그가 세례를 받던 날, 그의 세례식에 참가했던 한 선교사가 산토시와 가족들을 도시에 있는 선교센터로 초청했다. 이제 그는 읽고 쓰는 법을 배워 성경을 공부할 수 있을 뿐 아니라, 주님과 다른 성도들을 깊이 알아 갈 기회가 생긴 것이다.

산토시는 가족을 부양하기 위해 부역 외에 조그마한 밭에서 작물을 키우고 있었다. 그는 자신이 떠나 있는 동안 이 밭과 집을 돌보아 줄 사람을 찾으면 선교센터로 가겠다고 대답했다. 어느 날 그는 늦은 밤에 시장을 다녀오는 길에, 다음 주에 추수를 시작하려 했던 작물이 모두 불타고 있는 것을 발견했다. 산토시는 다음 한 해 동안 먹을 양식이 불길 속에 사라지는 광경을 무기력하게 지켜보아야만 했다.

그런 일이 생기게 된 것은 그가 그리스도인이 되었기 때문이었다. 바로 그 이유 때문에 친척과 이웃들이 그를 매질했으며, 지붕을 뜯어내기도 했다. 아내는 동네 아낙네들에게 모욕과 경멸을 받아야 했고, 다른 남자와 간통했다는 모함으로 갖은 수모를 당했다. 자녀는 진흙과 오물 세례를 맞았고, 여동생 샨타는 길에서 놀다가 황소 수레에 짓밟힐 뻔했다. 수레꾼이 샨타를 칠 생각으로 수레를 빨리 몰았으나, 하나님이 보호하셔서 누군가의 손에 목숨을 건질 수 있었다.

그동안 이 겸손한 주님의 종은 박해를 통해 오히려 은혜를 받았다. 그는 하나님의 평강으로 생각을 가득 채웠다. 성경이 명하는 대로 믿음 안에서 하나님의 사랑을 품고 원수를 바라볼 수 있었다. 하지만 눈앞에서 일 년치 식량이 사라지는 것을 보니, 무서운 공포와 원망이 그의 마음을 파고들었다. 산토시는 어찌할 바를 몰라 하나님의 도움만을 기다렸다.

그때 갑자기 모든 공력이 하나님의 심판대 앞에서 불로 시험을 받을 것이라는 말씀이 떠올랐다. 이윽고 성령의 불이 그의 마음속에 타오르기 시작하더니, 다음의 질문들이 화인처럼 그의 생각 속에 새겨졌다. '정말로 네 모든 것, 너의 신분, 하는 일, 소유물까지도 하나님께 드렸는가? 정말로 하나님을 사랑하고, 하나님 한 분만을 위해 살도록 너 자신을 맡겼는가? 정말 하나님으로 충분한가? 정말 그분이 전부인가?' 산토시는 대답했다. "예, 주님! 주님이 무엇이든 가져가실 수 있습니다. 무엇이든 전부 다." 그러자 기적이 일어났다.

성령의 불이 그를 핍박한 사람들에 대한 모든 쓴뿌리를 남김없이 태워 버렸으며, 하나님의 사랑의 불이 이 비천한 신분을 가진 인도 신자의 내면을 가득 채운 것이다. 자유를 얻은 그의 마음에는 보너스로 따라온 여호와의 기쁨이 넘쳐흘렀다. 그는 두 손을 높이 들고서, 전에 알지 못하던 언어로 샘물이 솟아나듯 하나님을 찬양했다.

산토시는 이미 물로 세례를 받았지만, 이제는 성령과 불로 세례받는다는 것이 무슨 뜻인지 알았다고 고백했다. 하나님은 그 흠 없는 성품대로 산토시 가족의 필요를 공급해 주셨다. 그들은 도시로 나가게 되었고, 그곳에서 읽고 쓰는 법을 배워 하나님의 말씀을 공부했다. 그들은 그렇게 더욱 능력 있는 증인들로 준비되어 마을로 돌아갔다. 하나님은 그들의 모든 필요를 그분의 시간과 방법대로 넘치도록 신실하게 채워 주셨다.[31]

하나님의 주권

이번에는 내 개인적인 간증을 나누려 한다. 이 간증은 출판물로는 처음으로 고백하는 것이다. 우리가 성령 충만을 최초로 경험할 때, 방언으로 하나님을 찬양하는 은혜를 주시는 경우가 있고, 주권적인 섭리에 따라 그렇게 하지 않으시는 경우가 있다. 그러나 자기의 뜻을 내려놓은 사람이라면 어느 방식이든 상관하지 않을 것이다. 나는 매우 분명하게 성령 충만을 경험한 후로 삶이 180도 변화되었다. 그리하여 나는 지체를 섬기는 데 여러 가지 성령의 은사를 마음껏 사용할 수 있었다.

그렇게 만 6년이 지난 후에 주님은 내게 방언의 은사를 허락하셨다. 혹시 내 안에 뭔가 막힌 것이 있어서 더 빨리 받지 못한 것이 아닐까 추측하는 독자가 있을까 봐 미리 밝혀 두자면, 나에게는 방언에 대한 두려움이나 불신이나 거리낌 같은 것이 전혀 없었다. 성령 충만을 받은 후에 내 삶은 하나님을 친밀하게 알아 가고 싶은 새로운 열망으로 가득 찼으며, 말씀에 대한 끝없는 갈증이 생겼다. 또한 전도의 능력이 눈에 띄게 배가되었고, 사람들을 위해 더욱 효과적으로 기도하게 되었다. 사실 이런 변화는 적은 것이 아니었다!

6년이 지난 후, 혼자서 기도하는 중에 하나님이 조용히 임하여 기도의 언어를 주셨다. 나는 이 은사를 통해 새로운 차원으로 주님을 찬양할 수 있게 되었다. 그 외에도 사람들을 위해 중보기도할 때 이 은사를 사용하면 크게 도움이 된다는 것을 깨달았다. 사실 오늘에 이르기까지 성령님은 바로 그 강력한 용도로 수도 없이 다양한 방언을 하게 하셨다.

나는 성령님이 우리를 위해 아버지께 말씀드리시는 내용을 기도하는 당사자나 함께 기도하는 다른 사람들이 모르는 것이 더 좋다고 판단하실 때, 바로 그때 방언을 사용하게 하신다고 생각한다. 그러면 사탄의 세력이 주변에 있더라도 기도의 비밀이 전혀 새어 나가지 않게 된다. 다만 내가 확실히 아는 한 가지 사실이 있다. 방언을 통해 중보하라는 성령의 감동에 순종하면, 하나님의 손이 중보기도의 대상에게 강력하게 역사한다는 점이다. 나의 경우, 이 일은 자동적인 현상이 아니다. 만일 자기 의사대로 방언을 한다면, 구체적인 중보기도의 방향을 구하며 하나님을 기다릴 필요가 없을 것이며, 기다림으로만 나타나는 강력한 기도의 능력도 없어질 것이다. 이 중요한 주제에 관해서는 나의 책 《스릴 있고 성취감 넘치는 중보기도》 15장에서 자세히 살펴볼 수 있다.

한번은 YWAM의 한 지도자가 결혼 생활에 큰 어려움을 겪었다. 그는 몇 달에 한 번씩 자신의 삶을 우리에게 털어놓았다.

그는 스스로 어찌할 바를 몰라 허둥대고 있었다. 나를 포함한 몇 명의 지도자가 이 상황에 대해 알고 있었지만, 별다른 대책이 없이 시간만 흘렀다.

마침 로렌 커닝햄을 비롯한 다른 국제적인 강사들과 함께 '영적 리더십 콘퍼런스' 강의를 하기 위해 외국에 나가 있을 때였다. 그에게서 심각한 위기 상황을 알리는 전화가 왔다. 로렌과 나는 이제 필사적으로 기도하는 것 외에는 다른 방법이 없음을 깨달았다. 우리는 먼저 하나님 앞에 마음이 깨끗한지 살핀 뒤, 성령님께 온전히 다스려 달라고 청했다. 그러고 나서 혹시라도 틈탈 수 있는 어둠의 세력을 예수님의 이름으로 대적하고, 잠잠하게 했다. 그다음에는 하나님이 우리를 통해 놀랍게 역사하실 것을 믿음으로 고백하고, 그분의 인도하심을 기다렸다. 우리는 아무것도 추측하지 않았다.

잠시 침묵이 흐른 후, 나는 성령의 감동에 순종하여 내 평생 가장 기묘한 언어로 명확하게 말하기 시작했다. 솔직히 약간 당황스러웠던 것도 사실이다. 하지만 그만해야겠다는 생각이 들 때까지 계속했다. 나는 로렌 맞은편 벽을 향해 놓여 있는 의자 옆에 무릎을 꿇고 있었기 때문에, 뒤쪽에서 바닥에 무릎을 꿇고 소파에 머리를 묻은 채 기도하는 그의 목소리를 전혀 들을 수 없었다.

그 후 내가 그 이상한 방언에 관해 이야기하자, 로렌도 같은 시간에 정확히 똑같은 방언을 받았다고 했다. 나는 듣지 못했지만, 그는 내 기도 소리를 들었다. 우리는 성령의 일치된 역사에 감탄하며 주님을 경배했다. 성령님이 어려움에 부닥친 그 부부를 위해 깊고도 비밀스러운 방법으로 아버지와 대화하셨던 것이다. 나는 하나님이 응답하셨다는 확신이 들었다.

그로부터 일주일이 지나기 전에 그 귀한 선교사 부부의 삶 가운데 큰 변화가 생겼다. 그리고 내가 알기로 그들은 지금까지 잘 살고 있다. 하나님의 생각과 길은 우리보다 높을 뿐만 아니라, 시편 18편 30절 말씀처럼 완벽하다. 우리가 아무리 잘 알아도 완벽보다 더 좋을 수는 없지 않은가.

모든 것을 이기는 하나님의 사랑

사탄은 성령의 일들을 흉내 낼 수는 있어도, 겸손에 기반을 둔 하나님의 사랑만은 절대 따라 할 수 없다. 교만으로 가득 차 있는 사탄의 세력은 이러한 사랑을 베풀지 못할 뿐만 아니라, 이해조차 할 수 없다. 겸손은 항상 사탄보다 한 수 위다.

다음의 이야기는 상류층 브라만의 힌두 사제가 하나님의 사랑에 대해 깨달은 이야기다. 그는 힌두 사제들의 교사로서 힌두교 경구들을 빠짐없이 배웠고 "나 크리슈나가 온 것은 죄인을 찾아 파괴하려 함이니라"는 기타경 4장 7-8절을 비롯해 많은 구절을 암기하고 있었다.

어느 날 그는 도서관에서 참고 자료로 신약성경을 읽던 중, 누가복음 19장 10절 말씀에 주목하게 되었다. "인자가 온 것은 잃어버린 자를 찾아 구원하려 함이니라." 그는 다음 문장을 계속 읽어 나갔다. 마침내 그는 성경에 나타난 하나님의 자비로운 성품에 감동한 나머지, 자신의 삶을 주님께 드렸다. 그때가 1962년이었다.

2년 후 그는 집에서 쫓겨나 감옥에 갇혔고, 두 시간마다 경찰에게 매를 맞았다. 아무것도 먹지 못한 채 나흘 밤낮을 보낸 적도 있었고, 맞다가 발로 걷어차여 다리가 부러지기도 했다. 그러나 그것은 시작에 불과했다. 단지 종교적인 이유로 경찰에게 스물두 번이나 구금되어 혹독한 핍박을 받았고, 교도소에 세 번이나 수감되어 총 2년을 복역했다. 하지만 그는 모든 것을 견뎌 냈다.

이 사람은 그리스도인을 극심히 박해하는 나라에 사는 성도들을 향한 하나님의 사랑에 사로잡혀 있었다. 하나님의 사랑의 불은 그의 마음에 놀라운 영적 열정으로 타올랐다. 그는 "우리가 이 나라를 위한 값을 치렀으므로, 이제 이 나라는 정당하게 주님과 주의 백성의 것입니다"라고 담대하게 선언했다. 그때 하늘에서도 천둥 같은 "아멘" 소리가 울려 퍼졌으리라 확신한다.

담대하라, 내가 세상을 이기었노라!

현재 여러 국가에서 예수 그리스도의 교회가 심하게 박해받고 있다. 역사상 가장 많은 나라에서 박해가 일어나고 있다. 확신하건대 박해는 계속해서 늘어날 것이다. 주 예수의 재림이 가까워져 올수록 빛과 어둠의 대조가 극명하게 나타날 것이다. 주의 백성에게는 부흥이 일어나고, 잃어버린 영혼에게는 영적 각성이 일어날 것이다. 한편 성령의 비가 쏟아지는 역사와 더불어 강포와 비열함과 폭력으로 나타나는 사탄의 역사가 양쪽 다 증폭될 것이다. 중간 지대란 있을 수 없다. 하나님의 불은 갈수록 뜨거워져서 주의 영광을 눈부시게 나타낼 것이며, 어둠의 세력은 그에 대항하여 사악한 독을 뿜어낼 것이다.

그러나 그들은 결국 영원히 멸망하게 될 타락한 천사에 불과하다. 나는 그런 존재에는 전혀 감탄하지 않는다. 우리의 군대를 지휘하시는 분은 이 우주의 처음을 빚으셨고, 마지막을 결정하실 통치자 왕이시다. 적의 수와 관계없이 하나님과 함께하는 한 명의 그리스도인이 언제나 더 강하다.

베드로가 예수님을 전하다 감옥에 갇혔을 때, 초대 제자들은 철야 기도회를 열어서 그가 놓이게 되기를 간구했다. 그 응답으로 하나님은 간수들이 자는 동안 천사를 보내어 초자연적으로 모든 문을 열고 친히 베드로를 인도하셨다. 이 땅에 있는 어느 누가 이런 근사한 대접을 받을 수 있을까!

말씀을 잘 살펴보면 예수님은 자기 이름을 위하여 핍박을 받는 자들에게는 특별한 대접이 있을 것을 예언하셨다. 산상수훈에서 '팔복'에 대해 가르칠 때, 주님은 "의를 위하여 박해를 받은 자는 복이 있나니 천국이 그들의 것임이라"고 분명히 말씀하신다. 만약 갖가지 악한 거짓 참소와 비방을 듣는 것도 의를 위한 핍박에 포함된다면, 우리는 복을 받을 뿐 아니라 하늘에 엄청나게 쌓아 둔 상급으로 말미암아 기뻐 뛰어야 할 것이다(마 5:10-12 참고). 예수님은 훌륭한 주인이시므로, 따르는 자에게 돌아오는 몫 또한 매우 크다. 그뿐 아니라 이후의 상급까지도 상상을 초월할 만큼 풍성하다!

박해에 대해 균형 잡힌 하나님의 관점을 가지고 하나님의 공의를 이해하려면, 예수님이 온 세계로 나아가 복음을 전파하라고 명하실 때 약속하신 말씀을 기억하라. 주님은 우리가 그 명령에 순종하기 위해 버린 모든 것을 백 배로 갚아 주겠다고 하셨다. 이 말은 우리가 많은 시험에 통과하고 진실로 주의 영광을 위해 살며 하나님의 우선권에 순종하면, 때가 되었을 때 문자 그대로 '감당 못할 복'을 부어 주시겠다는 뜻이다. 엄청나게 남는 장사다! 그러나 이 계약서에 첨부된 세 단어가 있다. "박해를 겸하여 받고"(막 10:30).

예수님은 이 말씀을 하신 뒤, 곧이어 자신이 죽은 자 가운데서 부활하기 전에 고난을 많이 당해야 할 것에 대해 말씀하셨다. 하지만 제자들은 알아듣지 못했다. 우리가 그리스도의 분량에 이르게 하시는 성령의 역사에 순복하기 원하고 진심으로 예수님을 따르기 원한다면, 고난은 결코 피해 갈 수 없는 훈련 과정이다.

예수님이 남기신 격려와 경고의 말씀을 들으라.

너희로 내 안에서 평안을 누리게 하려 함이라 세상에서는 너희가 환난을 당하나 담대하라 내가 세상을 이기었노라(요 16:33).

나에게 이 말씀은 "피할 수 없이 고난을 겪겠지만, 그렇다고 긴장하거나 두려워하지 마라. 너희를 괴롭히는 그 어떤 것보다 내가 더 크다. 바로 내가 모든 것을 다스리기 때문이다"라는 의미다.

2001년 9월 11일에 뉴욕의 세계무역센터가 테러를 당해 무너졌을 때, 한 십대 소녀가 경험한 일은 위의 말씀을 실제로 보여 주는 놀라운 사례가 되었다. 그 소녀는 다른 사람들과 함께 불길을 피하기 위해 계단을 내려가며 기도하고 있었는데, 갑자기 주변이 모두 무너져 내렸다. 칠흑 같은 어둠 속에서 소녀는 홀로 철제 기둥과 무너진 잔재 사이에 끼어 꼿꼿이 서 있었다. 조금도 움직일 수 없었지만, 살아 있다는 사실만은 분명했다. 소녀는 하나님께 기적을 베풀어 달라고 기도했다.

이 소녀의 기도에 하나님이 응답하신 방법은 내 상상을 초월했다. 이는 우리의 생각을 뛰어넘어 일하시는 하나님 앞에 또 한 번 경외감으로 무릎 꿇게 했다. 하나님은 그 소녀를 그대로 잠들게 하셨다! 24시간 후, 그 소녀는 구조대원들이 생존자를 찾아 잔해를 파헤치는 소리에 잠에서 깨어났다. 때맞춰 소녀를 발견한 구조대원들은 그 소녀의 상태를 보고 깜짝 놀랐다. 잔해로 온통 둘러싸인 채 오랜 잠을 자다가 건강하게 살아 나온 소녀는, 하나님이 단순한 믿음의 기도에 응답하신 사실에 놀라워했다. 소녀가 CNN에 두 번이나 나와 간증하는 모습을 보며 나는 입을 다물 수 없었고, 몇 번이고 내 눈을 의심할 수밖에 없었다.

무슨 일이 있어도 온전히 예수님께 마음을 집중하고 그분의 성품을 신뢰할 때 완벽한 평강이 있다는 이사야 선지자의 말이 떠올랐다(사 26:3). 그 소녀가 그런 끔찍한 상황 속에서도 그토록 달고 긴 잠을 자게 한 것은, 어떤 무신론자도 하나님이 없다고 반박할 수 없게 만들 만큼 '완전한 평안'이었다.

박해받는 교회에 대한 우리의 책임

전 세계적인 핍박에 합당하게 대응하려면, 오늘날 교회가 어느 위치에 서 있는지를 현실적으로 이해해야 한다. 믿을 만한 선교학자와 조사 기관들은 20세기와 21세기에 예수 그리스도를 믿는다는 이유로 순교한 사람들의 수가 이전의 모든 세기에 순교한 사람을 합친 수보다 더 많다고 보고한다. 또한 세계 선교 다이제스트에 의하면 순교자가 무려 1억에 육박한다고 한다. 과거에 가장 많은 사람이 그리스도께 돌아왔던 지역에서는 박해가 더욱 심해지고 있다. 라틴 아메리카, 사하라 주변 국가, 아시아 등이 그렇다. 그러므로 종교의 자유가 있는 곳에 사는 성도는 오직 신앙 때문에 박해받는 성도들의 짐을 덜어 주어야 할 엄청난 책임과 특권이 있다. 반드시 우리는 하나님의 심판대 앞에서 그들을 위해 한 일, 혹은 하지 않은 일에 관해 설명해야 할 것이다.

성경은 우리 믿는 자들이 전 세계의 박해받는 교회를 위해 지금 어떤 일을 해야 하는지 분명하게 말씀한다. "너희도 함께 갇힌 것같이 갇힌 자를 생각하고 너희도 몸을 가졌은즉 학대

받는 자를 생각하라"(히 13:3). 우리는 갇힌 자들을 위해 기도하라는 명령을 받은 것이다.

박해받는 그리스도인들에게 가장 필요한 도움이 무엇이냐고 물으면, 그들은 주저 없이 "제발 우리를 위해 기도해 주십시오"라고 말한다. 그들은 다른 무엇보다도 역경을 이길 수 있는 하나님의 기적적인 은혜가 필요함을 뼈저리게 느끼고 있는 것이다. 그들이 구체적으로 구하는 것들은 이런 것이다.

- 하나님이 보이지 않을 때에도 굳은 믿음으로 견고히 버틸 수 있는 은혜
- 감금된 채 사랑하는 사람들과 장기간 떨어져 있는 고통을 견딜 수 있는 은혜
- 정상적으로 생계를 유지할 방도가 없어진 때에도 기적적으로 공급해 주실 것을 신뢰할 수 있는 믿음

나는 잇사갈 프런티어 미션(Issachar Frontier Mission Strategies)에서 발행한 격월간지 〈전략적 시대〉(*Strategic Times Journal*) 10-11월 호에서 다음의 이야기를 읽고 깊이 감동했다.

시애틀 퍼시픽 대학 종교학과 조교수인 미리엄 애드니 박사는 모스크바 의회로부터 강연 초청을 받았다. 애드니 박사의 여성학 연구가 소비에트 그리스도인 여성들에게 유용했기 때문이다. 다음은 그의 이야기다.

"강의할 때 나는 세계의 신실한 그리스도인 여성들의 이야기를 들려주고 나서, 청중에게 기회를 주었다. '이제 여러분에게 용기를 주었던 신실한 여성에 대해 이야기해 주십시오.' 이윽고 한 사람씩 이야기하기 시작했다. 그중 사십대로 보이는 한 여인이 수줍어하며 조용히 입을 열었다. '제게 본이 되었던 여성에 대해 이야기하겠어요. 이분의 남편은 신앙을 가졌다는 이유만으로 추방당했지요. 그분에게는 자녀가 여덟 명 있었는데, 얼마 후 자신도 체포되어 어린 딸을 안고서 취조 위원회 앞으로 불려 가게 되었어요. 조사관들은 하나님에 대한 믿음을 부인하지 않으면 아이들을 죽여 버리겠다고 말했어요. 얼마 동안 아무 말도 할 수 없던 그 여성은 마침내 하나님이 자신의 자녀를 지켜 주실 것을 믿고 그분을 의지할 수밖에 없다고 말하고는, 어린 딸아이를 의자 위에 남겨 두고 감옥으로 걸어 들어갔어요. 1년이 지나자 여성의 몸은 너무나 약해졌고, 담당 의사는 이제 더는 그 여성을 취조할 수 없다고 당국에 통보했어요. 결국 그 여성은 풀려나게 되었지요. 집에 돌아가니 당시 의자에 두고 간 딸이 뛰어나와 맞이했습니다. 나머지 자녀도 모두 무사했고요. 곧이어 남편도 돌아오게 되었고, 두 사람은 아홉 번째 아기를 가졌답니다. 그 여성은 아흔 살까지 살았고, 자녀 모두 주 안에서 모두 건강하게 자랐어요.' 그리고 나서 여인은 수줍게 몇 마디를 덧붙였다. '제가 그때 그 의자 위에 남겨졌던 아기입니다. 그 여인은 바로 저희 어머니예요.' 이처럼 큰 대가를 치르면서도 신실하게 믿음을 지켜 온 분들 앞에서 나는 안일한 신앙에 대해 정신을 번쩍 차리게 되었고, 그와 동시에 겸손해질 수 있었다."[32]

가난하고 궁핍한 자의 부르짖음에 귀 기울이라

박해를 모른 채 살아가는 우리를 향해 하나님은 수많은 박해와 빈곤 속에 살아가는 이들에 관련하여 엄한 경고를 주신다. "귀를 막고 가난한 자가 부르짖는 소리를 듣지 아니하면 자기가 부르짖을 때에도 들을 자가 없으리라"(잠 21:13). 쉽게 말해, 우리에게 도울 힘이 있는데도 어려운 사람들에게 관심을 기울이지 않으면, 정작 우리가 곤경에 처해 부르짖을 때에 하나님이 듣지 않으실 것이라는 의미다.

가난하고 궁핍한 사람을 돕지 않는 자에게 임하는 하나님의 심판이 있다. "내 백성 가운데 악인이 있어서…그러므로 너희가 번창하고 거부가 되어 살지고 윤택하며 또 행위가 심히 악하여 자기 이익을 얻으려고 송사 곧 고아의 송사를 공정하게 하지 아니하며 빈민의 재판을 공정하게 판결하지 아니하니 내가 이 일들에 대하여 벌하지 아니하겠으며 내 마음이 이 같은 나라에 보복하지 아니하겠느냐 여호와의 말씀이니라"(렘 5:26-29).

남편 짐과 나는 세계 곳곳에서 박해를 받는 형제자매를 위해 수십 년 동안 규칙적으로 간절히 중보기도를 해왔다. 최근 몇 년 동안에는 브라더 앤드류의 '오픈 도어스'(Open Doors) 자료를 받아 보면서 훨씬 더 전략적으로 기도할 수 있게 되었다.

거기에는 기도의 연료로 사용할 수 있는 최근 정보가 구체적으로 가득 실려 있다. 신변 보호를 위해 때로는 가명을 사용하기도 하지만, 이 소식지는 특정 국가의 개인 및 그룹과 어려운 상황에 대해 많은 정보를 제공한다.

이 훌륭한 사역은 세계의 고난 받는 교회를 위해 기도와 재정으로 섬길 수 있는 통로를 제공한다. 오픈 도어스는 그리스도인들이 아무런 정보도 얻을 수 없는 지역에 성경과 리더십 훈련 자료, 그리고 어린이를 위한 책자까지 배부하고 있다.

기도 제목 대상으로 언급된 한 그리스도인 여성은 이슬람교가 주종을 이루는 국가에서 무슬림 남자와 결혼하여 두 자녀를 두었다. 그런데 정부는 그 자녀들이 그리스도인으로 자라지 못하도록 그 여성과 격리시켜 놓겠다며 위협하고 있다. 그 압박감을 상상해 보라.

또 무슬림 가정에서 그리스도께로 돌아온 한 소녀가 있다. 예수님이 세 번이나 꿈에 나타난 후, 그 소녀는 믿는 사람들을 몰래 찾아가 예수님에 대한 이야기를 듣고 나서 회심했다. 하지만 아버지가 이 사실을 알게 된다면 소녀는 십중팔구 죽게 될 것이다.

이러한 이야기를 통해 우리가 마땅히 관심을 두어야 할 귀한 성도들을 위해 정기적으로 중보하며, 성령의 인도를 따라 도움을 줄 수 있기를 소망한다. 그들의 믿음이 약해지지 않도록, 또 초자연적으로 붙들며 공급하시는 하나님의 기적과 은혜를 체험할 수 있도록 기도하라.

그 고난에 참여함을 알려 하여

하나님과의 친밀한 교제 가운데 그분을 더 잘 알기 원했던 바울의 열정적 기도(빌 3:10)를 읽어 보면, 그 소원을 이루는 데 필요한 여러 단계가 언급된다.

내가 그리스도와 그 부활의 권능(섬김의 직무를 부여하는 불)과 그 고난(여러 측면의 고난)에 참여함을 알고자 하여 그의 죽으심을 본받아(본받기 원하노라).

매우 많은 주의 종이 하나님을 알고 그분의 부활의 능력을 경험하기 원한다. 그러나 그리스도의 고난에 참여한다는 것, 곧 자신의 권리에 대해 죽고 그리스도의 형상을 닮는다는 것이 어떤 의미인지를 체험적으로 아는 사람은 매우 적다.

여러 해 전에 처음으로 이 말씀을 가지고 기도할 때, 그리스도의 고난에 참여하려면 내가 먼저 고난을 겪어야 한다는 사실을 깨달았다. 단순하고 논리적인 결론이었다. 또한 나는 하나님의 사랑은 측량할 수 없이 깊고 지혜가 무궁하시므로, 그것이 언제 어떻게 이루어질지를 오직 하나님께만 맡기면 된다는 사실을 깨달았다. 그리스도의 고난에 참여하는 데 있어 가장 훌륭한 준비는 성경에 나타난 하나님의 성품을 면밀히 공부하는 것이다. 말씀에서 얻은 하나님의 성품과 하나님의 도에 대한 계시는 두말할 나위 없이 고통과 혼돈, 미처 응답받지 못한 기도들의 사나운 강풍 속에서 믿음을 견고히 지키게 하는 가장 훌륭한 닻이 된다.

1993년 2월의 어느 날, 나는 새벽 2시 30분경에 갑작스러운 허리의 통증을 느끼며 잠에서 깨어났다. 나는 이렇게 기도했다. "사랑하는 주님, 이 통증을 통해 주님의 이름이 크게 영광 받으시기를 원합니다. 저에게 가르치시려는 것이 무엇인지 알려 주시고, 이 통증의 원인과 목적을 계시하여 주소서. 그리고 이 상황에서 제가 어떻게 해야 할지 인도하소서. 주님의 시간과 방법으로 이 기도에 응답하실 것을 믿고 감사드립니다."

하나님의 답을 기다리면서, 나는 낫고 싶은 모든 권리를 내려놓고 결과를 주님께 맡겼다. 4개월 동안의 침묵 끝에 주님은 욥기를 통해 내가 모진 시험 가운데 있으며, 하나님이 이 상황을 주관하고 계시다는 응답을 주셨다. 나는 다시 한 번 이 고난을 통해 오직 주님만 영광 받으시기를 원한다고 고백했다.

통증이 시작된 지 1년 후, 많은 기도 끝에 하나님의 인도하심으로 척추 수술을 받게 되었다. 하지만 수술 후에 통증은 더 심해졌다. 신경 계통에 심한 손상을 입은 나는 그 후로 2년 동안 교회에 가거나 여행, 집회 강의는 물론, 이미 손대기 시작한 중보기도 관련 집필조차 계속할 수 없었다. 내가 할 수 있는 일은 오직 왼쪽으로 누워서 하나님을 예배하고 찬양하며 성경을 읽고 중보기도하는 것뿐이었다. 차를 타고 어딘가로 이동하려면 아무리 푹신한 매트리스를 뒷좌석에 깔고 누워도 통증이 점점 심해졌기에, 결국은 집 밖으로 나갈 수 없게 되었다. 그러나 엄청나게 변화된 상황 속에서도 나의 정체성은 흔들리지 않았다. 그때나 지금이나 나의 정체성은 국제적인 성경 교사이자 작가에 있지 않고, '하나님과의 친밀한 사귐'에 있었기 때문이다. 그러나 한 가지 다른 점이 있다. 이 일이 있기 전에도 나는 고통 받는 사람들에 대해 언제나 마음 아파했지만, 이제는 그들과 같은 처지에 있다. 이는 엄청난 차이다.

또한 이 경험을 통해 나는 다른 성도들과 교제할 기회가 없이 고립된, 전 세계의 많은 그리스도인 형제자매의 마음을 깊이 이해하고 공감하게 되었다. 2년 동안이나 예배에 참석하지 못한 것이 내게는 가장 힘든 일이었기 때문이다. 그것은 내가 전혀 예상하거나 경험해 보지 못한 외로운 시간이었다. 이처럼 우리는 성도 간에 교제하는 부요한 특권을 빼앗기기 전까지는, 그리스도의 몸 안에서 서로 얼마나 필요한 존재인지 전혀 모른 채 살아간다.

그 후로 12년 동안 매일같이 이 고통을 겪으면서, 짐과 나는 이 질병에 대해 하나님이 무엇을 가르치기 원하시는지 물으며 나아갔다. 하나님은 주로 말씀을 통해 대답해 주셨다. 나는 응답하신 말씀들을 기록해 두었는데, 특별히 같은 메시지를 여러 가지 방법으로 반복하여 말씀하신 것이 눈에 띈다.

1. 나를 기적적으로 치유하실 것이다. (나는 의학적으로 전혀 도움을 받을 수 없는 상태였다. 수많은 대체 요법을 시도해 보았고, 균형 잡힌 식단은 이미 습관화되어 있었다.)

2. 하나님의 은혜를 힘입어 흔들리지 않는 믿음과 인내로 계속 견뎌야 한다.
3. 약속이 오래 지체되는 것은 하나님 나라를 유업으로 받게 하시려는 '성숙의 과정'이기 때문이다(약 2:5 참고).
4. 하나님만 영광 받으시기를 간절히 바라며 그분의 완벽한 때에 대해 신뢰할 때, 하나님이 큰 영광을 받으실 것이다.

신명기에는 "하나님이 불 가운데서 말씀하셨다"고 기록된 부분이 다섯 번이나 나온다. 바로 그것이 내가 경험한 것이다. 나는 "사람이 떡으로만 살 것이 아니요 오직 하나님의 입에서 나오는 말씀으로 살 것이니라"는 말씀에 전적으로 동의한다. 과거나 지금이나 말씀은 언제나 내 생명줄이다. 나는 은혜롭고 자비로우며 성실하고 분명하게 지속적으로 말씀해 주신 그분의 완전한 성품 속에서 안식할 수 있다.

혼란의 시험

믿음의 가장 큰 시련은, 하나님의 숱한 약속들이 성취되기를 기다리기까지 오랜 세월과 고통 가운데 엄습하는 '혼란의 시험'(the perplexity test)이다. 욥의 가장 큰 시험은 '혼돈'이었다. 아브라함의 시험은 인간적으로 '불가능한 약속'과 오랜 '기다림'이었다. 요셉의 시험은 기다리면 기다릴수록 모든 일이 더 '악화되는 상황'이었다. 나 자신도 최근 몇 년 동안 몸을 움직이기가 어려웠기 때문에, 이 세 사람의 상황에 공감한다. 나는 그들의 삶을 통해 큰 힘을 얻었다.

그리스도의 고난에 참여하는 것이 무엇인지 보기 전에, 베드로 사도의 고난에 대한 메시지를 살펴보라. 그는 우리가 불 시험 가운데서 그리스도의 고난에 참여함으로 즐거워해야 한다고 말한다. 그러면 넘치는 기쁨과 더불어 하나님의 영광이 나타날 것이라고 말했다. 이는 놀랍고도 중요한 상급이다.

이해하는 사람도 드물고 가르치는 경우도 거의 없는 주제인 '그리스도의 고난에 참여하는 불 시험'에는 예수님의 삶에 나타난 상황이 다음과 같이 포함될 수 있다.

- 가까운 친구에게 배신을 당함(유다)
- 가까운 가족들에게 잘못된 판단과 오해를 받음(어머니와 형제들)
- 영적 지도자들에게 거짓 참소를 당함(바리새인들)
- 친구가 자신을 부인함(베드로)
- 다른 사람들의 고통에 함께 참여함(나사로의 무덤에서 마르다, 마리아와 함께)
- 다른 이들의 성취되지 못한 비전과 그에 따르는 심판 때문에 아파함(예루살렘을 보고 우심)
- 많은 사람에게 조롱과 모멸을 받음(재판받을 때)
- 심한 육체적 고통을 겪음(채찍질과 십자가형)
- 한때 자신에게 환호를 보내던 사람들에게 사역의 정당성을 의심받음(사촌인 세례 요한)
- 고난의 요인이 된 사람들의 멘토가 되어야 함(베드로의 부인과 십자

가에 못 박은 자들을 용서한 중보의 사역)
- 정신적·감정적으로 몹시 고통스러워 절친한 친구가 가장 필요한 순간에 손을 내밀었지만 도움을 받지 못함(겟세마네에서)

당신이 빌립보서 3장 10절에 기록된 바울의 기도를 진심으로 드렸다면, 이런 시련을 경험하게 된다 해도 놀라서는 안 된다. 단지 하나님을 알기 원한다는 기도가 이런 식으로 응답된 것뿐이다. 육체적인 고통에 시달린 최근 12년 동안, 나는 예상치 못했던 사람에게서 오해와 깊은 상처를 받았다. 내 마음을 아무리 열심히 설명해도 상대는 진실로 받아들이지 않았다. 물론 처음 겪는 일은 아니었지만, 나는 주의 은혜로 상대를 완전히 용서하고, 조건 없이 사랑할 힘을 얻고 난 후에야 마음의 치유를 경험할 수 있었다.

고통스러운 상황 속에서 가장 위로가 된 것은 예수님이 이 땅에서 당하셨던 고난의 목록이었다. 그때 비로소 이 시련이 "내가 그리스도의 고난에 참여하여 주님을 더 온전히 알기 원합니다" 하고 거듭 기도했던 것에 대한 응답임을 성령님이 보여 주셨다. 나는 깨달음의 기쁨과 더불어 특권 의식이 생겼다.

성경에서 "하나님은 의인을 변호하신다"고 말씀하신다. 따라서 나는 신실하신 주인께서 그분의 시간에 그분의 방법으로 진실을 밝히실 것임을 신뢰할 수 있다. 비록 그리스도의 심판의 날까지 기다려야 하더라도 말이다. 내 생각대로 하나님은 한없는 사랑과 공의로 상황 가운데 개입하셔서 나를 완전히 변호해 주셨다. 그뿐만 아니라 그 사람과 전보다 더 견고하고 깊은 관계를 맺을 수 있게 해주셨다. 할렐루야! 친애하는 로버트 슐러 박사가 늘 했던 말처럼 "하나님은 내 상처로 별이 되게 하셨다."

영원을 위해 살아가라

나는 바울이 고난에 대한 그의 관점을 나누는 고린도후서 4장 7-11절의 《메시지》번역을 좋아한다. 이 말씀은 놀라울 만큼 생생하면서도, 예수님께 늘 시선을 고정함으로써 어떻게 고난을 뛰어넘어 살 수 있는지를 보여 준다. 나는 이 말씀이 모두 진실이라는 것을 개인적으로 확인했다.

여러분이 우리만 본다면, 여러분은 그 밝은 빛을 놓치고 말 것입니다. 우리는 이 귀중한 메시지를 우리 일상의 삶이라는 수수한 질그릇에 담아 가지고 다니기 때문입니다. 그것은 어느 누구도 비할 데 없는 하나님의 능력을 우리의 능력으로 혼동하지 않게 하려는 것입니다. 사실, 그럴 가능성이 많지 않을 것입니다. 여러분도 알다시피, 우리는 볼품없는 사람들이니까요. 우리가 고난에 둘러싸여 난타를 당했지만, 사기를 잃지 않았습니다. 우리가 어찌할 바를 몰라도, 우리가 알기로, 하나님은 어찌해야 하는지 알고 계십니다. 우리가 영적으로 위협을 받았지만, 하나님은 우리 곁을 떠나지 않으셨습니다. 사람들은 예수께 한 일(재판과 고문, 조롱과 살해)을 우리에게도 그대로 하고 있습니다.

그러나 예수께서는 그들 가운데서 행하신 일을 우리 안에서도 행하고 계십니다. 그분은 살아 계십니다!

혹시 당신이 고난의 풀무에 들어가 있다면, 깨달음을 얻고 위로받게 되기를 진심으로 바란다. 무엇이든 우리를 예수님께로 더 가까이 인도한다면, 그것은 가치 있는 일이다. 예수님은 우주에서 가장 매력적이고 놀라우신 존재이기 때문이다. 나를 완전히 사로잡은 그분은 내가 완전한 만족을 찾을 수 있는 유일한 분이시다.

잠시 머무는 이 땅 위의 시간이 아니라 '영원'을 위해 살면 가장 풍성한 삶을 누리게 된다. 우리가 이 땅에서 하는 모든 일은 저 위, 본 무대가 펼쳐질 곳을 위한 예비학교에 불과하다. 하나님은 성도 중에 천국에서 나라들을 다스릴 자가 있을 것이라고 말씀하신다.

그러면 영원을 바라보는 가장 풍성한 삶을 살 수 있으려면 어떻게 해야 할까? 먼저 '세계를 위한 비전'을 품어야 한다. 그렇지 않으면 그곳에서 다스리는 일을 맡을 가능성이 희박하다. 우리가 하나님의 우선권에 순종할 때, 우리 삶이 땅 위의 모든 나라에 영향을 끼친다는 것이다. 시편 67편은 우리가 하나님께 복을 받는 이유가 "주의 도를 땅 위에, 주의 구원을 모든 나라에게" 알리기 위한 것이라 말한다. 그 일은 모든 나라를 위해 체계적으로 기도하는 데서 시작된다. 그렇게 기도하는 방법에 대해서는 《스릴 있고 성취감 넘치는 중보기도》 9장을 참고

하기 바란다.

그다음에는 온 세상에 나아가 복음을 전파하고 제자를 삼으라는 하나님의 위임 명령에 따라, 언제 어디서 어떤 상황에서든 하나님께 파송받을 준비가 되어 있어야 한다. 기꺼이 열방을 위한 기도의 '응답이 될' 준비가 되어 있어야 한다. 여기에는 고난이 뒤따를 수 있다. 열방을 복음화하기 위해 '재정'으로 돕는 일도 여기에 포함된다.

고난의 불을 통과하는 목적

베드로 사도는 우리가 고난 받는 목적을 '영원'이라는 큰 그림 속에 두었다. 그는 "그러므로 너희가 이제 여러 가지 시험으로 말미암아 잠깐 근심하게 되지 않을 수 없으나 오히려 크게 기뻐하는도다 너희 믿음의 확실함은 불로 연단하여도 없어질 금보다 더 귀하여 예수 그리스도께서 나타나실 때에 칭찬과 영광과 존귀를 얻게 할 것이니라"(벧전 1:6-7)고 말했다. 워렌 위어스비 목사님은 이 구절을 "한철의 고난으로 영원한 정결함을 얻는다. 주의 자녀들이 용광로를 지나도록 허락하실 때, 하나님은 항상 시계에서 눈을 떼지 않으며 손으로는 온도를 조절하고 계시다. 그분의 인자한 심장은 '얼마나 많이, 얼마나 오래' 고난을 허락하실지 알고 계신다"라고 번역했다. 참으로 위로가 되지 않는가!

하나님이 고난의 불을 통과하게 하시는 한 가지 목적은 우리의 강퍅한 마음을 녹임으로써 그분의 마음을 더 닮아 가게 하는 것이다. 성령님이 우리 영혼을 만지시면 여러 가지 일에 대해 울게 된다.

- 성령을 근심하게 하고 슬프게 하는 것 때문에 운다. 이를테면, 몸 된 공동체의 분열이나 잃어버린 영혼들에 대한 아픔 때문에 운다.
- 우리 죄가 하나님과 사람을 아프게 했기에 운다. 곧바로 회개하고 하나님이 원하시는 모든 조치를 취한다.
- 하나님이 다른 사람들과 그들의 고통과 고난에 대한 하나님의 마음을 우리에게 나누어 주실 때 중보하면서 운다.
- 하나님께 반항한 결과로 고난을 겪는 사람들 때문에 운다.
- 하나님이 우리를 격려하실 때, 그 안도감과 놀라움에 사로잡혀 운다. 그 격려가 우리에게 얼마나 절실했는지는 오직 하나님만 아시기 때문이다!
- 주님의 임재 속에서 운다. 임재가 강할수록 우리의 심령이 더욱 깨지며 더욱 녹게 된다.
- 하나님이 강한 능력을 보이실 때 놀라움으로 운다.

자연적인 불은 생명을 위한 열을 준다. 사람들은 그 온기를 통해 회복과 치유와 에너지를 얻는다. 하나님의 불도 마찬가지다. 오늘날 한순간에 기적적인 치유가 임한 경우를 보면, 신체에 초자연적인 열기를 느꼈다는 간증이 수없이 많다.

그 열을 보내거나 허락하신 하나님의 목적이 다 이루어지면, 그분은 주권적인 방법과 시간으로 권능의 불을 끄고 우리를 건지신다. 우리가 할 일은 그 목적하신 바가 이루어지기까지 기쁨으로 견디는 것이다. 시험이나 핍박이나 고난이나 유혹이나 정결케 하는 불은 우리를 태우려고 임하는 것이 아니다. 마치 금이 가치 있는 보석으로 바뀌듯, 그 속에서 더욱 아름답고 유연하게 그리스도와 닮은 모습으로 정화되기 위함이다.

하나님이 모세에게 명하신 율법 조례를 읽어 보자. "불에 견딜 만한 모든 물건은 불을 지나게 하라 그리하면 깨끗하려니와…불에 견디지 못할 모든 것은 물을 지나게 할 것이니라"(민 31:21-23).

들어갈 때보다 나올 때 훨씬 좋아진다는 사실을 알면, 불을 견딜 힘이 생긴다. 고난을 통해 우리의 예배와 찬양이 더욱 받으실 만한 제사가 된다는 사실을 알면, 하나님의 사랑의 손에서 불이 나온다는 사실을 받아들이기가 쉬워진다. "레위 자손을 깨끗하게 하되 금, 은같이 그들을 연단하리니 그들이 공의로운 제물을 나 여호와께 바칠 것이라"(말 3:3).

나는 언젠가 이 불 같은 연단의 목적이 다 이루어질 때, 상상도 못했던 엄청난 역사가 있을 것이라는 하나님의 약속의 말씀에 가장 큰 용기를 얻는다. 바로 이 말씀이다.

여호와께서 자기 백성의 상처를 싸매시며 그들의 맞은 자리를 고치시는 날에는 달빛은 햇빛 같겠고 햇빛은 일곱 배가 되어 일곱 날의 빛과 같으리라(사 30:26).

CHAPTER 8

The Fire of God in Temptation
유혹과 하나님의 불

사나운 유혹의 위험을 뚫고 나가는 데 가장 힘이 되는 사실이 있다. 바로 그 시간이 예수님을 따르는 데 꼭 필요한 과정이라는 사실이다. 놀라운 스승이신 예수님은 죄가 전혀 없으셨음에도, 모든 면에서 우리와 똑같이 시험을 받으셨다. 우리가 어떤 유혹을 만나더라도 그중에 주님이 겪어 보지 않으신 시험은 없다는 말이다.

주님은 시험하는 자의 전략을 잘 아시며, 어떻게 그를 물리칠 수 있는지도 아신다. 우리의 위대한 대제사장이요 중보자인 예수님은 원수가 치밀하게 쳐 놓은 덫에 상하지 않고서 이 지뢰밭을 통과할 수 있도록, 우리를 위해 하나님 아버지께 가장 효과적으로 기도하는 방법도 알고 계신다.

시험을 받으신 예수님

예수님의 생애를 살펴보라. 그분은 물로 세례를 받고 나서 성령 세례로 사역에 필요한 능력을 받은 직후에 가장 큰 시험을 받으셨다(눅 3:21-22, 4:1-2 참고).

이로써 우리는 원수의 가장 큰 유혹이 성령의 권능을 받은 후에 찾아올 수 있다는 사실을 늘 기억하고, 이 점을 다른 사람에게도 경고해야 한다. 군대가 전쟁할 때에는 아군뿐 아니라 적군의 강점과 약점을 알아야 한다. 우리의 대장 되신 만군의 주 예수 그리스도는 싸움에서 패배한 적이 한 번도 없으시다. 사실상 주님은 십자가에서 원수들을 공개적으로 밟아 이기셨다. 반면에 유혹자 사탄은 영원히 멸망하게 될 타락한 천사에 불과하다. 정말 보잘것없는 지위가 아닌가!

사탄은 이쑤시개 하나도 창조한 적이 없지만, 오랜 경험을 통해 하나님의 자녀를 유혹할 수 있는 꽤 교묘한 수단과 방법들을 축적해 왔다. 우리는 정신을 차리고 그의 전략을 파악해야 한다. 그에게는 창조력이 전혀 없다. 그렇기에 사탄은 에덴동산에서 아담과 하와에게 썼던 구태의연한 전략을 아직도 쓰고 있다. 만약 사람이 그만큼 오래 살 수 있다면, 사탄이 숱한 세월 동안 대상만 바뀔 뿐 똑같은 방법으로 계속 공격하는 모습을 보며 상당히 지루해했을 것이다. 두 가지 주요 공격 영역인 교만과 불신은 우리가 가장 조심해야 할 부분이다.

여러 형태의 유혹 중에서도 매우 교묘한 영역은 바로 진리와 거짓이 혼합된 '속임의 영역'이다. 사탄은 성전 꼭대기에서 뛰어내리는 고범죄(추측하는 죄)를 짓게 하려고 예수님을 유혹했다. 그때 그가 부분적으로 인용한 말씀이 시편 91편 11-12절이다. 사탄은 "하나님이 너를 위하여 그 사자들을 명하사…그들이 손으로 너를 받들어 네 발이 돌에 부딪히지 않게 하시리라"(눅 4:10-11)고 말하면서 "너를 위하여 그 사자들을 명하사" 뒷부분의 "네 모든 길에서 너를 지키게 하심이라"는 말씀은 뺐다. 예수님은 한 번도 아버지의 말씀을 거슬러 행하지 않으셨다. 따라서 '그분의 길'은 오직 아버지께서 명령하신 일뿐이다. 즉, 사탄이 성경을 부분적으로 인용함으로써 하나님에게서 동떨어진 일을 하도록 유혹한 것이다. 이를 알아보신 예수님은 "주 너의 하나님을 시험하지 말라"고 말씀하셨다.

실제로 사탄의 속임수는 특정 성경 구절을 읽고서 진심으로 하나님의 의도와 정반대의 믿음을 갖게 할 만큼 강력하다. 나는 그런 경우를 여러 번 상담했다. 그러나 온전히 정직한 마음으로 진리만을 원하는 사람들에게는, 하나님이 필요한 모든 방법을 동원해서라도 결국 진리를 알게 하신다.

또 사탄은 우리의 감각을 자극하는 것으로 우리를 유혹하려 든다. 식욕을 자극하는 것 중에 특히 '건강을 해치는 음식'에 탐닉하도록 유혹한다. 그러한 음식은 어떤 형태로든 결국 생명이 아닌 죽음에 이르게 한다.

예수님이 40일 동안 금식하시고 굶주렸을 때, 사탄은 하나님의 아들이라는 신성에 의지해 돌을 떡으로 만들도록 유혹했다. 그러나 예수님은 그분의 신성을 내려놓고, 모든 일에 아버지께 전적으로 의지하는 '인자'(人子)로 남기를 택하셨다. 아버지의 뜻과 관계없이 기적을 행하는 것은 그분이 이 땅에 오신 목적에 어긋나는 것이었다. 즉, 만사에 아버지께 온전히 순복하고 의지하여 묻고 또 순종하는 모습을 보여 주는 삶에서 벗어나는 일이었다. 그래서 예수님은 "기록되었으되 사람이 떡으로만 살 것이 아니요 하나님의 입으로부터 나오는 모든 말씀으로 살 것이라"고 답하셨다(마 4:4). 이번에도 사탄은 예수님이 하나님의 뜻을 '추측하여 행동'하도록 유혹한 것이었다.

그다음 유혹은 사탄에게 경배하라는 것이었다. 나는 모든 시험 중에서 이것이 가장 교묘하다고 생각한다. 사탄의 세력은 주 예수님을 향한 헌신보다 사람이나 일을 우위에 두도록 이끌어 낼 것이다. 다시 말해 '우상숭배'를 하도록 유혹할 것이다. 그 유혹에 넘어가기만 하면, 결국에는 우리가 창조된 목적을 이룰 수 없음을 알기 때문이다. 하나님은 '질투하시는' 분이시기에 우리 삶에 다른 사랑이 있는 한, 결코 본래 목적대로 삶이 성취되도록 허락지 않으신다.

예수님께 찾아온 사탄의 세 가지 유혹 중에 두 가지가 바로 '추측'에 관련된 것이었다. 이 책 앞부분에서도 언급한 것처럼, 나는 추측하는 죄야말로 오늘날 교회에 가장 깊이 침투해 있는 죄라고 확신한다. 다윗이 "큰 죄과"라고 표현한 이 죄악에서 구해 달라며 간구한 것을 기억하라(시 19:13). 우리가 이 죄를 하나님이 보시는 것처럼 볼 수만 있다면!

나는 '하나님을 기다리는 것'이 교회에서 잊힌 기술이 되었다는 앤드류 머레이 목사의 말에 전적으로 동감한다. 모든 추측은 교만의 뿌리에서 나온다. 만약 하나님께 순종하기 위해서 그분의 음성을 더욱 분명히 듣는 법을 알고 싶다면, 그 주제에 관해 다룬 나의 책《조이 도우슨의 하나님의 음성을 듣는 삶》을 추천한다. 이미 많은 사람이 그 책을 읽으며, 하나님의 음성을 듣는 데에 도움을 얻었다.

자기 욕심에 끌려 미혹됨이니

우리가 죄를 짓는 것은 '그렇게 하기로' 선택했기 때문이다. 사탄은 우리로 하여금 죄를 짓도록 유혹할 수는 있지만, 그 유혹에 어떻게 반응할 것인지는 우리 자신이 선택하는 것이다.

사람이 시험을 받을 때에 내가 하나님께 시험을 받는다 하지 말지니 하나님은 악에게 시험을 받지도 아니하시고 친히 아무도 시험하지 아니하시느니라 오직 각 사람이 시험을 받는 것은 자기 욕심에 끌려 미혹됨이니 욕심이 잉태한즉 죄를 낳고 죄가 장성한즉 사망을 낳느니라(약 1:13-15).

유혹의 손길 앞에 서 있을 때, 잠시 멈춰 서서 아래의 질문에 답해 보라. 유용한 안전장치가 될 것이다.

- 이 행위에 따르는 결과는 무엇인가?
- 이 일은 나를 어느 곳으로 인도하는가?
- 지금 이 욕구를 만족시키는 일이, 내가 치러야 할 대가만큼 정말로 가치 있는가?
- 이 일이 궁극적으로 내 안에 생명을 가져오는가, 아니면 어떤 면에서든 파괴를 가져오는가?
- 이 일이 하나님의 말씀에 부합하는가, 아니면 대치되는가?
- 성경은 내가 지금 하려는 일의 결과에 대해 뭐라고 말하는가?
- 그 일이 나와 가장 가까운 사람들에게 어떤 영향을 끼칠 것인가?
- 내가 이끌고 있는 그룹에는 어떤 영향을 미치겠는가?
- 지금 하려는 일을 사람들이 알게 되기를 바라는가?
- 지금의 선택에 대해 현재와 장래의 세대가 알고, 또 영향 받게 되기를 원하는가?
- 지금의 선택이 나를 주 예수님과 더 가까운 관계로 이끄는가, 아니면 더 멀어지게 하는가?
- 내 선택이 주님을 기쁘시게 하고 그 나라를 확장하는 데 사용될 것인가, 아니면 사탄을 기쁘게 하며 그의 일에 도움이 될 것인가?

위의 질문에 정직하게 대답한다면, 악한 영의 속임수가 드러날 것이다. 이로써 우리는 자신과 남에게 고통과 상처를 불러올 잘못된 선택을 피할 수 있게 된다.

우리는 결코 유혹의 불이 너무 강했다던가, 너무 교묘했다던가, 다른 사람이 겪은 것보다 더 어려운 것이었다고 변명할 수 없다. 단호하지만 위로가 되는 하나님의 영원한 말씀에 귀 기울이라.

> 사람이 감당할 시험밖에는 너희가 당한 것이 없나니 오직 하나님은 미쁘사 너희가 감당하지 못할 시험 당함을 허락하지 아니하시고 시험 당할 즈음에 또한 피할 길을 내사 너희로 능히 감당하게 하시느니라(고전 10:13).

하나님은 우리의 반응이 어떠한지를 보시려고 우리 삶 속에 시험을 허락하신다. 그러나 우리가 시험에 굴하지 않고 도와 달라고 부르짖으면, 구원하겠다고 약속하셨다.

> 주께서 경건한 자는 시험에서 건지실 줄 아시고(벧후 2:9).

또한 우리를 이해하시는 사랑의 주 예수님은 유혹의 불을 견디는 자에게 특별한 상급을 약속하신다.

> 시험을 참는 자는 복이 있나니 이는 시련을 견디어 낸 자가 주께서 자기를 사랑하는 자들에게 약속하신 생명의 면류관을 얻을 것이기 때문이라(약 1:12).

습관을 통한 죄의 유혹

우리 자신이 인식하지 못하는 사이에 여러 가지 '습관'을 통해 죄의 유혹이 엄습할 수 있다. 죄에 대한 하나님의 생각이 어떠한지 미처 깨닫지 못해서 자리 잡게 된 습관들이다. 그중 대표적인 것이 '불평'과 '불만'의 죄다.

이스라엘 자손은 불평 죄의 전문가였으며, 그 때문에 하나님을 여러 번 시험했다. 그러다 하나님이 더는 참지 않기로 작정하셨다. 고린도전서 10장 10절은 반복적인 불평의 죄 때문에 그들이 멸망했다는 사실을 언급한다. 그리고 "그들에게 일어난 이런 일은 본보기가 되고 또한 말세를 만난 우리를 깨우치기 위하여 기록되었느니라"(11절)고 말한다.

그러면 이 경고에 어떻게 대처해야 하는가? 하나님의 말씀을 사실로 받아들인다면, 우리 입에서 불평의 말이 나오기 전에 주의하여 점검해야 한다. 이때 특히 '마음의 태도'를 살펴보아야 한다. 그 실례를 들겠다.

이 책의 집필 과정에서 이번 장은 거의 막바지 작업에 해당하는 부분이었다. 몸도 마음도 피곤했고, 밤은 깊었으며, 무엇보다 허리 통증으로 매우 고통스러웠다. 익숙한 시나리오가 아닌가? 나는 마라톤과 같은 이 장기전을 빨리 끝내서 출판사에 넘길 수 있기를 간절히 바랐다. 하나님이 맡기신 이 명령을 수행하기 위해 벌써 수개월째 짊어지고 온 무거운 책임과 작업의 부담감에 불평하고 싶은 유혹이 거세게 밀려왔다.

하지만 나는 그것이 어떤 상황인지 알고 있었다. 하나님이 주목하여 듣고 계시며, 예수님이 나를 위해 중보하실 것이었다. 이제 선택해야 했다. 나는 자리에 누워 찬양을 틀어 놓고

한 시간 이상 하나님을 예배하고 찬양했다. 그 결과는 완전한 평강이었다. 더는 아무런 불평도 남아 있지 않았다.

원수의 속임수

수년 동안 사람들을 관찰한 결과, 한때 예수님의 헌신된 제자였던 사람들에게 이런저런 형태로 원수의 속임수가 나타난다는 사실을 발견했다. 어떻게 그럴 수 있을까?

사탄은 하나님께 진심으로 순종하는 사람, 특히 하나님의 얼굴을 자주 구하며 그분의 음성 듣는 사람을 주목한다. 하나님의 뜻에 순종하며 살수록, 하나님 안에서 더욱 의미 있게 열매 맺는 삶의 기회를 누리게 된다. 하나님을 따르는 삶은 신명 나는 모험이 된다. 내 식대로 표현하자면 '다시는 평범하게 살 수 없는 사람'이 되는 것이다. 그들은 보통의 삶, 자기 뜻대로 살아가는 세속적인 삶을 저만치 떼어 놓고 전혀 다른 차원으로 올라간다. 당연히 그들은 수많은 보통 그리스도인들 가운데 눈에 띄는 존재가 된다. 바로 그때가 사탄이 틈타는 타이밍이다. 즉, 사람의 생각 속에 아주 교묘한 공격을 불어넣는 시점이다. 사탄은 이렇게 속삭인다. "너는 참으로 일반적인 그리스도인과 달라. 너처럼 하나님의 음성을 듣고, 너처럼 하나님을 경험한 사람은 거의 없을걸!"

만약 가장 사악한 교만인 '영적 교만'이 마음속에 자리한 사람이라면, "맞아. 난 정말 다른 사람들보다 더 영적으로 성숙한 삶을 살고 있어. 그러니 하나님께도 더 중요한 사람이야"라고 반응하기 쉽다. 반면에 '진정한 겸손'을 지닌 사람이라면, "이런 생각은 진리가 아니야. 하나님에게서 온 생각일 리가 절대 없어. 수많은 주의 자녀가 나처럼 하나님의 음성을 듣고 순종하기를 간절히 원하고 있어"라고 반응할 것이다. 이러한 사람은 요한복음 10장 3절, 4절, 27절에서 "내 양은 내 음성을 들으며 나는 그들을 알며 그들은 나를 따르느니라"고 말씀하신 것처럼, 그분이 어떤 방식으로든 응답하실 것을 믿는다. 다른 성도들보다 자신이 더 우월하다고 여기는 생각은 하나님의 말씀과 결코 일치할 수 없으므로, 그는 이러한 생각을 불어넣은 대상을 예수님의 이름과 하나님의 말씀으로 대적한다. "마귀를 대적하라 그리하면 너희를 피하리라"(약 4:7).

사탄은 '겸손'이라는 지름길을 택한 이 성도의 삶에 터를 잡고 속임의 진을 칠 틈이 없다는 사실을 알게 된다. 사탄은 교만으로 가득한 존재이며, 겸손의 'ㄱ'자도 알지 못한다. 따라서 겸손이야말로 원수를 대적하는 가장 큰 무기라고 할 수 있다. 겸손은 언제나 사탄을 압도한다. "겸손한 자에게 지혜가 있다"고 기록된 성경 말씀처럼, 사탄은 교만하기에 지혜가 없다. 그래서 항상 우쭐대다가 큰코다치는 것이다. "너의 마음의 교만이 너를 속였도다"(옵 1:3). 정말 성경적인 겸손을 지닌 그리스도인이라면, 속이는 자의 거짓말에 절대로 걸려들지 않을 것이다. 말씀에 나타난 하나님의 거룩함과 겸손의 기준에 맞지 않으면, 그것이 어떤 생각이든 내던지라!

'종교의 영'의 전략

종교의 영들은 속임수와 진리의 혼합이며, 모든 악한 영 중에서 가장 교묘하다. 그들은 '하나님'이라는 높은 신적 존재를 인정하고 우러른다. 이 부분은 진리다. 한편 거짓은 예수 그리스도의 신성, 그리고 그분이 성부 하나님께로 나아갈 수 있게 해주는 유일한 길임을 믿지 않는다. 그러나 성경은 "하나님과 사람 사이에 중보자도 한 분이시니 곧 사람이신 그리스도 예수라"(딤전 2:5)고 분명히 말한다.

모든 '종교의 영'의 근본 전략은 주 예수 그리스도의 신성과 부활을 부인하게 하는 것이다. 예수님이 삼위의 한 분이심을 믿지 않는다면, 즉 그분이 나의 구속을 위해 가장 큰 대가를 치른 하나님의 죄 없는 아들이며, 다시 사신 분이라는 사실, 그리고 그분께 순복함으로써 성부 하나님과 나의 관계가 회복된다는 사실을 믿지 않는다면, 당신은 그분께 삶을 드릴 수 없다. 종교의 영은 우리가 그 사실을 믿지도 행하지도 못하도록 설득하려 애쓴다.

종교의 영은 종교적인 사람들을 통해 일하며 번성한다. 이들은 영적인 일에 열성을 보이며, 자신의 주장을 뒷받침하는 성구를 자주 인용한다. 또한 설득력 있는 논쟁으로 사람들을 개종시키려고 애쓰지만, 마음의 변화와 삶의 변화로 평안을 누리는 일에는 어떤 도움도 주지 못한다.

그들에게는 율법주의적인 경향이 있다. 세상에서 영적·사회적·경제적으로 어려움을 당하는 사람들을 돕는 일에는 관심도 비전도 품지 않는다. 세상의 필요에 대해 철학적으로 이야기할 수는 있지만, 그 필요를 직접 채우려고 뛰어들려는 마음은 전혀 없다.

조금 다른 부류지만, 수백만의 사람이 '종교적 행위'로써 신의 은총을 받을 권리를 얻어야 한다는 두려움에 사로잡혀 있다. 대부분 사람이 "길이요 진리요 생명"(요 14:6)이신 오직 한 분에 대한 진리를 들어보지 못했다. 그분은 초자연적인 생애와 죽음과 부활로 "길과 진리와 생명"임을 증명하신 예수 그리스도시다. 하나님이 주신 본능적인 '경배의 소원'을 채우기 위해 그들이 할 수 있는 일은 대개 어릴 때부터 알았던 신을 섬기는 것이다. 종교는 규칙과 법에 기초하며, 마음의 변화를 일으키지 못한다. 그러므로 그들의 삶은 자기 투쟁, 자기중심, 자기 의로 가득하다.

길이요 진리요 생명이신 하나님의 아들 주 예수 그리스도를 안다고 말하는 사람 중에도 단순히 종교 생활만을 하는 사람이 많다. 다행히도 이 사실을 곧 깨닫게 되어, 죄를 사하시고 영생을 주시는 사랑의 구원자를 인격적으로 만나는 사람들의 수가 늘고 있다.

그들은 하나님께 자신을 기쁘게 내드리며, 그분이 말씀대로 마음속에 거하시기를 구함으로써 변화를 경험한다. 성령님께 생각과 말과 행동을 날마다 다스려 달라고 요청할 때, 삶의 가치관과 소원과 우선순위가 바뀐다. 자기중심적인 생각이 그리스도 중심으로 바뀌며, 주님을 닮는 것이 삶의 목표가 된다. 주를 사랑하기 때문에 주께서 우선으로 여기시는 것이 그들의 삶에서도 우선순위가 된다. 하나님의 사랑이 그들 삶의 원동력이 된다. 그들의 마음에는 하나님과 그분의 백성, 그리고 그분을 모르는 사람들을 향한 사랑이 자란다.

이 시대를 살아가는 수백만의 종교적인 무리가 이제는 주 예수 그리스도의 참된 '제자'가 되었다. 두려움이 믿음과 기쁨으로 바뀌었고, 교리 대신 진리와 평안이 자리 잡았다. 자기 의는 겸손으로 대치되었고, 차가운 무관심은 하나님의 사랑으로 변화되었다. 그들은 이제 더는 자신만을 위해서 살지 않는다. 오직 자기를 위해 죽으시고 살아나신 그분을 위해 사는 것이다(고후 5:15). 모든 종교의 영, 그 배후에 있는 사탄은 예수님의 "진리를 알지니 진리가 너희를 자유롭게 하리라"(요 8:32)는 말씀 때문에 크게 패했다.

교만과 불신의 함정

하나님의 능력으로 종교의 영과 속이는 영의 지배에서 벗어나야 할 사람들이 또 있다. 이 사람들은 훨씬 더 교묘한 기만 속에서 살아간다. 그들 중에는 이전에 진리를 알았거나 심지어 어느 정도 진리를 실천하며 살던 이들도 많다. 하지만 지적인 교만으로 단순한 진리에서 떠나가게 되었다. 디모데후서 3장에 바로 이런 사람들이 언급된다. 경건의 모양은 있으나 경건의 능력은 부인하는 자(5절), 항상 배우나 끝내 진리의 지식에 이를 수 없는 자(7절), 속이기도 하고 속기도 하는 자(13절)가 바로 그들이다.

사도 바울은 젊은 디모데에게 보내는 편지에서 하나님의 감동으로 기록된 성경을 믿음의 근본으로 삼아야 한다고 말한다. 그는 이러한 상태에 대해 다음과 같이 경고한다.

> 그러나 너는 배우고 확신한 일에 거하라 너는 네가 누구에게서 배운 것을 알며 또 어려서부터 성경을 알았나니 성경은 능히 너로 하여금 그리스도 예수 안에 있는 믿음으로 말미암아 구원에 이르는 지혜가 있게 하느니라 모든 성경은 하나님의 감동으로 된 것으로 교훈과 책망과 바르게 함과 의로 교육하기에 유익하니 이는 하나님의 사람으로 온전하게 하며 모든 선한 일을 행할 능력을 갖추게 하려 함이라(딤후 3:14-17).

성경을 읽을 때 지성적인 관점으로만 접근하면, 그저 정보만을 얻게 될 것이다. 그러나 성령님께 마음의 눈을 열어 달라고 요청하며 그분의 성품과 길을 깨닫게 해 달라고 기도하고 믿으면, 진리를 깨닫게 된다. 진리를 깨달을수록 순종하려는 마음이 커진다. 바로 그것이 하나님의 놀라운 연애편지인 '성경'을 읽는 목적이다.

지적인 교만에 마음을 빼앗기면, 예수님처럼 부지런히 진리를 추구하는 겸손을 행하지 못한 채 진리에 대해 철학적으로 논쟁하게 되며, 속임과 종교의 영이 공격하는 대상이 된다. 속임과 종교의 영이 영혼을 점령하면, 관점과 신념에 강한 영향을 받는다. 이러한 영은 자기에게 가장 위협적인 존재가 겸손하고 어린아이 같은 그리스도인, 하나님께 전적으로 의지할 수밖에 없음을 항상 인식하는 그리스도인이라는 점을 잘 안다. 그런 이들은 하나님의 능력과 사랑, 지혜, 공의가 완전하시다는 사실과 더불어 그분이 절대적으로 신실하며 거룩하시다는 사실을 전적으로 믿기 때문이다.

종교와 속임의 영의 주요 전략

종교와 속임의 영이 주로 쓰는 전략은 우리의 교만과 불신에 호소하는 것이다. 이 영들은 사람들에게 하나님의 계획보다 더 매력적인 계획이 따로 있다는 것, 그리고 그들이 특별한 존재이므로 더는 하나님의 계획을 따를 필요가 없다는 것을 설득한다. 그렇게 하면 그들의 믿음의 길도 바꿔 버릴 수 있다는 사실을 알기 때문이다. 이 모든 것이 생각에서 시작되므로 그곳이 바로 전쟁터다. 마귀의 속임수는 항상 성경에 있는 하나님의 기준을 벗어나 타협하게 한다.

예수님 당시의 종교 지도자들은 종교와 속임의 영에 묶인 종교적인 사람들의 전형적인 예다. 예수님은 그들을 향한 하나님의 '의로운 진노'를 강하게 표현하셨다. 하나님은 율법주의와 냉담한 마음, 판단하는 태도, 거짓과 위선과 교만을 미워하시기 때문이다.

그런데 그들 중에 예외가 있었다. 니고데모라는 유명한 율법 교사는 절실함으로 진리를 추구하는 사람이었다. 그는 정직하고 겸손했다. 그는 부지런히 찾았으며, 모든 정직한 구도자와 마찬가지로 마침내 진리를 찾아냈다. 성전에 나가는 종교 지도자들로 하여금 하나님의 아들의 신성을 부인하게 하려는 사탄의 계책에도 니고데모는 결코 넘어가지 않았다. 그가 예수님을 시기하지 않고 진심으로 배우기 원했기 때문에, 속이는 자가 비집고 들어갈 틈이 없었던 것이다.

이번에는 초대교회 당시 종교 지도층이었던 한 열심 당원을 살펴보자. 바로 다소에서 온 '사울'이다. 사도 바울도 종교의 영에 붙잡힌 적이 있다는 말인가? 종교 지도자들은 항상 과격하리만치 헌신된 예수의 제자들을 눈엣가시로 여겼고, 사울도 예외는 아니었다. 사울은 속이는 자요 거짓의 아비인 사탄에 이끌려 그리스도인들을 감옥에 던져 넣었다.

니고데모와 사울이 같은 바리새파였다는 점이 흥미롭지 않은가? 두 사람 다 히브리 율법과 전통 지식에 깊이 젖어 있었다. 두 사람 다 당대에 인정받는 학자였다. 그런데 왜 진리이신 예수님과 직면했을 때 그토록 정반대로 반응했을까? 두 사람의 마음 상태가 달랐기 때문이라고 생각할 수밖에 할 수 없다. "그렇지만 사울은 니고데모처럼 예수님을 직접 뵐 기회가 없지 않았는가"라고 반박하고 싶을지 모르겠다. 물론 사울에게는 똑같은 기회가 없었다. 하지만 분명 굉장히 좋은 기회가 주어졌었다.

초대 그리스도인들이 사울에게서 그토록 심하게 핍박을 받은 이유는 예수 그리스도에 대한 지극한 헌신과 사람들에게 그분을 알리려는 뜨거운 열망 때문이었다. 이렇게 귀하고 헌신된 예수님의 제자들을 학대하고 위협할 때마다, 사울은 그들에게서 그리스도의 생명을 볼 기회를 누릴 수 있었다. 그는 순교자 스데반이 천사같이 빛나는 얼굴로 돌을 맞는 모습을 목격했고, 그가 "주여 이 죄를 그들에게 돌리지 마옵소서"(행 7:60)라고 기도하는 소리도 들었다. 사울은 분명 예수 그리스도의 생명을 날마다 강렬하게 만나고 있었던 것이다.

"교만은 패망의 선봉이요 거만한 마음은 넘어짐의 앞잡이니라"(잠 16:18). 하나님은 자신의 학식과 지적인 조예, 종교적인 배경과 열심에 도취해 있는 진리의 적대자를 예수 그리스도께 매인 겸손한 종 '사도 바울'로 바꾸려면 어떻게 해야 할지를 알고 계셨다.

하나님의 권능의 불이 그를 내리쳐 말에서 떨어지게 하면서부터 그 역사가 시작되었다. 하늘로부터 들려오는 음성이 그를 꾸짖었고, 이윽고 그는 강렬한 하나님의 영광의 빛에 눈이 멀어 다른 사람의 손에 이끌려 인도를 받아야 했다.

교만은 모든 속임의 근본이다. "너의 마음의 교만이 너를 속였도다"(욥 1:3). 반대로 겸손은 지혜의 근본이다. "교만이 오면 욕도 오거니와 겸손한 자에게는 지혜가 있느니라"(잠 11:2). 하나님을 기쁘시게 해 드리기 위해 우리 마음이 어떠해야 하는지를 설명할 때, 예수님은 계속 어린아이의 예를 사용하셨다. 단순하고 투명하리만큼 정직하고 사랑스럽고 주님을 온전히 신뢰하고 의지하는 마음…. 사도 바울은 바로 그러한 마음으로 변화되었고, 종교와 속임의 영을 드러내고 사람들을 풀어 주는 일에 놀랍게 쓰임 받았다. 겸손이 바로 이와 같은 차이를 낳은 것이다.

속임에서 해방되기

이제 우리는 속이는 영의 영향을 받지 않아도 된다. 성경은 "하나님의 아들이 나타나신 것은 마귀의 일을 멸하려 하심"(요일 3:8)이라고 말한다. 예수님도 "내가 너희에게…원수의 모든 능력을 제어할 권능을 주었으니"(눅 10:19)라고 말씀하셨다.

속이는 영이 역사하고 있다는 사실을 깨닫게 되었을 때 가장 먼저 할 일이 있다. 악한 영이 어떻게 그 사람의 삶에 거점을 마련할 수 있었는지 알아내는 것이다. 오바댜 3절 말씀에서 보았던 것과 같이 '해결되지 않은 교만'이 속임의 원인이다. 대부분 영적인 교만은 하나님이 어떤 사람을 특별하게 사용하셨을 때 하나님께 영광을 돌리지 않는 데서 비롯된다. 하나님이 우리를 더욱 사용하실수록 다음의 진리를 믿기보다는 자기 자신에게 감탄하기 쉽다.

- 하나님이 한두 번 하신 말씀을 내가 들었나니 권능은 하나님께 속하였다 하셨도다(시 62:11).
- 내 영광을 다른 자에게 주지 아니하리라(사 48:11).

- 나를 떠나서는 너희가 아무것도 (어떤 영적인 일도) 할 수 없음이라 (요 15:5).
- 무릇 마음이 교만한 자를 여호와께서 미워하시나니 피차 손을 잡을지라도 벌을 면하지 못하리라(잠 16:5).

어떻게 하면 가장 신실한 그리스도인마저 속임의 덫에 걸릴 수 있는지 보여 주기 위해, 한 헌신된 그리스도인의 이야기를 나누고자 한다. 벌써 오래전에 주님 곁으로 간 그는 생전에 많은 사람에게서 사랑과 존경을 받았다.

언제부터인가 그는 사역할 때 오는 감동이나 인상이 모두 성령님에게서 온 것은 아니라는 사실을 깨달았다. 그는 하나님을 경외했으며 진리만을 전하기 원했기 때문에 이 문제를 두고 깊이 고민하게 되었다. 점점 자신이 속이는 영의 영향을 받고 있는 것은 아닌지 의심스러워졌다. 그는 사흘 동안 금식하면서 마음에 떠오르는 거짓된 인상의 원인을 보여 달라고 간구했다. 원수가 주는 생각일 수도 있고 자신의 생각일 수도 있지만, 그것이 어디에서 온 것인지 하나님은 정확히 알고 계시며 진실을 보여 주시리란 확신이 있었다.

둘째 날, 하나님은 그의 생각대로 속이는 영이 그에게 영향을 미쳤음을 확인해 주셨다. 원수에게 틈을 제공한 원인은 '영적 교만'이었다. 그는 깨어진 마음으로 철저히 회개했다. 그리고 성령님의 인도하심에 따라 요한계시록 12장 11절과 야고보서 4장 7절 말씀을 선포하여, 십자가에서 흘리신 예수 그리스도의 피를 근거로 속이는 영이 더는 역사하지 못하도록 전능하신 예수님의 이름으로 명령했다. 그는 믿음으로 "우리 주 예수 그리스도를 통해 우리에게 승리를 주시는 하나님께 감사합니다"라고 선포했다. 이로써 그는 하나님의 능력의 불로 완전히 자유롭게 되었다.

이 사건은 그 자신뿐 아니라 후에 이야기를 들은 우리에게도 큰 교훈이 되었다. 아무리 주님과 오래 동행하고 축복의 통로로 크게 쓰임 받은 사람이라 해도, 해결되지 않은 교만이 있으면 악한 영에게 틈을 줄 수 있다는 사실 말이다. 항상 그렇듯 모든 일의 원인은 교만이었고, 그것을 해결하는 첫걸음은 겸손이었다. "겸손한 자들에게는 은혜를 주시느니라"(벧전 5:5).

거룩한 대로를 통행하는 자유

나 자신의 체험과 성경 말씀을 통해 내가 백 퍼센트 확신하는 사실이 있다. 어떤 위치에 있건 어떤 상태이건 상관없이, 유혹의 불화살을 막는 최대의 방패는 '하나님을 경외하는 마음'이라는 것이다. 왜 그런가? "여호와를 경외하는 것은 악을 미워하는 것"(잠 8:13)이기 때문이다.

우리는 죄짓기를 '선택'한다. 그래서 죄를 짓는다. 우리에게는 자유의지가 있다. 죄가 특정한 모양새로 다가왔을 때, 우리 자신이 하지 말아야 할 일을 하거나, 해야 할 일을 하지 않기로 선택하는 것이다. 첫 번째 반응이 일어나는 곳은 '생각'이다. 우리에게 죄를 사랑하는 마음이 있는지, 아니면 죄를 미워하는 마음이 있는지에 따라 결과가 판가름 난다. 하나님을 경외하는 것은 악을 미워하는 것이기 때문에, 죄를 극복하는 가장 큰 힘은 곧 하나님을 경외하는 마음이다. 싫어하는 것을 일부러 선택하는 사람은 없다. 오히려 그런 것이 있다면 전염병을 대하듯 피할 것이다.

반대로 말하면, 우리는 하고 싶은 일을 선택한다. 이 사실을 깨달으면 다음과 같이 정직하게 고백할 수밖에 없다. "내가 죄를 지은 이유는 내가 그 죄를 사랑하고, 싫어하지 않았기 때문입니다. 그 죄에 대한 나의 마음부터 바꾸어야 합니다." 감사하게도 하나님은 그 해답을 가지고 계시다. 우리가 여호와를 경외하는 마음을 구하고 그 마음을 믿음으로 받을 때, 그분은 신실하게 응답하실 것이다. 이는 전혀 복잡하지 않다.

물론 기도해도 아무 느낌이 없을 수 있다. 그래도 믿음으로 기도하라. 그러면 낮이 가고 밤이 오듯, 죄에 대한 당신의 태도를 하나님이 분명하게 바꾸어 주실 것이다. 보장할 수 있다. 그것은 다음에 또다시 그 죄에 대한 유혹이 올 때, 우리가 본능적으로 어떻게 반응하는지를 보면 확실히 알 수 있다. 어느덧 그 죄에 따르는 즐거움이 사라지고 역겨운 느낌이 들 것이다. "여호와를 경외함으로 말미암아 악에서 떠나게 되느니라"(잠 16:6). 한때 사랑했던 것을 싫어하게 된다. 이렇듯 죄를 사랑하던 영역이 하나님을 경외하는 마음으로 채워지면, 조만간 사탄은 더 유혹해 봐도 헛수고라는 사실을 파악할 것이다. 완전히 자유다.

만약 어떤 죄를 어떤 면에서든 매력 있게 느낀다면, 실제로 죄를 짓지는 않았더라도 하나님을 경외하는 마음이 필요함을 알 수 있다. 이미 오래전에 이사야가 예언했듯이, 예수님은 하나님을 온전히 경외하셨기 때문에 "이 세상의 임금이 오겠음이라 그러나 그는 내게 관계할 것이 없으니"(요 14:30)라고 말씀하실 수 있었다. 사탄의 모든 매력적인 유혹은 예수님께 불쾌감을 줄 뿐이었다. 그러므로 어떤 유혹도 그분의 삶에 들어설 틈이 전혀 없었다. 이것이 바로 이사야가 언급한 '거룩한 대로'를 통행하는 자유다.

> 깨끗하지 못한 자는 지나가지 못하겠고 오직 구속함을 입은 자들을 위하여 있게 될 것이라(사 35:8).

사탄이 주는 생각 때문에 자주 시달린다면, 당신의 삶에서 아직 회개치 않은 죄의 진을 계시해 달라고 주님께 요청하라.

'미리 경고'를 듣는 것은 '미리 무장'을 한다는 것이다. 하나님을 경외하는 마음에 대해 가르쳤던 내 강의 테이프를 들은 한 여성이 편지를 보내왔다. 특별히 '이성과의 관계'에 대한 부분에서 도움을 받았다고 했다. 우리는 이성에게서 신체적인 매력, 성격적 조화, 지적인 친화력, 영적인 일치감 등 모든 면에서 매력을 느낄 수 있는데, 하나님이 우리의 거룩한 삶을 시험하시기 위해 이러한 매력을 지닌 사람과 함께 사역하게 하실 수도 있다. 만약 하나님께 다른 계획이 있어서 두 사람이 결혼을 고려할 수 없는 사이라면, 말과 생각과 행동에서 하나님을 경외함으로 무장해야 한다. 영적인 일치감은 네 가지 특징 중에서도 가장 강력한 매력이므로 원수의 속임에 특별히 주의해야 한다.

그 여성은 처음 '세 가지 매력'에 관한 부분에서는 이미 시험을 통과했지만, 이성과 '영적인 일치감'을 느끼는 부분에서는 한 번도 시험을 받아 보지 않았다고 했다. 이 영역은 그 여성에게 가장 취약한 부분이었고, 그래서 이를 채우고 싶은 욕구가 강했다. 따라서 실제로 이러한 유혹을 만났을 때 얼마나 넘어지기 쉬운 상태인지를 깨닫게 되었다. 편지를 직접 인용하면, "조이, 솔직히 그런 시험이 저에게 찾아왔더라면 저는 틀림없이 넘어졌을 거예요. 채워지지 않은 욕구를 채우려고 관계를 이용하면서도 저 자신을 속이고 합리화했겠지요. 당신의 강의를 들으면서 이 영역은 무슨 일이 있어도 지켜야 할 부분이라는 것을 깨달았어요. 앞으로 이런 시험을 만나게 되더라도 하나님을 경외함으로 무장하여 잘 대처할 수 있을 것 같아요."

혹시 "나는 실패했어. 사탄의 거짓말에 속아 넘어갔어"라거나 "난 내 욕심 때문에 말씀에 고의로 불순종했어. 나에게 소망이 있겠어?"라고 생각하고 있는가? 그러나 하나님은 언제나 진심으로 회개하는 영혼에게 자비를 베푸신다. 그분은 현재와 과거의 죄를 용서하겠다고 약속하실 뿐 아니라, 미래의 커다란 소망도 약속하신다.

> 너희는 자신을 성결하게 하라 여호와께서 내일 너희 가운데에 기이한 일들을 행하시리라(수 3:5).

그분은 어제의 실패와 상관없이 언제나 '내일의 소망'을 주신다. 놀랍게도 하나님은 우리가 죄를 지었을 때 진정으로 회개하면 용서하실 뿐만 아니라, 때가 되면 우리를 강력하게 쓰신다고 약속하셨다. 하나님은 그런 분이다! 이 하나님께 전적으로 협조하기만 한다면, 하나님은 우리의 가장 큰 실패를 원수가 애초에 우리를 건드린 것에 몹시 후회하게 될 만큼 큰 성공으로 돌이킬 수 있으시다. 하나님은 우리를 파괴할 위험 요소를 오히려 '기적의 통로'로 바꾸시는 분이다.

내가 오랜 세월 가르쳐 온 이 진리에 대해 찰스 스탠리 박사가 멋진 예를 들었다. 기적은 베드로와 다른 제자들이 '늦은 밤, 바다 위, 작은 배에서, 모진 폭풍을 만났을 때', 즉 파괴의 위험이 가득한 환경 속에서 일어났다는 것이다. 실패한 후에라도 우리가 하나님의 길을 따라간다면 사탄과 그 일당은 좌절하고 혼란스러워 결국 패하게 된다. 그것만으로 찬양의 축제를 열기에 충분하지 않은가!

CHAPTER 9

The Fire of God's Glory

영광을 나타내시는 불

이번 장에서는 가장 예기치 못한 시간에 '영광의 불'이 어떤 방식으로 다양하게 나타나는지 볼 것이다. 하나님의 영광은 하나님 성품의 총체다. 우리가 하나님의 영광을 대면하고도 소멸되지 않는 것은 천국에 가서 영광의 몸을 입은 후에나 가능한 일이다.

하나님의 영광의 불은 이스라엘 자손을 인도하시는 '기둥'으로 나타났다.

여호와께서 그들 앞에서 가시며 낮에는 구름 기둥으로 그들의 길을 인도하시고 밤에는 불 기둥을 그들에게 비추사 낮이나 밤이나 진행하게 하시니(출 13:21).

그것은 하나님의 선하심과 영광이 그 백성 중에 함께하신다는 사실을 보여 주는 일이었다. 바로의 군대가 이스라엘의 숨통을 조이며 홍해 앞에서 막 따라잡으려는 순간, 하나님은 구름 기둥을 주관하던 천사에게 위치를 바꾸라고 명하시어 백성 뒤를 적군으로부터 보호하는 연막이 되게 하셨다. 그 독창성을 어느 누가 따라갈 수 있겠는가! 하나님은 세심하고 멋진 보호자시다. 주님은 오늘도 동일하게 전혀 생각지 못한 방식으로 백성을 돌보고 계시다. 그것은 하나님의 전문 분야다.

러시아 공사관에서 일하는 한 이라크 목사의 아내가 바그다드 거리를 걷고 있을 때다. 그날은 바람이 매우 거세게 불고 있었다. 그 여성은 늘 하던 대로 성경을 암송하며 공사 중인 가게에 다가갔다. 그 순간, 못질해 붙인 합판이 자신을 향해 떨어지는 것이 보였다. 그 여성이 매우 놀라 다급히 기도하자, 신기하게도 바람의 방향이 갑자기 바뀌면서 떨어지던 합판이 다시 공중으로 치솟았다. 덕분에 머리 위로 처들었던 팔만 합판에 살짝 긁힌 채 그 자리를 벗어날 수 있었다. 그러자 바람의 방향이 다시 바뀌었고, 널빤지는 땅에 떨어져 산산이 조각났다. 하나님의 돌보심은 오늘도 동일하다.

심판하시는 영광의 불

하나님의 영광의 불은 축복과 심판, 모든 형태로 나타날 수 있음을 기억하라. 민수기 16장에는 이스라엘의 지도자인 고라와 다단과 온과 아비람이 250명의 족장을 이끌고 모세와 아론을 판단하며 반란을 일으킨 이야기가 나온다.

이때 하나님은 모든 회중 앞에 그분의 영광을 나타내셨다(민 16:19). 그러나 그것은 축복의 표시가 아니었다. 모세와 아론에게 이 회중을 순식간에 멸할 것이니 그들을 떠나 있으라고 명령하신 사실을 보면 알 수 있다. 하나님이 그 명령을 돌이키신 까닭은 오직 모세와 아론이 엎드려 회중의 목숨을 살려 달라고 중보했기 때문이다(민 16:22).

모세는 반란을 일으킨 지도자들을 떠나 목숨을 구하라는 하나님의 말씀을 백성에게 전했다. 그런 후에 하나님이 직접 움직이기 시작하셨다. 네 명의 지도자는 갈라진 땅속에 비명과 함께 산 채로 삼켜졌다. 250명의 모반자는 여호와의 불에 소멸되었다. 이 사건에서 볼 수 있듯, 여호와 영광의 임재가 항상 축복의 표시인 것만은 아니었다.

민수기 14장에서는 다시 예상하지 못한 순간에 하나님의 영광이 나타났다. 그때 이스라엘 백성은 가나안 땅을 정탐하고 돌아온 이들에게 안 좋은 소식을 전해 듣고는 모세와 아론에 대해 대놓고 불평과 불만을 드러내고 있었다.

흥분한 백성은 하나님을 의심하며 다시 애굽으로 돌아가려 했고, 심지어 갈 길을 인도할 다른 지도자를 선출하려 했다. 비극적인 각본이 시작된 것이다. 그다음 시나리오가 예상되는가? 모세와 아론은 겸손히 엎드려 반역하는 폭도를 위해 중보했고, 여호수아와 갈렙은 옷을 찢으며 백성에게 마땅히 행할 바를 가르쳤다. 여호와를 거스르지 말라고, 하나님을 믿고 순종하여 두려워 말고 가나안에 들어가자고 권면했다.

그러나 이스라엘 백성은 폭력으로 대응했다. 그들은 진리를 말한 하나님의 사람들을 돌로 쳐 죽이려 했다. 그러나 그 순간, 하나님이 무대 전면에 등장하셨다. '여호와의 영광'이 그들 가운데 나타난 것이다. 하나님은 모세와만 말씀하시며, 이스라엘을 질병으로 멸하시고 모세를 통해 더 강한 나라를 만드시겠다고 선언하셨다. 하나님의 엄청난 표적과 기사를 여러 차례 목도했으면서도 그분의 통치권을 거부하는 이스라엘의 반역과 불신앙에 얼마나 실망하셨는지를 표현하신 것이다. 그때 모세는 역사상 유례없이 훌륭한 중보기도를 드린다. 그의 담대함은 하나님의 성품을 깊이 알았다는 것 외에 도무지 설명할 길이 없다.

모세의 가장 큰 관심사는 그가 인도하는 반항적인 백성도, 자기 자신도 아니었다. 오직 모세는 '하나님' 한 분만 바라보았다. 모세의 중보기도는 하나님이 이스라엘을 버리시면 다른 국가들이 하나님을 약한 분으로 볼 것이라는 점을 환기시키는 것이었다. 그들은 틀림없이 하나님이 자신의 백성을 목적지까지 인도하겠다는 약속을 지킬 능력이 없어서 결국 죽였다고 말할 것이라는 얘기였다.

모세의 기도에서 가장 핵심적인 내용은 "주 여호와께서 이 백성 중에 계심을 그들도 들었으니 곧 주 여호와께서 대면하여 보이시며 주의 구름이 그들 위에 섰으며 주께서 낮에는 구름 기둥 가운데에서, 밤에는 불 기둥 가운데에서 그들 앞에 행하시는 것이니이다"는 것이다. 애굽 사람들은 하나님이 이스라엘의 지도자와 대면하여 말씀하신다는 사실을 알았다. 또한 자신들은 생전 듣도 보도 못한 방법으로 놀라운 능력을 나타내신다는 사실도 알고 있었다. 모세는 그러나 하나님이 이제 이스라엘 백성을 치시면, 그들은 그 모든 일이 결국 별것 아니었다고, 이스라엘을 중도 포기한 하나님을 더는 두려워할 필요가 없다고 말할 것이라고 말했다. 영광의 불 속에 나타난 하나님의 임재가 결국은 대수로운 것이 아니었다고 이야기할 것이라고 말했다.

모세가 하나님께 그렇게 말할 수 있었던 것은 오직 성령님이 역사하셨기 때문이다. 성령님이 역사하시면 모세가 아니라 당신 또한 그렇게 기도할 수 있다.

> 너희 안에서 행하시는 이는 하나님이시니 자기의 기쁘신 뜻을 위하여 너희에게 소원을 두고 행하게 하시나니(빌 2:13).

그래서 하나님은 모세의 반응에 전혀 놀라지 않으셨다. 그뿐 아니라 아마 기뻐하셨을 것이다. 모세는 하나님의 거룩함과 심판을 철저히 이해하면서도, 하나님의 또 다른 성품인 '오래 참음'과 한없는 '자비'에 기대어 계속 간청한다. 바로 이 점이 모세가 '하나님의 친구'라 불린 이유다. 가까운 친구일수록 서로의 성품을 더 많이 이해하기 마련이다.

절친한 친구에게 하나님은 "내가 네 말대로 사하노라"(민 14:20)는 말씀으로 응답해 주셨다. 그러나 하나님의 대답은 거기서 끝나지 않았다. 이어서 하나님은 놀라운 선언을 하신다.

그러나 진실로 내가 살아 있는 것과 여호와의 영광이 온 세계에 충만할 것을 두고 맹세하노니(민 14:21).

이 말씀은 인간이 아무리 하나님의 의도와 계획을 망가뜨린다 해도, 언젠가 그분의 완전한 영광이 이 땅에 임하여 그분의 성품이 온전히 나타날 때가 온다는 의미다. 하나님이 어떤 분이신지 온 하늘과 온 땅에 완전히 입증하게 것이다. 그때가 오면 하나님 아버지의 영광 앞에 모든 무릎이 경배하고, 모든 입이 예수 그리스도를 '주'라고 시인하게 될 것이다.

하나님의 통치를 거부한 이스라엘 백성은 스무 살 미만을 제외하고는 한 명도 가나안에 들어가지 못한 채 광야에서 죽고 말았다. 하지만 어린 세대는 처음 약속대로 모두 그 땅에 들어가게 된다. 참으로 공의와 심판, 자비와 긍휼을 모두 느낄 수 있는 판결이다. 기억하라. 하나님의 자비로 사람이 마땅히 받을 심판을 받지 않을 수는 있으나, 뿌린 대로 거둔다는 사실만큼은 변함이 없다. 이는 영적인 법칙이다. 죄에는 결과가 따른다. 그러나 얼마나 깊이 회개하고 자복하는가에 따라 거두는 값이 감해질 수 있다(미 7:18-19).

복을 주시는 영광의 불

하나님의 영광이 매우 강렬하게 나타나서 감당하기 어려운 경우도 있다. 성경을 보면 하나님의 불, 하나님의 영광, 하나님의 권능은 서로 밀접한 연관이 있다. 이 세 가지가 합쳐졌을 때의 강도는 인간이 도저히 견딜 수 없는 것이다. 솔로몬이 오랜 중보기도를 마친 후 하늘에서 불이 내려와 번제물과 제물들을 살랐을 때, 그곳에 임한 하나님의 영광은 몹시 강렬했다. 그래서 제사장들은 성전에서 사역을 수행할 수가 없었고(대하 7:1-3), 백성은 감히 가까이 오지 못한 채 밖에서 꿇어 엎드려 찬양과 경배를 드릴 뿐이었다.

이사야 선지자는 주의 백성에게 "여호와의 빛에 행하자"(사 2:5)고 말하며, 성경에 나온 하나님의 거룩의 기준에 따라 살자고 권면한다. 그리고 이어서 물질주의의 형태를 띤 우상숭배의 죄를 드러낸다. 이사야 2장에는 교만한 자를 엄히 낮추시는 하나님의 행사가 일곱 가지로 언급된다. 모든 우상숭배(하나님만을 열렬히 바라는 것보다 중요하게 여기는 모든 대상)의 원인은 언제나 '교만'이다.

같은 이야기가 11절과 17절에 두 번 나온다.

그날에 눈이 높은 자가 낮아지며 교만한 자가 굴복되고 여호와께서 홀로 높임을 받으시리라.

하나님이 인간의 가장 심각한 죄에 대해 철두철미하게 대적하시는 장면이다.

10절, 19절, 21절에는 하나님의 영광이 땅 위에 나타날 때 일어나게 될 현상에 대해 예고하는 말씀이 반복된다.

사람들이 암혈과 토굴로 들어가서 여호와께서 땅을 진동시키려고 일어나실 때에 그의 위엄(맹렬한 힘)과 그 광대하심의 영광(놀랍고 무서운 임재)을 피할 것이라(19절).

계속해서 우리는 하나님의 성품과 하나님의 방법을 훨씬 더 많이 알아 가야 한다. 그러나 불행하게도, 이 일이 얼마나 시급한지를 사람들에게 알려주며 하나님의 영광의 불에 대해 가르치는 사람은 거의 없다. 시편 104편 4절은 하나님이 불꽃으로 그의 사역자를 삼으신다고 말씀한다. 그 말이 의미하는 바를 이해하거나 경험한 사람은 아마도 거의 없을 것이다. 다음은 조지 스토몬트의 저서 《위글스워스: 하나님과 동행했던 사람》(믿음의 말씀사 역간)에 나온 내용이다.

1922년, 스미스 위글스워스는 뉴질랜드 웰링턴에서 사역할 때 11명의 영적 지도자와 함께하는 '특별 기도 모임'을 열었다. 각 사람이 기도한 후에 위글스워스가 일어나서 주님을 부르짖자, 하나님의 임재가 방을 가득 채우기 시작했다. 하나님의 영광이 점점 강렬하게 나타나면서 주위가 매우 환해지고 뜨거워졌다.

사람들은 모두 더는 견디지 못하여 그 방을 떠났다. 오직 위글스워스만이 '쉐키나'(하나님의 영광) 안에 계속 머물 수 있었다.

한 목사가 이 이야기를 듣고서, 다음에는 하나님의 임재가 아무리 강하다 해도 끝까지 남아 있기로 결심하고 모임에 참석했다. 또다시 하나님의 거룩한 임재가 방 안 가득 임했다. 그 영광은 점점 더 견딜 수 없이 밝게 나타났다. 이윽고 위글스워스와 그 목사를 제외한 모든 사람이 자리를 떠났다. 목사는 주의 놀라운 임재에 압도되거나 쫓겨 가지 않으려고 마음을 다잡았다. 그러나 의지만으로 감당할 수 있는 일이 아니었다. 위글스워스는 성령에 사로잡혀 거룩한 불로 빛나고 있었고, 목사는 그 강렬함을 견딜 수 없었다. 결국 얼마 되지 않아 그 목사도 방을 나가고 말았다.[33]

이 강렬한 하나님의 불과 영광을 진심으로 체험하고 싶은가? 사실 하나님은 우리가 그분을 섬겨 사역할 때, 우리를 통해 놀라운 권능을 더 많이 나타내기 원하신다. "하나님은 높으시니 우리가 그를 알 수 없고"(욥 36:26), "그의 큰 능력의 우렛소리를 누가 능히 헤아리랴"(욥 26:14).

그리스도를 닮지 않은 모든 것을 태우라

위대한 설교자 찰스 스펄전은 다음과 같이 기도했다.

하나님, 우리에게 영광스러운 무질서의 계절을 보내 주소서. 바다를 휘저어 주소서. 지금은 철갑을 두르고 죽은 듯 정박해 있는 우리 형제의 전 존재를 요동치게 할 급한 바람을 보내소서! 다시 불을 내리소서. 가장 강퍅한 자까지도 녹일 불을 간절히 기다립니다. 그 불이 먼저 제자들 위에 임하고, 온 사방에 떨어지기를! 오 하나님, 주님은 그때와 동일하게 지금도 언제든 역사하실 수 있습니다. 간절히 구하오니, 잠잠하지 마시고 다시 한 번 일하소서. 주의 능력이 임하는 것을 막는 모든 장애물을 깨뜨리소서! 예수님을 위하여, 화목케 하는 주의 말씀을 전할 불타는 마음과 불의 혀를 우리에게 주소서. 아멘.

영광의 불이 나타나는 통로로 쓰임 받기 위해서는, 먼저 우리 안에 그리스도를 닮지 않은 것이 모두 타서 없어지도록 그 불 속으로 들어가야 한다. 그리스도를 닮은 훌륭한 인도 선교사 에이미 카마이클은 이 진리를 이해한 후에 다음과 같이 기도했다.

저에게 이 길을 이끌어 줄 사랑과 어떤 일에도 낙심하지 않을 믿음과 어떤 실망으로도 지치지 않는 소망과 불길처럼 타오를 열정을 주소서. 흙덩어리가 되어 가라앉지 않게 하소서. 저를 주의 연료, 하나님의 불꽃으로 삼으소서.[34]

캐시 그레이의 간증은 이러한 진리를 생생하게 보여 준다.

이 글은 토마스 넬슨 바이블에서 간행한 《소명의 여성 성경》 (*Women of Destiny Bible*, NKJV)에 양해를 얻어 발췌했다. 참고로 덧붙이면, 독특하게 편집된 이 성경에는 말씀의 진리를 삶으로 입증한 여종들의 간증과 강의가 수록되어 있으며, 본문에 관련된 훌륭한 주의 종의 가르침도 곳곳에 실려 있다. 나 자신도 자주 사용하고 있으므로 자신 있게 추천한다.

내 인격에는 거의 평생 쓴뿌리와 교만이 진을 치고 있었다. 이는 내 성격의 근본적인 '원뿌리'가 되어, 나의 다른 모든 태도를 주관하고 있었다. 매우 오랫동안 이 뿌리를 키운 끝에, 나는 하나님의 불을 지닌 척하는 '직업적' 목사가 되었다. 예수님을 향한 열정은 어느새 죽어 가고 있었다.

다른 여성들에게는 '쓴뿌리에서 해방되는 성경적 공식'을 가르쳤지만, 정작 나는 해방되지 못했다. 금식과 기도는 이 원뿌리가 솟아나지 못하도록 억누르는 역할밖에 하지 못했다. 참된 회개와 변화에 다가가려 하면, 늘 내 안의 자기변명이 올라와 참 자유를 소멸했다. 이 악순환으로 둔해진 나는 아무런 열매 없는 성도가 되었다.

내게는 공식이 아니라 '불'이 필요했다! 하나님의 타오르는 임재를 직접 만나야 했다. 나 자신의 노력을 넘어선 무언가를 하나님이 내 안에 행하셔야 했다.

성령님이 우리 교회에 강력하게 역사하실 때 초자연적인 하나님의 불이 다른 자매들에게 임하는 것을 옆에서 지켜보면서도, 막상 나는 교만과 두려움에 묶여 그 은혜를 받지 못했다. 마침내 남편이 눈물을 글썽이며 말했다. 하나님의 영광에 마음을 열지 않으면 소명을 놓치게 될 거라고 말이다.

그때는 나도 하나님을 강렬하게 경험하기를 간절히 원하고 있었다. 결국 나의 교만은 자매들의 기도 소리를 들으면서 땅에 떨어졌다. "예수님, 캐시의 영혼에 손을 대어, 그의 쓴마음과 교만의 원뿌리에서 해방되게 하소서!" 바닥에 엎드려 하나님의 불 앞에 순복하자 하나님의 영광의 무게가 느껴졌고, 내 속이 불타는 것 같았다. 그 이후 영원한 자유가 찾아왔다. 불타는 덤불 앞에서 내 소명이 회복되었고, 평생 나를 괴롭히던 요새를 주님이 불태우셨다.

여러분도 하나님의 권능을 직접 대면하여 스스로 할 수 없는 그 일을 그분이 직접 행하시도록 맡겨 드리기를 기도한다. 그분께 속하지 않은 모든 것을 태우시고, 하나님의 불로 바꿔 주시도록 말이다.

연단자의 불

그는 칠 배나 뜨거운 풀무 곁에 앉아
귀한 광석을 바라본다.
손에 쥔 광석이 이 시험을 견딜 것을 알기에
가까이 몸을 굽혀 자세히 살피며

점점 열을 가한다.
값으로 따질 수 없는 보석을 박아
왕이 쓸 관을 만들기 위해
그는 최상의 금을 원한다.
그리하여 그는 우리의 금을 불길 속에 놓는다.
우리가 신음하며 "안 돼요!"라고 외칠지라도,
우리가 볼 수 없는 불순물이
녹아서 사라지는 광경을 지켜보신다.
금은 점점 빛나고, 금이 더 빛날수록
우리 눈은 눈물로 침침해져서,
보이는 것은 주인의 손이 아닌 불꽃뿐이다.
우리는 불안한 두려움으로 질문을 던진다.
하지만 형언할 수 없는 사랑의 눈으로
몸을 굽혀 불 속을 보시는
저 위 형상을 비출 때,
금은 더욱 찬란하게 반짝인다.
잠깐의 고통을 우리에게 주실 때,
그 사랑의 마음이 즐거울 수 있을까?
아니, 아니다!
그러나 현재의 십자가를 통해
그는 영원한 유익의 축복을 바라본다.
그리하여
강하고 확실한 사랑으로

그는 지켜보며 기다린다.
그의 금이 오직 단련에 필요한 때 외에는
일 점의 고통도 겪지 않도록.

― 작자 미상

CHAPTER 10

Surviving the Fire Without Being Burned

불에 타지 않고
통과하기

이 장에서 나눌 내용 중 일부는 이미 이 책 곳곳에서 언급되었다. 그러나 다양한 하나님의 불에 대처하는 방법을 정리해 보는 것도 유익할 것이다. 불에 대처하는 법을 아는 것이 곧 하나님이 이 책을 쓰게 하신 주된 목적이기 때문이다.

하나님은 우리가 불 가운데로 지나도 타지 아니하며 불꽃이 우리를 사르지도 못하리라고 약속하셨다(사 43:2). 이 약속이 실제로 이루어지는 것을 보려면 어떻게 해야 할까?

하나님의 불에 대처하기

첫째, 하나님의 성품을 계속해서 알아 가야 한다. 이는 성경에서 성품의 각 측면을 공부해야만 얻을 수 있는 계시다. 특히 하나님의 여러 성품 가운데 그분의 사랑, 공의, 신실하심을 이해해야 한다. 하나님의 불 속에 오래 머물수록, 그리고 불꽃이 뜨거울수록, 가장 쉽게 의심하게 되는 성품이 바로 이 세 가지다. 모든 것이 다 사라져 주의 성품 외에는 의지할 것이 없을 때, 그때를 대비하여 깊은 계시를 구해야 한다. 불의 온도가 가장 높을 때는 하나님이 의도적으로 다른 깨달음조차 주지 않으실 수 있기 때문이다.

오랜 세월 하나님의 성품 공부를 나의 생활방식으로 삼아 공부하지 않았더라면, 나의 믿음은 흔들리고 말았을 것이다. 내게는 매달릴 것이나 믿음을 걸 만한 대상이 남아 있지 않았다. 고난의 풀무 속에 있을 때는 시시로 힘에 겨워 주의 음성을 분별할 힘도 없다.

가장 큰 시험은 '혼란의 시험'이다. 2+2=4처럼 앞뒤가 맞는 시련을 겪을 때는 매번 그 일을 허락하신 하나님의 성품과 길을 이해할 수 있었다. 그러나 몸을 치신 이번 시험의 특징은, 혼란스럽고 낙심되는 상황이 빈번하게 계속되어 마치 2+2=57가 되는 것처럼 설명이 안 되었다. 바울은 혼란스러웠지만 절망하지 않았다고 말했다(고후 4:8). 그러니 내게는 좋은 동료가 있는 셈이다.

병을 앓기 시작한 후로 네 번의 사고가 일어났는데, 그중 세 번은 몸의 다른 부분까지 아파졌다. 하나님은 왜 그런 일을 허락하셨는지에 대해 침묵으로 일관하셨다. 나는 로마서 11장

33절에 더 깊이 공감하게 되었다.

깊도다 하나님의 지혜와 지식의 풍성함이여, 그의 판단은 헤아리지 못할 것이며 그의 길은 찾지 못할 것이로다.

나의 믿음은 약해지지 않았다. 나를 공격하려고 달려든 어떤 생각보다도 하나님의 성품에 대한 계시가 강했기 때문이다. 계속되는 혼란과 고통과 연약함과 불면증을 겪을 때, 하나님은 그때그때 내가 들어야 할 정확한 메시지를 기독교 프로그램이나 강의 테이프, 책이나 편지, 성령에 민감한 친구가 보낸 시를 통해 수없이 들려주셨다. 그 정확한 시점과 따뜻함은 하나님이 모두 이해하고 계시다는 사랑의 증거였다. 진실로 여호와는 그 모든 행위에 의로우시며, 그 모든 일에 은혜로우시다(시 145:17). 나는 소중한 남편 짐을 통해 하나님의 사랑을 가장 크게 체험했다. 그에 대한 나의 사랑과 감사의 깊이는 말로 다 표현할 길이 없다. 때때로 나는 무의식중에 남편을 '천사'라고 부르기도 한다.

성경은 답답한 상황에 부닥쳤을 때 스스로 결론을 내리고 결정하며 자기 손으로 문제를 해결하려 한다면, 더 큰 어려움을 맞닥뜨릴 것이라고 경고한다.

너희 중에 여호와를 경외하며 그의 종의 목소리를 청종하는 자가 누구냐 흑암 중에 행하여 빛이 없는 자라도 여호와의 이름을 의뢰하며 자기 하나님께 의지할지어다 보라 불을 피우고 햇불을 둘러 띤 자여 너희가 다 너희의 불꽃 가운데로 걸어가며 너희가 피운 햇불 가운데로 걸어갈지어다 너희가 내 손에서 얻을 것이 이것이라 너희가 고통이 있는 곳에 누우리라(사 50:10-11).

아무리 어둡고 혼란스러운 상황일지라도 하나님의 흔들리지 않는 신실하심, 무한한 지혜와 지식, 완전무결한 공의, 헤아릴 수 없는 사랑을 계속해서 신뢰한다면, 틀림없이 손해를 보지 않을 것이다. 그분은 아직 왕위에서 물러나지 않으셨다. 그분은 모든 것을 다스리시며, 우리의 모든 상황을 아신다.

둘째, 우리의 생각이 온종일 주 예수님께 집중되도록 훈련해야 한다. 하나님께 사랑과 감사를 자주 표현하고, 주님을 신뢰한다고 고백하라. 믿음은 우리의 시선과 "예수를 바라보는 일"(히 12:2)에 의해 좌우된다. 우리가 일상의 상황을 예수 그리스도께 얼마만큼 자동적으로 가져가는지를 보면, 어느 정도로 그리스도 중심의 삶을 사는지 알 수 있다. 다윗은 "내가 여호와를 항상 내 앞에 모심이여 그가 나의 오른쪽에 계시므로 내가 흔들리지 아니하리로다"(시 16:8-9)라고 했다. 다윗의 생각이 하나님으로 가득 차 있다는 점을 보여 주는 대목이다.

셋째, 불에 타지 않은 채 불 시험을 통과할 수 있으려면 습관처럼 소리 내어 하나님을 찬양하고 경배하기로 결단해야 한다. "내가 여호와를 항상 송축함이여 내 입술로 항상 주를 찬양하리이다"(시 34:1).

경배와 찬양은 우리의 초점과 관점을 바르게 유지해 줄 뿐만 아니라, 우리가 온전한 정신을 지킬 수 있도록 도와준다. "그 노래와 찬송이 시작될 때에 여호와께서 복병을 두어 유다를 치러 온 암몬 자손과 모압과 세일 산 주민들을 치게 하시므로 그들이 패하였으니"(대하 20:22). "성도들은 영광 중에 즐거워하며 그들의 침상에서 기쁨으로 노래할지어다 그들의 입에는 하나님에 대한 찬양이 있고 그들의 손에는 두 날 가진 칼이 있도다"(시 149:5-6).

넷째, 매일 영적 전쟁을 하라. "끝으로 너희가 주 안에서와 그 힘의 능력으로 강건하여지고 마귀의 간계를 능히 대적하기 위하여 하나님의 전신갑주를 입으라 우리의 씨름은 혈과 육을 상대하는 것이 아니요 통치자들과 권세들과 이 어둠의 세상 주관자들과 하늘에 있는 악의 영들을 상대함이라 그러므로 하나님의 전신 갑주를 취하라 이는 악한 날에 너희가 능히 대적하고 모든 일을 행한 후에 서기 위함이라 그런즉 서서 진리로 너희 허리띠를 띠고 의의 호심경을 붙이고 평안의 복음이 준비한 것으로 신을 신고 모든 것 위에 믿음의 방패를 가지고 이로써 능히 악한 자의 모든 불화살을 소멸하고 구원의 투구와 성령의 검 곧 하나님의 말씀을 가지라 모든 기도와 간구를 하되 항상 성령 안에서 기도하고 이를 위하여 깨어 구하기를 항상 힘쓰며 여러 성도를 위하여 구하라"(엡 6:10-18).

어린 다윗은 골리앗과 싸울 때, 만군의 여호와의 이름으로 믿음을 선포하여 먼저 주도권을 쥔 후에 서둘러 그 블레셋 거인과 싸우러 달려나갔다(삼상 17:48).

사탄과 우리 사이에서 일어날 수 있는 일은 두 가지뿐이다. 사탄이 우리를 공격하거나 우리가 사탄을 공격하는 것이다. 날마다 공격하는 편에 서서 그가 우리를 공격하기 전에 예수의 이름으로 그를 대적하라. 그리고 "근신하라 깨어라 너희 대적 마귀가 우는 사자같이 두루 다니며 삼킬 자를 찾나니 너희는 믿음을 굳건하게 하여 그를 대적하라 이는 세상에 있는 너희 형제들도 동일한 고난을 당하는 줄을 앎이라"(벧전 5:8-9). 여호와를 경외하는 삶을 살면, 사람이나 사탄이 두렵지 않다. 오히려 그들이 우리를 두려워한다.

다섯째, 고난 받는 사람들을 위해 규칙적으로 기도하며, 하나님이 보여 주시는 모든 우선순위를 지켜 순종하라. 그것만이 성취와 축복으로 향하는 길이다. 신명기 28장 1-15절을 읽어 보고, 다음 구절을 읽어 보라.

하나님 아버지께서 미리 아신 대로 여러분을 선택하시고 성령님을 통해 거룩하게 하여 여러분이 예수 그리스도에게 순종하고 그분의 피로 구원을 얻도록 하셨습니다. 여러분에게 은혜와 평안이 더욱 넘치기를 기도합니다(벧전 1:2, 현대인의성경).

여섯째, 다른 이들의 도움과 기도, 격려와 위로가 없이는 불 시험을 통과할 수 없음을 인정해야 한다. 혼자서도 해낼 수 있다고 생각하고 있는가? 그렇다면 하나님은 우리가 할 수 없음을 깨닫게 될 때까지 불의 온도를 높이실지도 모른다. 그러므로 정직하게 자신의 연약함을 인정하고 도움을 청하기로 결정하라. 예수님도 겟세마네 동산에서 세 번이나 도움을 청하셨다. 시련의 한가운데서 아버지와 분리되어야 하는 고통이 눈앞에 다가왔을 때, 주님은 몇몇 친한 친구에게 기도 지원을 요청하셨다. 예수님에게 있어 '시련'의 최고조란 육체로는 십자가의 극형을 견디는 것이며, 영적으로는 모든 죄인의 죄를 한 몸에 짊어지신 순간을 의미한다.

　바울도 감옥에 있을 때 그러했다. "이것이 너희의 간구와 예수 그리스도의 성령의 도우심으로 나를 구원에 이르게 할 줄 아는 고로"(빌 1:19). 골로새서 4장 3-4절에서 바울은 자신의 '매임'을 언급하며 기도를 요청하고, 18절에서 다시 한 번 부탁한다. "나 바울은 친필로 문안하노니 내가 매인 것을 생각하라 은혜가 너희에게 있을지어다." 여기서 '매임'이란 고난과 오랜 감금을 상징한다. 바울은 하나님이 자신을 풀어 주실 때까지 인내로 견디기 위해서는 자신을 위한 중보기도가 얼마나 필요한지를 알고 있었다.

　일곱째, 불 속에서 타지 않고 살아남으려면 '말씀' 안에 거해야 한다. "주의 증거들은 나의 즐거움이요 나의 충고자니이다"(시 119:24). 실제로 다윗은 주의 말씀이 그의 즐거움이 되지 않았다면 고난 중에 멸망했을 것이라고 고백한다(시 119:92).

베드로전서 1장 6-7절과 야고보서 1장 2-4절을 묵상하면 큰 도움이 된다. 우리가 하나님의 뜻에 순복하기만 하면 불에 들어갈 때보다 나은 모습으로 나오게 될 것이므로 기뻐하며 힘을 내라고 권면하는 말씀이다.

성경 어디를 읽고 있든지 '시편'은 계속 읽어야 한다. 시편은 '불을 통과한 사람들'의 기록이 집약된 책이다. 그렇기에 우리의 마음을 대변해 주며 공감과 위로, 소망과 믿음을 준다.

두 가지 사이에서 생각이 둘로 나뉘는 일도 있을 것이다. 성경에는 처한 상황을 이해할 수 없을 때, 주 안에서 안식하고 주를 신뢰하라고 명확하게 기록되어 있다. 예수님은 "내가 하는 것을 네가 지금은 알지 못하나 이후에는 알리라"(요 13:7)고 하셨다. "이 곤고한 자가 부르짖으매 여호와께서 들으시고 그의 모든 환난에서 구원하셨도다"(시 34:6). 그와 동시에 우리는 하나님께 부지런히 나아가 깨달음을 구해야 한다. 또한 하나님이 치료하시고 구원하신다는 약속을 최선을 다해 믿어야 한다. "의인은 고난이 많으나 여호와께서 그의 모든 고난에서 건지시는도다"(시 34:19).

믿음의 안식과 간구, 이 두 가지 진리는 상호보완적이다. 불 시험 속에서 하나님의 성품과 하나님의 길을 더 깨닫기 위해, 그리고 하나님이 무엇을 말씀하시는지 잘 듣기 위해 계속 구해야 한다. 그리고 들려주신 말씀대로 순종해야 한다. 결코 불신으로 하나님을 제한해서는 안 된다. 동시에 완전한 하나님의 성품에 기대어 안식해야 한다. 주님이 우리와 관계된 것을 완전케 하실 것을 믿고 신뢰하라.

여호와께서 나를 위하여 보상해 주시리이다 여호와여 주의 인자하심이 영원하오니 주의 손으로 지으신 것을 버리지 마옵소서(시 138:8).

여덟째, 가장 마음이 아플 때, 변화의 기미가 없어 절망의 유혹이 거세게 몰려올 때는 언제나 특별한 '레마의 말씀'으로 격려해 달라고 요청하라. 그것만이 우리의 생명줄이 되며, 우리의 낙심과 절망을 내쫓는다.

사람이 떡으로만 살 것이 아니요 하나님의 입으로부터 나오는 모든 말씀으로 살 것이라(마 4:4).

신명기에는 "여호와께서 불 가운데서 말씀하셨다"라는 언급이 네 번이나 반복된다(4:33, 5:4, 22, 26 참고). 하나님을 놓지 마라. 불 속에서 당신에게 친히 말씀하실 때까지 기다리라. 그리고 말씀하신 것을 기록하고 믿으라. 믿음으로 꼭 붙들고 하나님께 그대로 구해야 한다. 하나님은 짐과 나에게, 성경 말씀을 통해 내가 나을 것이라고 수도 없이 말씀해 주셨다. 매번 꼭 필요한 말씀이었다. "주의 종에게 하신 말씀을 기억하소서 주께서 내게 소망을 가지게 하셨나이다 이 말씀은 나의 고난 중의 위로라 주의 말씀이 나를 살리셨기 때문이니이다"(시 119:49-50).

성경 외에도 신뢰할 수 있는 길을 통해, 이미 주신 말씀을 확인할 수 있는 '레마'를 달라고 기도를 드릴 수도 있다. 시편 119편 92절은 다윗만이 아니라 나의 간증이기도 하다.

주의 법이 나의 즐거움이 되지 아니하였더면 내가 내 고난 중에 멸망하였으리이다.

우리가 아무리 자주 격려의 말씀을 구할지라도 하나님은 끊임없이 주신다. 왜냐하면 하나님은 "우리의 연약함을 동정하지 못하실 이가 아니요…우리의 체질을 아시며 우리가 단지 먼지뿐임을" 기억하시는 분이기 때문이다(히 4:15; 시 103:14).

예수님이 '간고를 많이 겪고 질고를 아시며' 영혼의 어두운 밤을 잘 아시는 분임을 기억하라. 예수님은 왜 그토록 고통이 깊어야만 하는지 이해할 수 없어서 십자가에서 부르짖으셨다. "나의 하나님, 나의 하나님, 어찌하여 나를 버리셨나이까?" 그분은 우리를 대신하여 하나님의 심판을 받고 있었다. 그렇기 때문에 예수님이 그 무서운 시간을 통과하는 동안 아버지와 아들의 교제는 끊어져 있었다. 그것이 십자가 위에서 예수님이 "나의 아버지"라고 부르지 못한 이유다.

우리가 하나님을 구할 때, 스가랴 13장 9절 하반절 말씀이 그대로 이루어질 것이다. "그들이 내 이름을 부르니 내가 들을 것이며." 하나님이 또렷이 말씀해 주실 것이다. 하나님의 응답을 믿고 의지하라. 그러면 하나님은 자랑스레 "이는 내 백성이라"고 말씀하실 것이고, 각 사람은 온전히 순복하여 찬양과 경배를 드리며 "여호와는 내 하나님이시라"고 고백할 것이다.

아홉째, 당신의 불 시험이 그리스도의 고난에 참여하기 위한 '믿음의 시련'이라는 사실을 알게 하시면, 하나님이 불의 온도를 주관하심을 믿고 그분을 신뢰하라. 하나님은 변덕스럽거나 즉흥적인 분이 아니다. 그분은 분명한 목적을 가지고 주권적으로 열기를 조절하신다. 그리하여 당신의 상황을 이해하고 계심을 보여 주신다. 하나님은 정말 기가 막히게 다스리신다. 나는 이 진리를 수없이 보았으며, 하나님의 주권으로 잠시 고통이 사라질 때는 언제나 그 이면에 특별한 뜻이 숨겨져 있다는 점을 발견한다.

내가 얼마 전에 "이 오랜 고통이 정말 믿음의 시련인가요?" 하고 물었을 때 주님은 다음과 같이 응답하셨다.

- 마태복음 15장 21-28절을 보라. 가나안 여인이 딸을 구해 달라며 예수님께 거듭 간청했음에도 지체하셨을 때, 그 여인은 겸손과 인내와 믿음의 시험을 통과하고 있었다.
- 성령님이 "네가 가진 성경의 568쪽을 보라"고 말씀하셨다. 거기서 찾은 말씀은 잠언 17장 3절이었다. "도가니는 은을, 풀무는 금을 연

단하거니와 여호와는 마음을 연단하시느니라." 믿음의 시련을 말씀하신 것이다.

• "사탄이 너희를 밀 까부르듯 하려고 요구하였으나 그러나 내가 너를 위하여 네 믿음이 떨어지지 않기를 기도하였노니"(눅 22:31-32).

"잠잠히 있어 내가 하나님 됨을 알지어다"라는 말씀은 내게 "내 품에 누워 네 영혼을 잠잠케 해라. 내가 나의 방법으로 나의 일을 하고 있으므로 이 악몽은 결국 지나갈 것이고, 너는 이전보다 더욱 나를 기뻐하게 되리라"는 의미다.

열째, 하나님께는 '시점'이 매우 중요한 요소다. 그러므로 하나님이 지체하신다고 해서 거절하신 것이 아님을 이해하라. 그 예로, 예수님이 마리아와 마르다의 오빠 나사로가 병을 앓다가 죽기까지 지체하신 것은 그를 살리시려는 더 큰 계획이 있었기 때문이다(요 11장). 하나님의 이름에 '최대한의 영광'이 돌아갈 시점까지 기꺼이 기다리겠는가? 그 목적을 위해 불 시험이 더 연장될 뿐만 아니라 더 악화된다 할지라도 그렇게 할 수 있겠는가? 하나님의 성품을 의지하여 거기까지 신뢰할 수 있겠는가?

나의 치유가 지연되는 것이 주의 이름을 더 영화롭게 하기 위함인지를 하나님께 물은 적이 있다. 하나님은 "네가 가진 성경의 961쪽을 펼쳐라"는 응답을 주셨다. 사도행전 4장이었다. 나는 다음의 구절에서 눈을 뗄 수 없었다.

이는 모든 사람이 그 된 일을 보고 하나님께 영광을 돌림이라 이 표적으로 병 나은 사람은 사십여 세나 되었더라(21-22절).

시간이 지난 후 극심한 통증 속에 다시 같은 질문을 드리고 성경을 펼쳤을 때, 하나님은 정확히 같은 부분(사도행전 4장)을 펼치도록 인도하셨다. 같은 시간에 나의 치유를 위해 중보하던 영국의 YWAM 지도자들도 성령님께 동일한 성경 구절로 인도받았다(행 4:21-22). 그들은 내가 이미 두 번이나 주님께 같은 말씀을 받은 사실을 모른 채, 이 말씀을 편지로 보내 주었다.

내가 앓기 시작한 지 7년이 지났을 무렵, 내게 온전한 치유를 약속하신 후로 기다려 온 시간에 대해 주님은 다니엘 10장 1절 말씀을 주셨다. "그 말씀은 참된 것이었지만 그 정해진 때가 매우 길었고 그는 그 뜻을 깨달았다"(NKJV).

그것은 분명, 약속된 치유가 아직 일어나지는 않았더라도 주님이 내게 그렇게 약속하신 것이 '틀림없는 사실'이라는 점을 확증해 주시는 말씀이었다. 더불어 처음 그 약속을 받은 때로부터 그 약속이 이루어지기까지 상당한 시차가 있을 것에 대해서도 보여 주셨다.

사랑하는 하나님이 보내 주신 이 메시지는 내 마음에 큰 위로가 되었다. 다른 사람들이 어떻게 말하든, 어떻게 생각하든, 그리고 아무리 오랜 세월을 기다려야 할지라도, 반드시 나를 쇠약하게 하는 이 고통과 연약함에서 풀어 주실 '정한 때'가 온다는 확증이었다.

이 이야기를 나눈 것은 특별히 오랜 기간 시련을 통과하고 있는 사람에게 용기를 심어 주기 위해서다. 구원의 때가 올 것이라는 약속의 말씀을 믿지만 아직까지 아무것도 이루어지지 않은 이 상황을 어떻게 이해해야 할지 혼란스러운가? 그렇다면 당신을 위해 다니엘서 10장 1절을 내가 읽은 대로 풀어써 보겠다.

"얘야, 버티고 있어라. 내가 네게 말했고, 언젠가 내가 신실하다는 증거를 볼 날이 올 것이다. 언제 나타난다고 말하지는 않았지만, 내가 반드시 약속을 지킬 것에 대한 믿음을 절대로 잃지 마라."

우리가 불 속에 계속 머물러 있지 않고 '통과'하게 될 것이라고 약속하시는 그 말씀을 붙잡고 새 힘을 얻으라.

내가 그 삼 분의 일을 불 가운데에 던져 은같이 연단하며 금같이 시험할 것이라(슥 13:9).

네가 불 가운데로 지날 때에 타지도 아니할 것이요 불꽃이 너를 사르지도 못하리니(사 43:2).

《사막의 강》(*Streams in the Desert*)이라는 묵상집에서 이러한 약속을 감동적으로 표현한 하나의 시를 만났다.

그대가 물속을 지날 때

파도 깊고 차가울지 모르나
여호와는 우리 피난처시며
그의 약속이 우리의 의지라.
신실한 진리의 하나님,
주가 친히 말씀하셨으니
"네가 물속을 지날 때
너는 가라앉지 않고 통과하리라."

슬픔의 바다, 시험의 바다,
쓰디쓴 번뇌, 모진 고통,
'심장과 뇌를 휘몰아치는
유혹의 거친 파도'조차도
결코 우리를 침몰치 못하리니,
우리는 주의 말씀이 진리임을 안다.
주의 모든 파도와 주의 물살로
우리는 안전히 인도받아 통과하리라.

위협하는 멸망의 암초와
잠행하는 의심의 역류도,
저 깊은 재앙의 대양까지
우리를 가라앉히지도, 끌어가지도 못하리라.

주의 약속이 우리를 지키시니
진실한 말씀의 여호와를 찬양하라!
우리는 가라앉지 않으리.
주께서 "너희가 통과하였노라" 말씀하셨기에.

끝까지 내 일을 지키는 자가 되라

우리 삶의 목표가 예수님께 최대한 영광 올려 드리고 그분의 형상을 닮는 것이라면, 불 속에 있든 그렇지 않든 상관없이 늘 주님을 예배하고 따르며 믿고 의지할 것이다. 그러면 거룩과 사랑으로 타오르는 '소멸하는 불'이신 놀라운 하나님에 대해 배우게 된 것을 감사하게 된다.
그리고 다음의 진리를 삶으로 보여 줄 수 있다.

하나님이여 주께서 우리를 시험하시되 우리를 단련하시기를 은을 단련함 같이 하셨으며 우리를 끌어 그물에 걸리게 하시며 어려운 짐을 우리 허리에 매어 두셨으며 사람들이 우리 머리를 타고 가게 하셨나이다 우리가 불과 물을 통과하였더니 주께서 우리를 끌어내사 풍부한 곳에 들이셨나이다(시 66:10-12).

또한 불 속에서 만나는 주 예수님의 인격과 임재와 섭리의 능력이 불꽃보다 강하다는 사실을 깨달을 것이다.

그리하여 그분을 향한 사랑의 열정은 더욱 타오르고, 결국 다음 말씀의 약속을 받을 수 있는 자리까지 도달하게 된다.

이기는 자와 끝까지 내 일을 지키는 그에게 만국을 다스리는 권세를 주리니(계 2:26).

이 말씀을 삶에 적용하겠는가? 그 선택에 따라 지상의 삶과 천국에서 하나님이 맡기실 일이 결정될 것이다.

무엇을 위해 살고 있는가? 덧없이 스쳐 가는 이 땅의 짧은 순간인가, 영원히 계속될 무궁한 시간인가?

당신이 선택하라.

주

1. Shirley Crow, "Change Me"
2. Andrew Woolsey, *The Biography of Duncan Campbell* (Hodder & Stoughton, 1974), p.121-122.
3. 같은 책, p.129.
4. 헤브리디스 부흥에 대한 이 사실을 읽고서 깊이 감명을 받아 적었지만, 불행히도 이 정보의 출처를 기록해 놓지 않았다. 하지만 출처가 매우 믿을 만한 곳임은 말할 수 있다.
5. Oswald J. Smith, *The Revival We Need* (Marshall, Morgan & Scott, Ltd.), p.2-3.
6. Arthur Wallis, *The Rain From Heaven* (Hodder & Stoughton and Christian Literature Crusader), p.17.
7. Edwin Orr, *The Fervant Prayer* (Chicago: Moody Press).
8. Frank Bartleman, *What Happened ar Azusa Street* (Voice Christian Publications, Inc., 1962), p.33.
9. Andrew Woolsey, *The Biography of Duncan Campbell*, p.134-135.
10. Edwin Orr, *The Eager Feet-Evangelical Awakenings 1790-1830* (Chicago: Moody Press), p.31.
11. Edwin Orr, *The Fervant Prayer. The Impact of the Great Awakenings of 1858* (Chicago: Moody Press), p.48.
12. Oswald J. Smith, *The Revival We Need*, p.3.
13. Edwin Orr, *Evangelical Awakenings 1900, Worldwide*, p.193.
14. 같은 책.
15. Edwin Orr, *The Re-Study of Revival and Revivalism*, p.11.

16. Edwin Orr, *The Eager Feet-Evangelical Awakenings 1790-1830*, p.60-61.
17. Lewis Drummond, *The Awakening That Must Happen*, p.15-16.
18. Edwin Orr, *The Re-Study of Revival and Revivalism*, p.16.
19. Raymond Edman, *Finney Lives On* (Bethany Fellowship Inc.), p.130.
20. Marie Monson, *The Awakening*, p.28.
21. 같은 책, p.28.
22. 같은 책, p.33.
23. 같은 책, p.87-88.
24. 같은 책, p.109.
25. 같은 책, p.85.
26. 같은 책, p.110-111.
27. Edwin Orr, *Evangelical Awakenings During 1900*.
28. Raymond Edman, *Finney Lives On*, p.69.
29. Christian Literature Crusade, *This is That*, p.11.
30. Mendell Taylor, *Exploring Evangelism*, p.142.
31. 다음 자료를 요약한 것임. "Margaret Cleator's The God Who Answers By Fire" (Gospel Communication, 1968).
32. Issachar Frontier Mission Strategies, *Strategic Times Journal*, October-December issue.
33. George Stormont, *Smith Wigglesworth: A Man Who Walked With God*.
34. Frank Haughton, *Amy Carmichael of Dohnavur*.

삶을 변화시키는
하나님의 불

지은이 조이 도우슨
옮긴이 김세라

2006년 11월 6일 1판 1쇄 펴냄
2012년 3월 15일 1판 9쇄 펴냄
2013년 2월 1일 개정판 1쇄 펴냄
2018년 2월 9일 개정판 3쇄 펴냄

펴낸이 이창기
펴낸곳 도서출판 예수전도단
출판 등록 1989년 2월 24일(제2-761호)
주소 서울특별시 마포구 성지 1길 7 (합정동)
전화 02-6933-9981 · **팩스** 02-6933-9989
전자우편 publ@ywam.co.kr
홈페이지 www.ywam.co.kr

ISBN 978-89-5536-418-7

책값은 뒤표지에 있습니다.
잘못된 책은 바꾸어 드립니다.